Wirksam Inspirieren

Vaheh Khachatouri

Wirksam Inspirieren

Menschen bewegen, Entscheidungen
fördern, Erfolge voranbringen

Vaheh Khachatouri
Dr. Khachatouri - UNTERNEHMEN ENTWICKELN
Feldkirch, Österreich

ISBN 978-3-658-48367-8   ISBN 978-3-658-48368-5 (eBook)
https://doi.org/10.1007/978-3-658-48368-5

Die Deutsche Nationalbibliothek verzeichnet diese Publikation in der Deutschen Nationalbibliografie; detaillierte bibliografische Daten sind im Internet über https://portal.dnb.de abrufbar.

© Der/die Herausgeber bzw. der/die Autor(en), exklusiv lizenziert an Springer Fachmedien Wiesbaden GmbH, ein Teil von Springer Nature 2025

Das Werk einschließlich aller seiner Teile ist urheberrechtlich geschützt. Jede Verwertung, die nicht ausdrücklich vom Urheberrechtsgesetz zugelassen ist, bedarf der vorherigen Zustimmung des Verlags. Das gilt insbesondere für Vervielfältigungen, Bearbeitungen, Übersetzungen, Mikroverfilmungen und die Einspeicherung und Verarbeitung in elektronischen Systemen.
Die Wiedergabe von allgemein beschreibenden Bezeichnungen, Marken, Unternehmensnamen etc. in diesem Werk bedeutet nicht, dass diese frei durch jede Person benutzt werden dürfen. Die Berechtigung zur Benutzung unterliegt, auch ohne gesonderten Hinweis hierzu, den Regeln des Markenrechts. Die Rechte des/der jeweiligen Zeicheninhaber*in sind zu beachten.
Der Verlag, die Autor*innen und die Herausgeber*innen gehen davon aus, dass die Angaben und Informationen in diesem Werk zum Zeitpunkt der Veröffentlichung vollständig und korrekt sind. Weder der Verlag noch die Autor*innen oder die Herausgeber*innen übernehmen, ausdrücklich oder implizit, Gewähr für den Inhalt des Werkes, etwaige Fehler oder Äußerungen. Der Verlag bleibt im Hinblick auf geografische Zuordnungen und Gebietsbezeichnungen in veröffentlichten Karten und Institutionsadressen neutral.

Einbandabbildung und Illustrationen: © Gustavo Ferregan

Planung/Lektorat: Isabella Hanser
Springer ist ein Imprint der eingetragenen Gesellschaft Springer Fachmedien Wiesbaden GmbH und ist ein Teil von Springer Nature.
Die Anschrift der Gesellschaft ist: Abraham-Lincoln-Str. 46, 65189 Wiesbaden, Germany

Wenn Sie dieses Produkt entsorgen, geben Sie das Papier bitte zum Recycling.

Interessenkonflikt

Der/die Autor*in hat keine für den Inhalt dieses Manuskripts relevanten Interessenkonflikte.

Inhaltsverzeichnis

1	**Eine Einladung an Sie**	1
	Literatur	8
2	**Entscheidungsprozesse verstehen**	9
	2.1 Zwischen Blitz und Fehlzündung: Die zwei Geschwindigkeiten der Entscheidungsfindung	12
	2.2 Das Duett der Gedanken: Zwei kognitive Systeme	14
	2.3 Von Abkürzungen und Irrwegen: Heuristiken und die Stolpersteine des Denkens	16
	2.4 Der Trick mit der schnellen Antwort: Das Ersetzungsprinzip	17
	2.5 Von Glücksrittern und Zahlenjongleuren: Der lockere Umgang mit Wahrscheinlichkeiten	19
	2.6 Verknüpfte Welten: Unser Gehirn – eine mächtige Assoziationsmaschine	22
	2.7 Gedanken auf Kurs: die Magie der inneren Kohärenz	24
	2.8 Von Wissen zur Wirkung: Inspiration durch Verständnis und Verantwortung	27
	Literatur	28
3	**Der Bauplan für wirksame Inspiration**	29
	3.1 Ethik als Kompass: Die Gestaltungsprinzipien	30
	3.2 Entscheidungsstabilität: Eine unverzichtbare Ergänzung	31
	3.3 Anforderungen: Die Basis für fundierte Entscheidungen	32

	3.4 Anforderungen und Gestaltungsprinzipien: Zwei Pfeiler einer wirksamen Methode	36
	Literatur	40
4	**Perspektivenwechsel: Die Kraft positiver Empathie**	**41**
	4.1 Die selektive Natur der Wahrnehmung: Wie unsere Realität geformt wird	43
	4.2 Motivationsmuster: Die inneren Antriebe verstehen und gezielt ansprechen	45
	4.3 Feste Aktionsmuster: Wie automatische Reaktionen unser Verhalten prägen	49
	4.4 Persönliche Werte: Die treibende Kraft hinter unseren Entscheidungen	51
	4.5 Wünsche und Ziele: Der Wegweiser für Inspiration und Motivation	54
	4.6 Ängste und Sorgen: Die Blockaden erkennen und überwinden	56
	4.7 Glaubenssätze: Unsichtbare Hürden auf dem Weg zur Veränderung	60
	4.8 Emotionen verstehen: Wie Gefühle unsere Entscheidungen beeinflussen	65
	4.9 Empathie als Haltung: Der Beginn von Vertrauen und Veränderung	72
	Literatur	72
5	**Kognitive Stolpersteine und ihre Wirkung auf Inspiration**	**73**
	5.1 Die vertanen Chancen: Welche Auswirkungen die Verlustaversion auf Entscheidungen hat	74
	5.2 Das Festhalten am Istzustand: Den Widerstand gegen Veränderung entschlüsseln und überwinden	79
	5.3 Reaktionen auf Behauptungen: Wie Sie Offenheit fördern	82
	5.4 Selbstwahrnehmung: Der Einfluss unserer Sicht auf uns selbst	85
	5.5 Der Optimismus und das Risiko: Die Balance zwischen Zuversicht und Übermut	92
	5.6 Der Wir-Sind-Uns-Eh-Einig-Effekt: Wenn wir denken, dass andere genauso denken wie wir	95
	5.7 Die Bestätigungsverzerrung: Wie unsere Überzeugungen die Wahrnehmung verfälschen	99

5.8	Die Fehlinvestitionsfalle: Die Schwierigkeit, fehlerhafte Entscheidungen zu revidieren	103
5.9	Die Mehrdeutigkeitsaversion: Unsicherheit als Hürde	106
5.10	Die kognitive Dissonanz: Der innerliche Konflikt zwischen Überzeugungen und Handlungen	109
5.11	Die Einzeloption-Aversion: Das Unbehagen beim Fehlen von Alternativen	111
5.12	Der Asymmetrische Dominanzeffekt: Entscheidungsoptionen strukturieren	113
5.13	Der Ein-Mann-Ein-Wort-Effekt: Die Kraft von Konsistenz und Verpflichtung nutzen	116
5.14	Gegenseitigkeit: Das Prinzip des Gebens und Nehmens	119
5.15	Soziale Bestätigung: Die Kraft des kollektiven Verhaltens	124
5.16	Priorisierung und Dringlichkeit: Wichtige Entscheidungen rechtzeitig angehen	127
5.17	Die Unklarheitsaversion: Die Bedeutung klarer Botschaften	132
5.18	Von Barrieren zu Brücken: Den Weg zur Inspiration ebnen	135
Literatur		135

6 Türen öffnen mit psychologischen Taktiken   137

6.1	Vertrauen: Die Grundlage jeder erfolgreichen Interaktion	138
6.2	Sympathie: Der Schlüssel zu Offenheit und Zustimmung	141
6.3	Autorität: Vertrauen in Wissen und Kompetenz	143
6.4	Neugier: Eine treibende Kraft für Engagement und Inspiration	146
6.5	Begrenzte Gelegenheit: Ein überzeugender Grund, jetzt zu handeln	150
6.6	Labeling: Die Selbstverstärkende Wirkung positiver Etikettierung	153
6.7	Impfen: Überzeugungen stärken und schützen	155
6.8	Voraktivierung: Den Denkprozess gezielt anregen	159
6.9	Ankereffekt: Orientierung durch die erste Information	163
6.10	Chamäleon-Effekt: Die leise Dynamik der Anpassung	166
6.11	Aufmerksamkeit: Den Fokus gezielt lenken	168
6.12	Gelassenheit: Die Kunst der Selbstbeherrschung	172
6.13	Von der Beteiligung zur Verantwortung: Der Weg zu nachhaltigem Engagement	176
6.14	Trittsteine: Schritt für Schritt zum Ziel	180
6.15	Auswahl gestalten: Balance zwischen Freiheit und Klarheit	183

6.16 „Weil": Kleines Wort, große Wirkung ... 185
6.17 Mit Fragen führen: Der Weg zu Inspiration und Engagement ... 188
6.18 Storytelling: Wenn Geschichten bewegen ... 193
6.19 Die Kunst, Türen zu öffnen ... 202
Literatur ... 203

7 Leitfaden: Wie Sie wirksam inspirieren ... 207
7.1 Eine systematische Methode, um Entscheidungsprozesse auf dem zentralen Weg des Denkens zu begleiten ... 211
7.2 Die Phasen von *Wirksam Inspirieren* ... 216
7.3 Phase 1 – Einschwingen ... 219
7.4 Phase 2 – Interesse wecken und erste Impulse setzen ... 232
7.5 Phase 3 – Prioritäten verstehen: Menschen dort abholen, wo ihre Gedanken sind ... 235
7.6 Phase 4 – Chancen und Probleme erkunden: Herausforderungen greifbar machen ... 239
7.7 Phase 5 – Auswirkungen des Problems beleuchten: Verborgene Zusammenhänge aufdecken ... 242
7.8 Phase 6 – Ursachen von Chancen und Herausforderungen identifizieren: Tiefergehendes Verständnis schaffen ... 247
7.9 Phase 7 – Bedarf ermitteln und Mehrwert quantifizieren: Die Basis für überzeugende Lösungen schaffen ... 250
7.10 Phase 8 – Meinung festigen und Engagement fördern: Wie Sie Entscheidungen gezielt stabilisieren und Verbindlichkeit erhöhen ... 257
7.11 Wirksam Inspirieren als Leitfaden für effektive Gespräche ... 265
Literatur ... 268

8 Aufbruch in die Zukunft ... 269

Epilog ... 273

Über den Autor

Dr. Vaheh Khachatouri Ich glaube an die Kraft guter Gespräche – nicht, weil sie unterhaltsam sind oder dem Wunsch dienen, sich selbst zum Ausdruck zu bringen. Auch nicht, weil sie nur Informationen weitergeben. Vielmehr, weil sie Klarheit und Vertrauen schaffen, Orientierung geben und etwas in Bewegung setzen können. Mehr noch: Manchmal gelingt es ihnen, Menschen auf eine Weise zu verbinden, die kein anderes Mittel erreicht.

Viele großartige Entwicklungen beginnen mit einem Gedankenimpuls – ausgelöst durch ein Gespräch.

In meiner Arbeit mit Unternehmerinnen, Unternehmern und ihren Vertriebs- und Führungsteams geht es um mehr als reinen Austausch von Wissen: Der wahre Wert eines Gesprächs liegt in dem, was sich dadurch – im Denken wie im Tun – verändert.

Was mich dabei leitet, ist eine Haltung, die für mich wesentlich ist: Einfluss bedeutet nicht Manipulation. Wirksame Kommunikation, die Menschen inspiriert und bewegt, braucht Respekt, Transparenz und Verantwortung. Aus genau dieser Haltung heraus sind die Methode *Wirksam Inspirieren* und dieses Buch entstanden – als Antwort auf die Frage, wie Kommunikation echte Wirkung entfalten kann.

Analytisches Denken, psychologisches Verständnis und das Vertrauen in die Kraft des Miteinanders prägen meine Arbeit – mit dem Ziel, gute Entscheidungen zu ermöglichen und das in Menschen schlummernde Potenzial freizusetzen.

Ich begleite Unternehmerinnen und Unternehmer in komplexen Entscheidungsprozessen und schaffe gemeinsam mit Ihnen die Grundlagen, mit denen strategische Unternehmensentwicklung, Vertrieb und Marktpositionierung erfolgreich gestaltet werden können.

Mehr über meine Leistungen für Unternehmen finden Sie auf: www.unternehmen-entwickeln.at

Die Software *Wirksam Inspirieren*, Tools und weitere Impulse zur Methode auf: www.win-spiration.com

Ich wünsche Ihnen viele Aha-Momente beim Lesen – und noch mehr Wirksamkeit im Gespräch.

1

Eine Einladung an Sie

Haben Sie sich je gefragt, wie Sie andere so inspirieren können, dass sie mutig neue Wege beschreiten und ihr Potenzial entfalten? Was wäre, wenn Sie Inspiration nicht nur als spontanen Funken, sondern als gezielte Methode nutzen könnten?

Diese Fragen begleiten mich seit Jahrzehnten. Sie reichen von meiner Forschungsarbeit an der Technischen Universität Wien, bei der ich das Entscheidungsverhalten von Menschen untersuchte, um es in Robotersteuerungen zu integrieren (Khachatouri, 1995; Khachatouri & Zeichen, 1996), bis zu meiner Tätigkeit in der Unternehmensberatung, die sich auf Entscheidungen in unternehmerisch anspruchsvollen Situationen konzentriert.

Große Herausforderungen erfordern Inspiration, die Menschen in Bewegung setzt. In diesem Buch zeige ich Ihnen, wie Inspiration systematisch und ethisch eingesetzt werden kann, um nicht nur Entscheidungen zu erleichtern, sondern auch tiefgreifende Veränderungen zu ermöglichen.

Wirksam Inspirieren ist mehr als ein Konzept. Es ist eine Methode, die Vertrauen stärkt, Verbindungen schafft und Eigeninitiative fördert. Gemeinsam werden wir entdecken, wie Sie diese Fähigkeit erfolgreich nutzen können. Doch bevor wir damit beginnen, schauen wir uns die Geschichte eines Firmeninhabers an, den eine Sorge plagt, die so oder so ähnlich vielen von Ihnen bekannt vorkommen dürfte.

Aus Gründen der besseren Lesbarkeit wird auf die gleichzeitige Verwendung der Sprachformen männlich, weiblich und divers (m/w/d) verzichtet. Sämtliche Personenbezeichnungen gelten gleichermaßen für alle Geschlechter.

Vor dem Sprung ins Ungewisse

Peter Müller, Geschäftsführer der „Müller & Sohn Fertigungsmaschinen GmbH", suchte bei seinem morgendlichen Waldspaziergang wie so oft nach Klarheit. Doch heute lasteten die Herausforderungen schwerer auf seinen Schultern als je zuvor.

Das mittelständische Maschinenbauunternehmen mit seiner langen Tradition, das er in dritter Generation führte, stand an einem Wendepunkt. Vor 60 Jahren hatte Peters Großvater mit unermüdlicher Energie den Grundstein für das Familienunternehmen gelegt und dessen Identität geprägt. Genau dieses wertvolle Erbe stellte Peter nun vor die größte Herausforderung seiner bisherigen Karriere. Der Stolz auf die Vergangenheit war tief im Unternehmen verankert. Doch Peter wusste: Ohne den Mut zur Veränderung würde das Unternehmen nicht bestehen.

Peter hatte das Unternehmen in den vergangenen Jahren erfolgreich modernisiert und international aufgestellt. Trotzdem spürte er, dass Stillstand für ihn keine Option war. Steigende Anforderungen an Nachhaltigkeit und internationaler Preisdruck machten deutlich: Ein Wandel war unvermeidlich. Ein neues, umweltfreundliches Maschinenkonzept sollte die Zukunft des Unternehmens sichern. Und das musste möglichst zügig geschehen, denn die Mitbewerber warteten nicht darauf, dass „Müller & Sohn" sich neu aufstellte.

Er dachte an sein Führungsteam. Herr Wagner, der Produktionsleiter, war auf reibungslose Abläufe bedacht und würde mögliche Störungen kritisch sehen. Herr Richter, der Entwicklungsleiter, könnte die Einführung einer extern entwickelten Technologie als Infragestellung seiner Ingenieurskunst empfinden. Peter war sich bewusst, dass Fingerspitzengefühl gefragt war. Gleichzeitig wusste er, dass ein zu langes Zögern den entscheidenden Vorteil kosten konnte.

Zuhause erwartete ihn der Duft von frisch gebrühtem Kaffee. Sabine, seine Frau, las die Zeitung, während Anna, seine Tochter, sich gerade eine Tasse Kaffee einschenkte. „Papa, du siehst so nachdenklich aus", stellte Anna fest. „Es geht um das Unternehmen", erklärte Peter. „Ich stehe vor einer großen Entscheidung."

Als Peter von seinen Plänen erzählte, fragte Anna, die gerade ihr Psychologiestudium abgeschlossen hatte: „Wie willst du die Belegschaft überzeugen? Zahlen und Fakten?" Peter nickte zögerlich. „Ich werde zeigen, dass es sich lohnt. Am Ende sprechen die Ergebnisse doch für sich, oder?" Anna schüttelte den Kopf. „Nein, Papa. Veränderung bedeutet Unsicherheit. Zahlen allein überzeugen da nicht. Du musst die Menschen mitnehmen, ihre Gefühle und Perspektiven ansprechen."

Sabine fügte hinzu: „Vielleicht geht es weniger darum, sie zu überzeugen, sondern mehr darum, sie zu inspirieren."

Peter runzelte die Stirn. „Inspiration? Ich brauche Ergebnisse, keine großen Worte." Anna lächelte. „Genau deshalb, Papa. Inspiration bringt Menschen dazu, aus eigenem Antrieb aktiv zu werden. Sie erreicht nicht nur den Verstand, sondern auch das Herz."

Was wahre Inspiration ausmacht
Inspiration ist ein oft verwendeter Begriff – in Kunst, Führung und persönlichem Wachstum. Doch was genau bedeutet es, jemanden zu inspirieren? Und wie unterscheidet sich Inspiration von anderen Formen der Einflussnahme wie Motivation, Überzeugung oder Manipulation?

Inspiration ist weit mehr als Motivation. Sie wirkt nicht nur kurzfristig und oberflächlich, sondern entfacht ein tiefes inneres Engagement. Während Motivation häufig durch äußere Anreize hervorgerufen wird, entsteht Inspiration von innen heraus. Sie verbindet Herz und Verstand, eröffnet neue Perspektiven und fördert Eigeninitiative. Inspiration bewegt Menschen dazu, nicht nur zu reagieren, sondern aus eigenem Antrieb heraus aktiv zu werden.

Im Vergleich zur Überzeugung, die auf rationale Argumente und Beweise setzt, reicht Inspiration tiefer. Sie spricht nicht nur den Verstand an, sondern berührt auch das Herz. Diese Kombination weckt einen inneren Drang, der über bloße Zustimmung hinausgeht. Während Überzeugung ein „Ja, das klingt vernünftig" hervorruft, führt Inspiration zu einem „Ich will das tun, selbst wenn es anstrengend wird". Diese Verbindung aus rationaler Einsicht und emotionaler Hingabe verleiht Inspiration ihre transformative Kraft.

Gleichzeitig unterscheidet sich Inspiration fundamental von Manipulation. Manipulation lenkt das Verhalten anderer und schränkt ihre Entscheidungsfreiheit ein. Inspiration hingegen fördert Autonomie und Eigenständigkeit. Sie gibt lediglich Impulse und überlässt die Entscheidung dem Gegenüber, wodurch sie respektvoll und ethisch bleibt.

In der Führung ist es essenziell, Rahmenbedingungen zu schaffen, die es Menschen ermöglichen, sich – wo immer mit vertretbarem Aufwand möglich – nicht nur auf die Erfüllung von Aufgaben zu konzentrieren, sondern sich mit dem Ziel zu identifizieren und aktiv auf dessen Umsetzung hinzuarbeiten. Fredmund Malik (2006, S. 190), renommierter Managementexperte und Vordenker systemorientierter Führung, bringt dies im Zusammenhang mit dem Thema Zielvereinbarung auf den Punkt: „Der Zweck ist es, Verantwortung zum Bestandteil der Aufgabe zu machen."

Gerade im anspruchsvollen Verkauf zeigt sich, dass ein entscheidender Schlüssel zum Erfolg darin liegt, dass der Kunde die ihm angebotene Lösung nicht nur als eine Möglichkeit betrachtet, sondern als seinen eigenen Weg zur Zielerreichung erkennt. Erst dann entsteht echte Kaufmotivation – und damit nachhaltige Wirkung. Damit dies gelingt, muss auch auf Verkäuferseite eine wichtige Voraussetzung erfüllt sein: Nachhaltiger Erfolg in der Führung eines Vertriebsteams entsteht nicht durch bloße Anweisungen, sondern dadurch, dass Verkäufer Verantwortung für die Lösung des Kundenproblems übernehmen und sich mit dem Nutzen ihres Produkts oder ihrer Dienstleistung für den Kunden identifizieren.

Doch wie lässt sich das in der Praxis erreichen? Wie gelingt es, dass Menschen Verantwortung nicht nur formal übernehmen, sondern sich tatsächlich engagieren und das Ziel als ihr eigenes begreifen?

Hier setzt *Wirksam Inspirieren* an. Es reicht nicht aus, Menschen lediglich mit einem Ziel zu konfrontieren – sie müssen es als sinnvoll und erstrebenswert erleben. Entscheidend ist, dass sie nicht nur rational zustimmen, sondern sich emotional damit verbinden. Genau darum geht es bei *Wirksam Inspirieren*: Durch gezielte Impulse, die die individuellen Wahrnehmungsfilter, Motivationsmechanismen und Entscheidungsprozesse berücksichtigen, wird die Bereitschaft gefördert, Verantwortung nicht nur als sichtbare Handlung zu übernehmen, sondern auch mit innerer Zustimmung anzunehmen und aktiv zu gestalten.

Statt Druck auszuüben oder sich allein auf rationale Argumente zu verlassen, geht es darum, die innere Motivation zu wecken – sei es in der Führung oder im Vertrieb. Denn wer selbstbestimmt handelt, übernimmt Verantwortung nicht aus Zwang, sondern aus Überzeugung.

Vier wesentliche Dimensionen machen Inspiration einzigartig:

Emotionale Tiefe Inspiration berührt auf einer emotionalen Ebene, weckt Zuversicht sowie Begeisterung und ermutigt dazu, Ängste und Zweifel zu überwinden.

Kognitive Klarheit Inspiration fördert das Erkennen von Zusammenhängen, das Entwickeln neuer Ideen, und das Finden kreativer Lösungen.

Ethik und Integrität Inspiration respektiert die Autonomie des Gegenübers. Sie gibt Impulse, ohne zu manipulieren, und schafft Vertrauen durch Offenheit und Transparenz.

Handlungsimpuls Inspiration setzt Menschen in Bewegung – sei es, um neue Ziele zu verfolgen oder um Herausforderungen zu überwinden.

Die Wirkung der Inspiration ist universell und zeigt sich in nahezu allen Lebensbereichen. Sie kann Teams zusammenschweißen, Mut für große Entscheidungen stärken und persönliche Hürden überwinden helfen. Sie eröffnet Potenziale und stärkt Menschen darin, über sich hinauszuwachsen – ob im geschäftlichen, sozialen oder privaten Umfeld.

Die Kraft der Inspiration
Können mutige Entscheidungen scheitern? Ja, das ist möglich. Genau darin zeigt sich jedoch die besondere Stärke der Inspiration: Sie schenkt den Mut, trotz Unsicherheiten aktiv zu werden und Neues zu wagen. Inspiration ist keine Garantie für fehlerfreie Ergebnisse, doch sie bietet etwas weit Wertvolleres: Zuversicht und die innere Stärke, auch dann weiterzumachen, wenn die Dinge anders verlaufen als geplant.

Inspiration ermöglicht es uns, Rückschläge nicht als Scheitern zu betrachten, sondern als wertvolle Lektionen und Chancen für persönliches und berufliches Wachstum. Diese konstruktive Haltung schafft die Grundlage für nachhaltigen Erfolg und echte Weiterentwicklung.

Der wahre Wert von Inspiration liegt nicht darin, Risiken zu vermeiden, sondern darin, Chancen zu ergreifen, sich selbst zu übertreffen und auch dann mutig weiterzumachen, wenn nicht alles perfekt läuft. Inspiration ist nicht nur bei großen Entscheidungen von Bedeutung. Sie ist eine Fähigkeit, die auch im Alltag von unschätzbarem Wert ist. Inspiration öffnet Türen zu Potenzialen und Chancen, die darauf warten, erkannt und genutzt zu werden.

Denken Sie an die Führungskraft, die ihr Team für ein anspruchsvolles Projekt begeistern möchte – an den Projektleiter, der die Zusage der Firmenleitung und die Ressourcen für die Verwirklichung seiner Produktidee gewinnen will. Oder an den Unternehmer, der die Unterstützung seiner Mitgesellschafter für eine strategische Geschäftserweiterung sucht. Stellen Sie sich genauso alltägliche Herausforderungen vor, wie zum Beispiel eine Mutter, die ihrem Kind die Freude an einem gemeinsamen Familienerlebnis nahebringen möchte. Oder ein Lehrer, der seine Schüler dazu inspiriert, neugierig zu bleiben und ihre Potenziale zu entfalten.

In all diesen Momenten zeigt sich die Kraft der Inspiration. Sie schafft Vertrauen, stärkt die Zusammenarbeit und hilft, Herausforderungen mit neuer Energie anzugehen. Inspirierte Menschen sind häufig die treibende Kraft hinter positiven Veränderungen.

Eine ethische Anwendung von Inspiration basiert auf Respekt, Transparenz und Autonomie. Sie bedeutet, Entscheidungen stets im offenen Austausch miteinander zu treffen, die Selbstbestimmung des Gegenübers zu achten und gemeinsam Verantwortung zu übernehmen.

Dieses Buch stellt Ihnen eine Methode vor, mit der sich Inspiration als gezielte und zugleich ethische Fähigkeit nutzen lässt. Dabei nehme ich Sie mit auf meinen persönlichen Weg und zeige, wie ich diese Methode Schritt für Schritt entwickelt habe – mit all den Höhen und Tiefen, die letztendlich zu wertvollen Erkenntnissen geführt haben.

Lassen Sie uns gemeinsam entdecken, wie Inspiration Ihre Entscheidungen und die der Menschen in Ihrem Umfeld bereichern kann. Erfahren Sie, wie Sie Inspiration gezielt nutzen können, um Menschen zu bewegen und jenen Einfluss zu gewinnen, der nötig ist, um positive Veränderungen in Ihrem Team, Ihrer Organisation oder Ihrem persönlichen Umfeld zu bewirken.

Damit Sie den größtmöglichen Nutzen aus diesem Buch ziehen

In meiner Arbeit mit Unternehmerinnen, Unternehmern und ihren Führungs- und Vertriebsteams habe ich immer wieder erlebt, wie viel Kraft in einem gut geführten Gespräch steckt. Gespräche können Menschen berühren, ihnen Denkimpulse geben und sie selbst in komplexen Situationen ins Handeln bringen. Genau darin liegt der Ausgangspunkt für dieses Buch. Es stellt Ihnen die Methode *Wirksam Inspirieren* vor – einen strukturierten Leitfaden für Gesprächsführung, die Menschen in Bewegung bringt.

Der vollständige Leitfaden wird erst in Kap. 7 sichtbar. Was davor kommt, ist das nötige Fundament: Entscheidungsdynamiken (Kap. 2), der Bauplan für inspirierende Gesprächsführung (Kap. 3), der Perspektivenwechsel (Kap. 4) und zentrale psychologische Effekte (Kap. 5 und 6) – ergänzt durch viele authentische Praxisbeispiele aus meiner Tätigkeit. Dieses Wissen entfaltet seine volle Wirkung erst in Kombination mit dem Leitfaden (Kap. 7).

In meiner Arbeit hat sich immer wieder gezeigt: Besonders bei komplexen unternehmerischen Entscheidungen sowie in anspruchsvollen Führungs- und Verkaufssituationen – wenn der Handlungsdruck groß ist, klassische Argumente und Motivationstechniken nicht mehr greifen und Gesprächspartner zögern – entfaltet der Leitfaden in Kap. 7 seine spürbare Wirkung. Er ermöglicht echte Inspiration.

Die Wahl liegt bei Ihnen: Sie können einzelne Abschnitte der Kap. 5 und 6 auch gezielt als schnelle, kompakte Ratgeber für bestimmte Situationen nutzen – vorausgesetzt, Sie schätzen die Situation richtig ein. Die größte Wirkung erzielen Sie jedoch, wenn Sie den Leitfaden aus Kap. 7 verinnerlichen und ihn im Zusammenspiel mit dem Wissen aus den Kap. 2, 3, 4, 5 und 6 einsetzen.

Vielleicht lesen Sie das Buch von Anfang bis Ende durch. Vielleicht beginnen Sie mit den Kap. 1, 2 und 3 und arbeiten danach peu à peu, Phase für Phase. Beides ist richtig – solange Sie eines tun: Es mit Leben füllen.

Lassen Sie sich beim Lesen Zeit –
um innezuhalten, wenn Sie ein Beispiel berührt oder zum Denken anregt.

Nehmen Sie sich die Ruhe –
um beim Lesen Ihren Denkimpulsen zu folgen. Antworten Sie mit eigenen Worten, auch wenn das Buch keine Fragen gestellt hat.

Gönnen Sie sich die Tiefe der Reflexion –
und stellen Sie sich ein echtes Gespräch vor, während Sie durch die Methode gehen.

Verinnerlichen Sie den Leitfaden –
und integrieren Sie beim praktischen Anwenden die jeweils relevanten psychologischen Effekte,
um das volle Potenzial der Methode zu entfalten.

Meine Empfehlung für die praktische Nutzung mit maximalem Effekt

Ganz gleich, ob Sie das Buch später als Nachschlagewerk nutzen oder gezielt mit bestimmten Phasen arbeiten möchten – lesen und durchdenken Sie es zuerst vollständig. So erschließen sich Zusammenhänge, Hintergründe und Wirkungselemente, die für die erfolgreiche Anwendung entscheidend sind.

Nach der Lektüre helfen Ihnen die folgenden Punkte, die Methode strukturiert, wirksam und mit maximaler Wirkung in Ihrer Gesprächsführung umzusetzen.

- Verwenden Sie den Leitfaden in Kap. 7 (Kap. 7) zur strukturierten Gesprächsvorbereitung.
- Beziehen Sie das Verständnis aus Kap. 2 (Kap. 2) mit ein, um Entscheidungsprozesse besser einordnen zu können.
- Nutzen Sie den Bauplan aus Kap. 3 (Kap. 3), um Ihrem Gespräch eine klare, inspirierende Struktur zu geben.
- Denken Sie sich mit Hilfe von Kap. 4 (Kap. 4) gezielt in die Situation Ihres Gesprächspartners hinein (Perspektivenwechsel).
- Prüfen Sie die psychologischen Effekte aus den Kap. 5 (Kap. 5) und 6 (Kap. 6) auf ihre Relevanz und Priorität – je nach Gesprächssituation.
- Wählen Sie die situationsabhängig erfolgsversprechendsten Effekte aus und bauen Sie sie gezielt in den Leitfaden (Kap. 7) für Ihre Gesprächsführung ein.
- Unter *www.win-spiration.com* steht Ihnen – auf Wunsch – eine begleitende Software zur Verfügung, die Sie effizient bei der Umsetzung des Leitfadens unterstützt: mit anregenden Fragen, gezielten Impulsen und zeitsparenden Anwendungshilfen.

Literatur

Khachatouri, V. (1995). *A new framework for the incorporation of human expertise into robots via fuzzy algorithms*. Dissertation. Technische Universität Wien.

Khachatouri, V., & Zeichen, G. (1996). Outline of a method for the integration of linguistically expressed control strategies into the robot controller. *International Journal of Robotics Systems, 18*(1), 45–57.

Malik, F. (2006). *Führen, Leisten, Leben: Wirksames Management für eine neue Zeit*. Campus.

2

Entscheidungsprozesse verstehen

„Der Weg zur Einflussnahme führt über das Verständnis, wie Gedanken Entscheidungen formen."

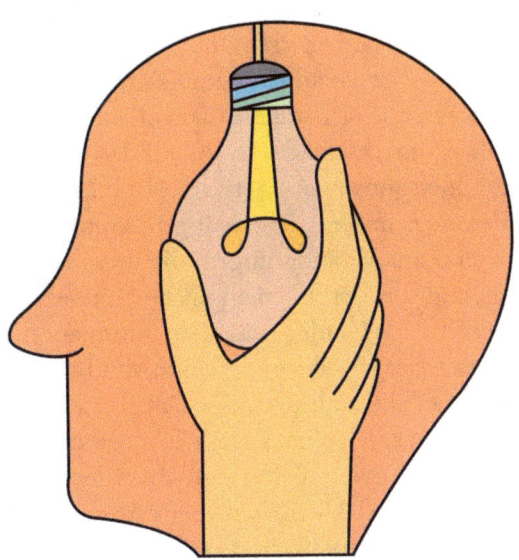

Um Entscheidungen systematisch beeinflussen zu können, ist es notwendig, zunächst zu verstehen, wie sie in unserem Denken entstehen. Dies erfordert ein tiefes Verständnis dafür, wie Menschen Informationen aufnehmen und verarbeiten, Alternativen abwägen und schließlich eine Wahl treffen.

Unser Gehirn ist das Ergebnis einer Jahrmillionen langen Evolution, geprägt von den Anforderungen, die das Überleben unserer Vorfahren bestimmten. Insbesondere die Fähigkeit, schnell zu denken und rasch zu reagieren, war entscheidend: In einer Umgebung voller Gefahren konnte zögerliches Handeln fatale Folgen haben. Wenn es darum ging, vor einem Raubtier zu fliehen, bedeutete die Fähigkeit, blitzschnell Entscheidungen zu treffen den Unterschied zwischen Leben und Tod. Deshalb hat die natürliche Auslese unser Gehirn darauf spezialisiert, effizient und instinktiv zu agieren.

Der menschliche Verstand ist darauf programmiert, kontinuierlich Muster in seiner Umgebung zu erkennen. Diese Fähigkeit, neue oder ungewöhnliche Signale zu identifizieren, war für unsere Vorfahren essenziell, um in einer unsicheren Welt zu überleben. Sie ermöglichte es, potenzielle Gefahren schnell zu erfassen und angemessen zu reagieren. Gleichzeitig verfolgt unser Gehirn das Ziel, Energie zu sparen. Es bevorzugt vereinfachte Denkmuster und versucht, unnötige kognitive Anstrengungen zu vermeiden – auch bei Entscheidungen. Um Ressourcen zu schonen und effizient zu handeln, greift es häufig auf vertraute mentale Abkürzungen zurück. Diese Kombination aus Mustererkennung und Ressourcenschonung prägt unser Denken und beeinflusst, wie wir Informationen verarbeiten und Entscheidungen treffen.

Um Energie zu sparen und sich auf das Wesentliche zu konzentrieren, richtet unser Gehirn die Aufmerksamkeit gezielt auf das, was sich von der Norm abhebt – alles, was anders, neu oder unerwartet ist und potenziell relevant für unser Wohlbefinden oder unsere Sicherheit sein könnte. Besonders sensibel reagiert unser Verstand auf Veränderungen, die unsere soziale Stellung oder unser Sicherheitsgefühl in der Gemeinschaft betreffen. In diesem fortwährenden Prozess filtert das Gehirn unzählige Informationen aus und fokussiert sich auf das, was in der jeweiligen Situation von Bedeutung ist. So bleibt es handlungsfähig und effektiv, ohne sich in Details zu verlieren.

Unser soziales Ansehen spielt eine zentrale Rolle in der Art und Weise, wie unser Gehirn Informationen verarbeitet und priorisiert. In unserer evolutionären Vergangenheit war das Überleben eng mit dem Leben in Gemeinschaften verbunden. Der Ausschluss aus der Gruppe konnte lebensgefährlich sein, da ein einzelner Mensch nur schwer Nahrung finden, sich vor Feinden schützen oder sich fortpflanzen konnte. Deshalb hat sich unser Gehirn darauf spezialisiert, soziale Signale und Hinweise auf eine mögliche Veränderung in unserem Status innerhalb der Gruppe besonders aufmerksam wahrzunehmen und zu bewerten.

Ein sicherer Platz in der sozialen Rangordnung – geprägt durch Respekt, Anerkennung und Zugehörigkeit – war über Jahrtausende hinweg entscheidend für das Überleben und die Weitergabe unseres Erbguts. Im Verlauf der Evolution entwickelte unser Gehirn fein abgestimmte Mechanismen, die uns dazu bewegen, soziale Bindungen aktiv zu fördern, Ablehnung zu vermeiden und unser Verhalten so auszurichten, dass wir nicht nur akzeptiert, sondern geschätzt werden. Diese tief verwurzelte Anpassung macht uns besonders empfänglich für Signale, die auf Zustimmung, Ablehnung oder unseren Status innerhalb einer Gruppe hinweisen. Solche Signale beeinflussen nicht nur unser Selbstbild, sondern auch unser Handeln und unsere Entscheidungen auf eine oft unbewusste Weise.

Das spiegelt sich in der heutigen Zeit in der Angst vor sozialer Zurückweisung wider, in der Sorge um unser Image oder dem Bedürfnis, im sozialen und beruflichen Umfeld positiv aufzufallen. Das Gehirn verarbeitet Informationen nicht nur im Hinblick auf physische Gefahren, sondern bewertet auch potenzielle Risiken für unser soziales Ansehen. Diese Mechanismen gewährleisten nicht nur unsere soziale Eingebundenheit, sondern fördern auch unseren Erfolg in einer zunehmend komplexen sozialen Landschaft.

Die Funktionsweise unseres Gehirns ist darauf ausgelegt, Entscheidungen schnell zu treffen – häufig ohne alle relevanten Informationen einzubeziehen. Dabei geraten Intuition und Logik, Instinkt und Überlegung in komplexen Situationen oft in Konflikt, was eine fundierte und ausgewogene Entscheidungsfindung erschweren kann.

Durch die bahnbrechenden Forschungsarbeiten von Kahneman und Tversky, zwei der einflussreichsten Wissenschaftler im Bereich der Verhaltensökonomie, wurde deutlich, dass unser Gehirn bei der Entscheidungsfindung zwei unterschiedliche Denkmodi einsetzt (Kahneman, 2012, S. 24) Einerseits agieren wir blitzschnell und intuitiv, andererseits schalten wir in einen langsameren, analytischen Modus, um komplexe Situationen bewusst zu durchdenken. Dieses Wechselspiel zwischen schnellen, instinktiven Reaktionen und reflektierter Analyse birgt sowohl immense Stärken als auch potenzielle Fallstricke.

Das Verständnis dieses Zusammenspiels ermöglicht es, unsere Botschaften gezielt so zu gestalten, dass sie beide Denkweisen effektiv ansprechen.

Im nächsten Abschnitt beleuchten wir diese zwei Geschwindigkeiten der Entscheidungsfindung genauer – und gehen der Frage nach, warum sie uns in manchen Momenten zu brillanten Einsichten führt, während sie uns in anderen Situationen in die Irre leiten kann.

2.1 Zwischen Blitz und Fehlzündung: Die zwei Geschwindigkeiten der Entscheidungsfindung

Die Frage, wie Menschen Informationen verarbeiten und auf äußere Reize reagieren, die sie zu Entscheidungen, Handlungen oder Verhaltensänderungen bewegen, ist seit Jahrzehnten Gegenstand intensiver wissenschaftlicher Forschung. Psychologen, Soziologen, Ökonomen und Neurowissenschaftler haben sich mit diesem Thema auseinandergesetzt, um zu verstehen, was Menschen dazu bringt, bestimmte Entscheidungen zu treffen und warum sie sich in vielen Situationen nicht so verhalten, wie es die klassische ökonomische Theorie vorhersagen würde.

Die klassische ökonomische Theorie geht davon aus, dass Menschen rational handeln und stets Entscheidungen treffen, die ihren eigenen Nutzen maximieren. In diesem Modell wägen sie alle verfügbaren Informationen ab, analysieren systematisch die Vor- und Nachteile und entscheiden sich für die Option, die ihnen den größten Vorteil bringt. In dieser Sichtweise sind Menschen vollständig informierte, logisch denkende „Nutzenmaximierer". Diese Annahme einer „homo oeconomicus"-Mentalität stellte die Grundlage vieler ökonomischer und sozialwissenschaftlicher Modelle dar. Doch in der Praxis zeigt sich, dass unsere Entscheidungen oft von Emotionen, Vorurteilen und anderen irrationalen Einflüssen geprägt sind. Viele dieser Theorien und Modelle wurden kontrovers diskutiert und boten nur unter bestimmten Bedingungen verlässliche Erklärungen. Oftmals war der wissenschaftliche Diskurs geprägt von der Frage, ob Entscheidungen tatsächlich rational und logisch ablaufen oder ob andere, weniger bewusste Prozesse im Spiel sind.

Daniel Kahneman und Amos Tversky (1974) brachten mit ihrer wegweisenden Arbeit eine völlig neue Perspektive in die Entscheidungsforschung. In ihrem 1974 veröffentlichten Artikel „Judgement under Uncertainty: Heuristics and Biases" („Urteile unter Unsicherheit: Heuristiken und kognitive Verzerrungen") zeigten sie, dass Menschen bei der Entscheidungsfindung häufig auf vereinfachte Denkmuster – sogenannte Heuristiken – zurückgreifen, anstatt komplexe, mathematisch präzise Berechnungen durchzuführen. Diese mentalen Abkürzungen dienen dazu, die Einschätzung von Wahrscheinlichkeiten und die Vorhersage von Ergebnissen zu erleichtern. Während sie in vielen Fällen schnelle und praktikable Entscheidungen ermöglichen, bergen sie zugleich das Risiko systematischer Verzerrungen und Fehler. Ihre Arbeit verdeutlichte, dass Menschen auch in wichtigen und komplexen Entscheidungssituationen regelmäßig von den Prinzipien der rationalen Entscheidungsfindung abweichen. Diese Erkenntnisse revolutionierten das Verständnis von menschlichem Verhalten, indem sie zeigten, dass unsere Entscheidungen oft auf intuitiven, aber fehleranfälligen Urteilen basieren.

Die Theorie der Heuristiken und kognitiven Verzerrungen hatte seit ihrer Veröffentlichung einen nachhaltigen Einfluss auf die Psychologie und die Sozialwissenschaften. Sie gilt heute als eines der bedeutendsten Modelle in der Entscheidungspsychologie und Verhaltensökonomie, ein Forschungsfeld, das untersucht, wie psychologische Einflüsse und emotionale Faktoren unsere wirtschaftlichen Entscheidungen prägen. Für seine Beiträge zu diesem Forschungsfeld wurde Daniel Kahneman 2002 mit dem Nobelpreis ausgezeichnet – eine Ehrung, die Tversky aufgrund seines frühen Todes leider nicht mehr erleben konnte.

Die Erkenntnisse von Tversky und Kahneman finden bis heute breite Anwendung in vielen Bereichen, darunter Wirtschaft und Finanzen, Marketing und Kommunikation, Politik, Gesundheitswesen, Unternehmensführung, Personalmanagement und Coaching. Ihre Forschung hilft, die Komplexität menschlicher Entscheidungen besser zu verstehen und liefert wertvolle Einblicke in die Denkprozesse, die unsere Handlungen und Urteile beeinflussen.

Während Amos Tversky und Daniel Kahneman in ihrer frühen Forschung vor allem untersuchten, wie Menschen unter Unsicherheit Entscheidungen treffen und dabei auf intuitive Abkürzungen und vereinfachte Denkstrategien zurückgreifen, vertiefte Kahneman diese Erkenntnisse später in einem seiner einflussreichsten Werke: „Schnelles Denken, langsames Denken" (Kahneman, 2012). Darin beschreibt er wie die beiden unterschiedlichen Denkweisen in unserem Gehirn miteinander in Wechselwirkung stehen und unsere Entscheidungen prägen.

In den nächsten Abschnitten werden wir uns genauer mit den Eigenheiten dieser beiden Systeme befassen und untersuchen, wie sie miteinander interagieren, um unsere Entscheidungen zu beeinflussen. Denn erst wenn wir verstehen, wie das Zusammenspiel dieser beiden Denkweisen funktioniert, können wir gezielt inspirieren und Menschen dazu bewegen, bessere Entscheidungen zu treffen. Das Wissen um die Funktionsweise dieser beiden Denksysteme hilft uns, unsere Botschaften so zu gestalten, dass sie sowohl das schnelle, intuitive Denken als auch das langsamere, analytische Denken ansprechen – je nachdem, welche Reaktion wir auslösen möchten.

2.2 Das Duett der Gedanken: Zwei kognitive Systeme

Daniel Kahneman und Amos Tversky haben mit ihrer Forschung eine tiefgreifende Einsicht in die Funktionsweise unseres Denkens ermöglicht, indem sie zwei grundlegende Denksysteme beschrieben: das intuitive System („System 1") und das bewusste, analytische System („System 2"). Diese beiden Systeme arbeiten oft wie ein Team, haben jedoch unterschiedliche Stärken, Schwächen und Aufgabenbereiche.

Das intuitive System ist schnell, automatisch und läuft ohne bewusste Anstrengung ab. Es nutzt Muster und Erfahrungen, um in Bruchteilen von Sekunden Entscheidungen zu treffen. Dieses System ist hervorragend geeignet für routinierte Aufgaben oder Situationen, die rasches Handeln erfordern – wie das Bremsen, wenn plötzlich ein Fußgänger auf die Straße tritt. Doch diese Geschwindigkeit hat ihren Preis: Das intuitive System neigt dazu, Fehler zu machen, insbesondere in komplexen oder mehrdeutigen Situationen, die mehr Analyse erfordern. Und obwohl es nahezu ununterbrochen aktiv ist, können wir es nicht willentlich abschalten.

Das bewusste System hingegen arbeitet langsamer und verlangt mehr Energie sowie Aufmerksamkeit. Es wird aktiviert, wenn wir mit Herausforderungen konfrontiert sind, die gründliches Nachdenken erfordern – wie das Lösen mathematischer Probleme, das Entwickeln einer Unternehmensstrategie oder das Treffen weitreichender Entscheidungen. Da unser Gehirn darauf ausgelegt ist, Energie zu sparen, bleibt dieses System meist im Hintergrund und wird nur dann eingeschaltet, wenn es unbedingt notwendig ist.

Die Dynamik zwischen diesen beiden Systemen ist faszinierend: Das intuitive System agiert wie ein Autopilot, der uns durch den Alltag führt, Eindrücke sammelt und spontane Handlungen anstößt. Es übergibt an das bewusste System, sobald die Situation komplex wird oder unerwartete Hindernisse auftreten, die eine genauere Analyse verlangen. Dieses Zusammenspiel macht unser Denken anpassungsfähig und effektiv.

Ein einfaches Beispiel verdeutlicht diese Zusammenarbeit: Beim Autofahren übernimmt meist das intuitive System. Wir folgen der gewohnten Route, ohne aktiv darüber nachzudenken. Tritt jedoch plötzlich ein Stau auf, wird das bewusste System aktiv. Es bewertet die Situation, wägt Alternativen ab und entscheidet, ob eine Umleitung sinnvoll ist.

Dieses Wechselspiel ist auch der Schlüssel zur Inspiration. Wenn wir verstehen, wie die beiden Systeme Informationen aufnehmen und verarbeiten, können wir gezielt beeinflussen, wie Menschen auf Botschaften reagieren. Das intuitive System ist empfänglich für einfache, klare Impulse, die Emotionen wecken, während das bewusste System durch fundierte Argumente und durchdachte Analysen überzeugt wird. Die Herausforderung besteht darin, die richtige Balance zu finden: Wann genügt es, auf die Intuition zu setzen, und wann ist eine gründliche Reflexion erforderlich?

Um diese Dynamik besser zu verstehen, werfen wir im nächsten Abschnitt einen Blick auf Heuristiken – die vereinfachten Denkstrategien, die unser intuitives System verwendet. Diese mentalen Abkürzungen ermöglichen es uns, effizient Entscheidungen zu treffen, doch sie können uns auch in die Irre führen. Dabei beleuchten wir, wie Heuristiken in Entscheidungsprozessen wirken, welche Vorteile sie bieten und welche Risiken sie bergen.

2.3 Von Abkürzungen und Irrwegen: Heuristiken und die Stolpersteine des Denkens

Heuristiken sind mentale Abkürzungen, die es uns ermöglichen, schnell und effizient Entscheidungen zu treffen, ohne jede Situation im Detail analysieren zu müssen. Diese vereinfachten Denkstrategien sind besonders in alltäglichen oder zeitkritischen Situationen nützlich, da sie die kognitive Belastung reduzieren und uns handlungsfähig halten. Doch so hilfreich Heuristiken auch sind, bergen sie Risiken. Sie können zu kognitiven Verzerrungen führen – systematischen Denkfehlern, die entstehen, weil das intuitive System schnell reagiert, ohne alle relevanten Informationen vollständig zu berücksichtigen.

Kognitive Verzerrungen beeinflussen, wie wir Informationen wahrnehmen, interpretieren und Entscheidungen treffen. Sie sind eine direkte Folge der Funktionsweise unseres Gehirns, das darauf ausgerichtet ist, effizient und ressourcenschonend zu arbeiten. Diese Verzerrungen können uns jedoch nicht nur zu Fehlurteilen verleiten, sondern machen uns auch anfällig für Manipulation. Marketingbotschaften, politische Kampagnen oder Verkaufstechniken nutzen oft gezielt kognitive Verzerrungen, um unser Verhalten zu beeinflussen. Beispiele hierfür sind zeitlich begrenzte Angebote oder künstliche Knappheit wie „Nur noch 2 Stück auf Lager!". Das intuitive System wird dadurch alarmiert und signalisiert, dass schnelles Handeln erforderlich ist, während das bewusste System innehalten und hinterfragen könnte, ob das Angebot tatsächlich sinnvoll ist.

Emotionen und Intuition spielen insbesondere bei Entscheidungen unter Unsicherheit eine zentrale Rolle. Nehmen wir das Beispiel eines Patienten, der über eine riskante Operation entscheiden muss. Das intuitive System könnte durch Angst vor möglichen Komplikationen sofort eine Abneigung auslösen. Das bewusste System hingegen wäre nötig, um die Vor- und Nachteile der Operation nüchtern abzuwägen und eine fundierte Entscheidung zu treffen. Ähnlich verhält es sich in emotional aufgeladenen Momenten wie Streitgesprächen: Das intuitive System reagiert impulsiv und könnte die Situation verschärfen, während das bewusste System durch Reflexion und Besonnenheit eine konstruktivere Reaktion ermöglicht.

Trotz ihrer Schwächen bieten Heuristiken einen entscheidenden Vorteil: Sie erlauben schnelle und oft effektive Entscheidungen, ohne dass das bewusste System ständig beansprucht wird. Doch weil sie auf vereinfachten Annahmen basieren, sind sie anfällig für Fehler. Hier liegt jedoch auch eine Chance für diejenigen, die andere inspirieren möchten. Wenn wir die Funktionsweise dieser Denkabkürzungen verstehen, können wir gezielt auf sie eingehen, um Menschen nicht nur zu motivieren, sondern auch dazu zu bewegen, ihre Perspektiven zu erweitern und bewusstere Entscheidungen zu treffen. Inspiration bedeutet, diese Mechanismen nicht auszunutzen, sondern sie achtsam einzusetzen, um positive und nachhaltige Veränderungen zu fördern.

2.4 Der Trick mit der schnellen Antwort: Das Ersetzungsprinzip

Heuristiken sind mächtige Werkzeuge des intuitiven Systems, die uns dabei helfen, Entscheidungen in Sekundenbruchteilen zu treffen. Doch manchmal reicht selbst eine Heuristik nicht aus, um eine komplexe Frage zu beantworten. In solchen Situationen greift unser Gehirn zu einem weiteren Trick, den Daniel Kahneman (2012, S. 127) als Ersetzungsprinzip beschreibt. Dabei wird eine schwierige Frage, die eine tiefer gehende Analyse erfordern würde, unbewusst durch eine einfachere Frage ersetzt. Dieses Prinzip spielt eine wesentliche Rolle in der Art und Weise, wie wir Entscheidungen treffen und auf Herausforderungen reagieren. Interessanterweise läuft dieser Prozess völlig unbemerkt ab – wir glauben, die schwierige Frage beantwortet zu haben, obwohl wir in Wirklichkeit nur auf eine vereinfachte Version reagiert haben.

Wenn uns eine schwierige Frage gestellt wird, wie zum Beispiel: „Wie viel sind Sie bereit, auszugeben, um eine bedrohte Art wie Delfine zu retten?", findet unser intuitives System möglicherweise keine sofortige Antwort. Stattdessen ersetzt es sie durch eine einfachere Frage: „Was macht es Ihnen aus, wenn Sie an sterbende Delfine denken?" Die emotionale Reaktion auf das Bild der sterbenden Delfine beeinflusst dann die Antwort, die wir geben – ohne dass wir merken, dass wir eigentlich eine andere Frage beantwortet haben (Kahneman, 2012, S. 129). Dabei entscheidet nicht die rationale Einschätzung des finanziellen Aufwands, sondern das Gefühl der Betroffenheit darüber, wie hoch die Spende ausfällt.

Ein weiteres Beispiel zeigt sich, wenn Menschen gefragt werden: „Wie zufrieden sind Sie gegenwärtig mit Ihrem Leben?" Diese komplexe Frage erfordert eine umfassende Reflexion über viele Aspekte des eigenen Lebens. Das intuitive System macht es sich jedoch einfacher und ersetzt die ursprüngliche Frage durch die heuristische Frage: „Wie ist meine Stimmung gerade in diesem Moment?" (Kahneman, 2012, S. 128). Auf diese Weise beeinflusst unsere aktuelle Stimmungslage die Antwort auf eine Frage, die eigentlich eine tiefere Analyse erfordert hätte.

Das Ersetzungsprinzip zeigt, wie unser intuitives System unbewusst komplexe Fragen vereinfacht, um schneller zu einer Antwort zu kommen. Wenn wir uns dessen bewusst sind, können wir in kritischen Situationen innehalten und hinterfragen: „Habe ich die eigentliche Frage beantwortet, oder habe ich sie unbewusst durch eine einfachere ersetzt?"

Doch dieser Mechanismus ist nicht der einzige, auf den unser Gehirn zurückgreift, wenn es schwierige Entscheidungen zu treffen hat. Besonders dann, wenn es um die Einschätzung von Wahrscheinlichkeiten geht, neigen wir dazu, uns auf weitere mentale Abkürzungen zu verlassen – oft ohne es zu bemerken. Hier kommen die Verfügbarkeits- und Repräsentationsheuristiken ins Spiel, die wir im nächsten Abschnitt behandeln.

2.5 Von Glücksrittern und Zahlenjongleuren: Der lockere Umgang mit Wahrscheinlichkeiten

Nachdem wir gesehen haben, wie unser Gehirn komplexe Fragen durch einfachere ersetzt, kommen wir nun zu einem weiteren faszinierenden Phänomen unseres Denkens: der Einschätzung von Wahrscheinlichkeiten. Ob im Geschäftsleben, bei wichtigen persönlichen Entscheidungen oder im Alltag – immer wieder werden wir mit Fragen konfrontiert, die eine realistische Einschätzung der Eintrittswahrscheinlichkeit bestimmter Ereignisse erfordern. Doch wie sich zeigt, sind wir Menschen alles andere als präzise Statistikexperten. Stattdessen lassen wir uns von unserer Intuition leiten, greifen auf vereinfachte Faustregeln zurück und neigen dazu, Risiken und Wahrscheinlichkeiten auf die leichte Schulter zu nehmen (Kahneman & Tversky, 1979).

In diesem Kapitel werden wir uns genauer ansehen, wie die Verfügbarkeits- und Repräsentationsheuristiken unser Urteilsvermögen beeinflussen – und wie wir manchmal zu echten Glücksrittern werden, wenn es darum geht, Chancen und Risiken abzuwägen.

Ein alltägliches Beispiel für eine solche Heuristik ist die Verfügbarkeitsheuristik (Kahneman, 2012, S. 164). Wenn wir einschätzen sollen, wie gefährlich eine bestimmte Aktivität ist – etwa Fliegen im Vergleich zu Autofahren – greifen wir intuitiv auf die ersten Beispiele zurück, die uns in den Sinn kommen. Wenn wir in den Nachrichten von Flugzeugabstürzen hören, neigen wir dazu, das Risiko des Fliegens zu überschätzen, obwohl statistisch gesehen Autofahren deutlich gefährlicher ist. Diese kognitive Verzerrung zeigt, wie unser Gehirn dazu tendiert, Informationen, die leicht abrufbar sind, stärker zu gewichten als objektive Fakten.

Ein weiteres Beispiel dafür, wie wir uns von der Verfügbarkeitsheuristik beeinflussen lassen, zeigt sich in einem Experiment zur Wahrnehmung von Risiken. Flugpassagiere wurden gefragt, wie viel sie bereit wären, für eine Lebensversicherung für ihren bevorstehenden Flug zu zahlen (Johnson et al., 1993). Die eine Gruppe wurde darüber informiert, dass die Versicherung unabhängig von der Todesursache zahlen würde, während die andere Gruppe die Information erhielt, dass die Versicherung nur im Falle eines Terroranschlags auf dem Flug leistungspflichtig sei. Logischerweise sollte die Versicherungsleistung unabhängig von der Todesursache attraktiver sein, da sie zusätzlich zum Terroranschlag ein breiteres Spektrum möglicher Risiken abdeckt. Dennoch waren die Passagiere überraschenderweise bereit, mehr zu zahlen, wenn die Versicherung nur im Falle eines Terroranschlags zahlen würde.

Warum verhielten sich die Passagiere so irrational? Hier kommt die Verfügbarkeitsheuristik ins Spiel: Terroranschläge sind extrem emotional aufgeladene Ereignisse, über die in den Medien berichtet wird. Die dadurch erzeugte Angst und die lebhaften Bilder von Terroranschlägen sind leicht abrufbar und prägen unser Denken stärker als andere, weniger dramatische Todesursachen. Obwohl die Wahrscheinlichkeit, bei einem Flug durch einen Terroranschlag zu sterben, extrem gering ist, neigt unser Gehirn dazu, das Risiko zu überschätzen, weil uns diese Bilder und Nachrichten sowie die dadurch verstärkte Angst so präsent sind.

Die Passagiere ließen sich also von ihrer emotionalen Reaktion und der Verfügbarkeit dieser Informationen in ihrem Gedächtnis beeinflussen. Anstatt die rationalere Option zu wählen, bei der sie in jedem Todesfall abgesichert wären, entschieden sie sich für die spezifischere Versicherung, weil die Idee eines Terroranschlags emotional stärker belastend war.

Dieses Beispiel verdeutlicht, wie die Verfügbarkeitsheuristik unsere Entscheidungen beeinflussen kann, indem sie uns dazu bringt, Risiken aufgrund emotionaler Eindrücke und leicht abrufbarer Informationen falsch einzuschätzen.

Während die Verfügbarkeitsheuristik auf der Leichtigkeit basiert, mit der uns Beispiele in den Sinn kommen, greift die Repräsentationsheuristik (Kahneman, 2012, S. 187) auf vertraute Muster und Stereotypen zurück. Sie lässt uns die Wahrscheinlichkeit eines Ereignisses danach beurteilen, wie sehr es unserem mentalen Bild entspricht.

Ein eindrucksvolles Beispiel hierfür ist das sogenannte Linda-Problem, das Daniel Kahneman und Amos Tversky entwickelt haben (Kahneman, 2012, S. 195). In diesem Experiment erhielten die Teilnehmer eine Beschreibung von Linda, einer 31-jährigen, engagierten Frau, die sich für soziale Gerechtigkeit einsetzt. Anschließend wurden sie gefragt, welche der folgenden Aussagen wahrscheinlicher sei: 1. „Linda ist eine Bankangestellte" oder 2. „Linda ist eine Bankangestellte und aktiv in der Frauenbewegung."

Trotz der klaren mathematischen Logik entschieden sich die meisten Teilnehmer für die zweite Option: „Linda ist eine Bankangestellte und aktiv in der Frauenbewegung." Doch statistisch gesehen ist diese Aussage weniger wahrscheinlich. Warum? Laut den Regeln der Wahrscheinlichkeitslehre kann eine spezifische Aussage (Bankangestellte und Frauenbewegung) niemals wahrscheinlicher sein als eine allgemeinere Aussage (nur Bankangestellte). Die zweite Option ist eine Kombination von zwei Bedingungen und daher zwangsläufig seltener als die erste.

Warum passiert Menschen dieser Denkfehler? Das intuitive System der Teilnehmer greift auf die Beschreibung von Linda zurück, die stark mit dem Bild einer engagierten Feministin übereinstimmt. Die Beschreibung aktiviert ein Stereotyp, das die Vorstellung prägt, dass Linda wahrscheinlich auch in sozialen Bewegungen aktiv ist. Das führt dazu, dass die Menschen die spezifischere, aber weniger wahrscheinliche Option wählen, weil sie besser zur Beschreibung von Linda passt.

Dieser Denkfehler entsteht, weil unser Gehirn darauf programmiert ist, die Wahrscheinlichkeit eines Ereignisses danach zu beurteilen, wie sehr es dem entspricht, was wir bereits kennen oder was wir als typisch wahrnehmen. Statt sich auf die objektiven Wahrscheinlichkeiten zu stützen, lassen wir uns von Ähnlichkeiten und Stereotypen leiten. Die Verknüpfung von Linda mit der Frauenbewegung entspricht unserem mentalen Bild, sodass wir die logischere, aber unspektakulärere Option „Linda ist eine Bankangestellte" übersehen.

Das Linda-Problem veranschaulicht eindrucksvoll, wie unser intuitives System schnell auf scheinbar plausible, jedoch tatsächlich fehlerhafte Schlussfolgerungen zurückgreift. Es zeigt, wie leicht wir dazu neigen, Wahrscheinlichkeiten zugunsten vertrauter Muster und Stereotypen zu ignorieren. Diese Denkweise kann im Alltag und bei Entscheidungen zu erheblichen Fehlurteilen führen, vor allem, wenn wir uns stark auf unsere Intuition verlassen, ohne die Fakten kritisch zu hinterfragen. Hier zeigt sich, wie wichtig es ist, Intuition und analytisches Denken bewusst miteinander zu verbinden, um fundierte Entscheidungen zu treffen.

Nachdem wir uns mit der Verfügbarkeits- und Repräsentationsheuristik beschäftigt haben, die zeigen, wie unser Gehirn schnelle Urteile auf Basis vertrauter Muster und abrufbarer Informationen fällt, wenden wir uns nun einem tieferliegenden Mechanismus zu: der Assoziationsmaschine. Dieses Konzept erklärt, wie unser Verstand Verknüpfungen zwischen Ideen, Eindrücken, Erinnerungen und Erfahrungen herstellt – eine Fähigkeit, die sowohl faszinierend als auch anfällig für Denkfehler ist. Im nächsten Abschnitt erfahren Sie, wie diese Assoziationsmaschine funktioniert und wie sie unsere Wahrnehmung, Urteile und Entscheidungen prägt.

2.6 Verknüpfte Welten: Unser Gehirn – eine mächtige Assoziationsmaschine

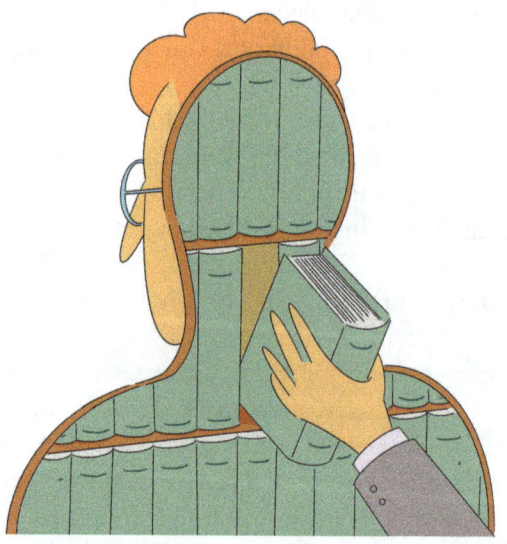

Nun tauchen wir tiefer in ein weiteres faszinierendes Konzept ein, das Daniel Kahneman in seiner Forschung herausgearbeitet hat: die Assoziationsmaschine (Kahneman, 2012, S. 69). Dieses Modell beschreibt die Fähigkeit unseres Gehirns, unbewusst und mühelos Verknüpfungen zwischen Ideen, Eindrücken, Erinnerungen und Erfahrungen herzustellen. Dieser Prozess läuft im Hintergrund ab und beeinflusst subtil, aber wirkungsvoll unsere Wahrnehmung, Urteile und Entscheidungen. Die Stärke der Assoziationsmaschine liegt in ihrer Schnelligkeit und Effizienz, doch genau diese Eigenschaften machen sie auch anfällig für Denkfehler und Verzerrungen.

Kahnemans Erkenntnisse verdeutlichen, wie stark unser Denken und unsere Entscheidungen von den Assoziationen geprägt werden, die sich im

Laufe unseres Lebens gebildet haben. Diese Verknüpfungen beeinflussen, wie wir Informationen aufnehmen, Erinnerungen aktivieren und letztlich Entscheidungen treffen. Unser Verstand gleicht dabei einem Netzwerk, in dem Wissen, Erfahrungen und Vorstellungen miteinander verwoben sind. Assoziationen entstehen dabei automatisch und unbewusst, ohne dass wir sie gezielt steuern könnten. Sie formen die grundlegenden Strukturen, mit denen wir die Welt verstehen, und prägen unsere Sicht auf das, was wir als möglich, wahrscheinlich oder bedeutsam empfinden.

Ein anschauliches Beispiel für diese assoziative Aktivierung ist die Reaktion auf bestimmte Wörter. Stellen Sie sich vor, jemand sagt „Sommer". Welche Bilder erscheinen unmittelbar vor Ihrem geistigen Auge? Vielleicht sehen Sie einen Strand vor sich, einen Badesee, Menschen im Straßencafé oder ein Picknick im Park. Diese Kaskade von Gedanken und Emotionen entsteht augenblicklich und unbewusst, ohne dass Sie aktiv darüber nachdenken müssen. Sie zeigt, wie unser Gehirn automatisch Verknüpfungen aktiviert, die tief in unserem Erfahrungsschatz verankert sind.

Ein besonders eindrucksvolles Beispiel für die assoziative Aktivierung zeigt sich in der Werbung. Stellen Sie sich vor, Sie sehen eine Anzeige für ein Auto, das vor einer luxuriösen Villa im Licht eines Sonnenuntergangs geparkt ist. Diese Bilder lösen unbewusst Assoziationen von Erfolg, Wohlstand und Erfüllung aus. Selbst wenn Ihnen rational bewusst ist, dass der Kauf dieses Autos nicht zwangsläufig zu einem solchen Lebensstil führt, beeinflussen diese Bilder dennoch subtil Ihre Wahrnehmung und könnten Ihre Kaufentscheidung unbewusst lenken.

Assoziationen beeinflussen jedoch nicht nur unsere Wahrnehmung, sondern auch unsere Fähigkeit, andere zu inspirieren. Wenn wir Menschen motivieren wollen, sich neuen Herausforderungen zu stellen, können wir gezielt positive Assoziationen wecken. Ein Beispiel hierfür ist das Coaching: Ein Coach, der in Gesprächen Bilder von Erfolg, persönlichem Wachstum und Erfüllung verwendet, aktiviert beim Coachee positive Gedankenmuster. Die bewusste Wahl von Worten und Bildern kann die innere Motivation stärken und die Bereitschaft fördern, sich neuen Zielen zu widmen.

Auch in der Teamführung spielt die Assoziationsmaschine eine entscheidende Rolle. Angenommen, Sie möchten Ihr Team für ein anspruchsvolles Projekt begeistern. Wenn Sie in Ihrer Ansprache Bilder wie „gemeinsam einen Berggipfel erklimmen" oder „einen Marathon erfolgreich meistern" verwenden, aktivieren Sie bei den Zuhörenden Assoziationen von Durchhaltevermögen und gemeinsamem Erfolg. Diese emotionalen Verknüpfungen können die Motivation erheblich steigern und das Engagement innerhalb des Teams fördern.

Inspiration ist daher nicht nur eine Frage der Inhalte, sondern auch der Art, wie wir sie vermitteln. Wenn wir die Assoziationen, die im Kopf unseres Gegenübers entstehen, gezielt und positiv beeinflussen, schaffen wir eine kraftvolle Grundlage, um Gedanken, Handlungen und Entscheidungen zu beeinflussen.

Nachdem wir das Prinzip der Assoziationsmaschine und ihre Rolle in unseren Denkprozessen beleuchtet haben, wenden wir uns einem weiteren faszinierenden Aspekt zu: der Kohärenz. Während Assoziationen darauf beruhen, wie unser Gehirn Verknüpfungen herstellt und Erinnerungen aktiviert, geht es bei der Kohärenz darum, wie wir Informationen verarbeiten, dass sie zu unserem bestehenden Weltbild passen.

2.7 Gedanken auf Kurs: die Magie der inneren Kohärenz

Daniel Kahneman hat in seinen Forschungen gezeigt, dass unser Denken darauf ausgerichtet ist, eine innere Kohärenz aufrechtzuerhalten. Das bedeutet, dass wir Informationen bevorzugt so verarbeiten, dass sie zu unserem bestehenden Weltbild und unseren Überzeugungen passen. Diese Tendenz zur Kohärenz führt dazu, dass wir uns unbewusst Informationen herauspicken, die unsere Sichtweise bestätigen, während wir widersprüchliche Informationen oft ignorieren oder abwerten. Dieser Mechanismus hilft uns einerseits, die Komplexität der Welt zu reduzieren, birgt jedoch auch die Gefahr, dass wir Informationen selektiv wahrnehmen und interpretieren – oft, um ein inneres Gefühl der Konsistenz zu bewahren, selbst wenn dies nicht immer mit der Realität übereinstimmt.

Ein anschauliches Beispiel für diese verzerrte Wahrnehmung ist das sogenannte Framing. Die Art und Weise, wie Informationen präsentiert werden, kann unsere Entscheidungen erheblich beeinflussen, selbst wenn die zugrunde liegenden Fakten unverändert bleiben.

In einem Experiment wurden die Teilnehmer mit zwei verschiedenen Beschreibungen eines neuen Medikaments konfrontiert. Die eine Gruppe erhielt die Information, dass das Medikament eine 90 %ige Erfolgsquote hat, während die andere Gruppe erfuhr, dass es eine 10 %ige Misserfolgsquote aufweist. Obwohl beide Aussagen inhaltlich identisch sind, neigten die Teilnehmer dazu, die erste Option als deutlich positiver zu bewerten. Der Grund dafür ist, dass unser Gehirn tendenziell Formulierungen bevorzugt, die optimistisch klingen, selbst wenn der tatsächliche Informationsgehalt gleich bleibt. Diese Neigung zur Kohärenz verdeutlicht, wie stark wir von der Art und Weise beeinflusst werden, wie Informationen präsentiert werden – eine Verzerrung, die unser Denken unbewusst leitet.

Ein weiteres Experiment von Kahneman und Tversky verdeutlicht die Macht des Framings (Kahneman, 2012, S. 452): Die Teilnehmer mussten entscheiden, welche Maßnahme sie zur Bekämpfung einer Krankheit wählen würden. Ihnen wurden zwei Programme zur Auswahl gestellt: Programm A versprach, dass 200 von 600 Menschen gerettet werden, während bei Programm B eine 1/3 Wahrscheinlichkeit bestand, dass alle 600 Menschen gerettet werden, und eine 2/3 Wahrscheinlichkeit, dass niemand gerettet wird. Obwohl beide Programme statistisch identisch sind, entschieden sich die meisten Teilnehmer für Programm A, da die Formulierung den Fokus auf die Rettung von Menschen lenkte. Programm B hingegen, welches das Risiko eines teilweisen Scheiterns beschrieb, wurde als weniger attraktiv empfunden. Diese Ergebnisse zeigen eindrucksvoll, wie stark unser Gehirn dazu neigt, Informationen so zu verarbeiten, dass sie zu unseren bestehenden Überzeugungen und Erwartungen passen – selbst, wenn dies zu irrationalen Entscheidungen führt.

Was bedeuten diese Erkenntnisse für unser Denken und Handeln? Die Tendenz zur Kohärenz hilft uns, schnell Entscheidungen zu treffen, ohne uns in Details zu verlieren. Sie birgt jedoch auch Risiken: Wenn wir uns zu sehr darauf verlassen, blenden wir möglicherweise wichtige Informationen aus, die nicht zu unserem bisherigen Verständnis passen. Das kann dazu führen, dass wir in unseren Überzeugungen festgefahren bleiben und neue Perspektiven ablehnen.

Beispielsweise könnten Sie davon überzeugt sein, dass ein bestimmtes Produkt immer die beste Wahl ist, weil Sie in der Vergangenheit gute Erfahrungen damit gemacht haben. Wenn Ihnen nun negative Aspekte oder alternative Optionen präsentiert werden, neigen Sie vielleicht dazu, diese abzuwerten oder gar zu ignorieren, um das bestehende positive Bild zu bewahren.

Sich dieser Tendenz zur Kohärenz bewusst zu sein, ermöglicht es uns, die eigenen Denkprozesse klarer zu reflektieren. Wenn wir erkennen, dass unser Gehirn Informationen oft so verarbeitet, dass sie in unser bestehendes Weltbild passen, können wir bewusster darauf achten, auch widersprüchliche oder unerwartete Informationen ernsthaft in unsere Überlegungen einzubeziehen. Dies schafft Raum für neue Perspektiven und führt zu einer umfassenderen Entscheidungsgrundlage.

Diese Offenheit ist besonders entscheidend, wenn es darum geht, andere zu inspirieren. Inspiration erfordert nicht nur eine klar strukturierte und überzeugende Argumentation, sondern auch die Fähigkeit, empathisch auf die Vorstellungen, Bedürfnisse und Überzeugungen des Gegenübers einzugehen. Indem wir uns unserer eigenen selektiven Wahrnehmung bewusst werden, handeln wir authentischer und offener. Dadurch können wir Menschen dort abholen, wo sie in ihrem Denken und Fühlen stehen, ohne ihre Meinungen abzuwerten. So wird Inspiration zu einer kraftvollen und zugleich respektvollen Form der Einflussnahme.

Darüber hinaus hilft uns bewusste Selbstreflexion, besser nachzuvollziehen, wie unser Gegenüber Informationen interpretiert. Wenn wir bemerken, dass die Wahrnehmung unseres Gegenübers stark von einem bestimmten Weltbild geprägt ist, das möglicherweise nicht vollständig der Realität entspricht, können wir unsere Kommunikation anpassen. Statt Konflikte zu verschärfen, schaffen wir Brücken, indem wir gezielt auf die bestehende Sichtweise eingehen. Verstehen wir, wie festgefahrene Überzeugungen und selektive Wahrnehmungen entstehen, können wir eine echte Verbindung aufbauen, die auf tieferem Verständnis und einem erweiterten Blickwinkel beruht.

Stellen wir uns vor, jemand hält an einer stark verzerrten Überzeugung fest, die seine Entscheidungen beeinflusst. Statt das Weltbild unseres Gegenübers konfrontativ infrage zu stellen, sollten wir unsere Botschaften so gestalten, dass sie an bestehende Überzeugungen anknüpfen und unnötigen Widerstand vermeiden. Ein direkter Widerspruch würde häufig nur zu Abwehrreaktionen führen. Behutsamer und effektiver ist es, eine alternative Perspektive aufzuzeigen, die Schritt für Schritt festgefahrene Ansichten erweitert.

Auf diese Weise ermutigen wir Menschen, ihre Überzeugungen zu hinterfragen, ohne sie zu überfordern. Dies schafft Offenheit für neue Einsichten und stärkt gleichzeitig das Vertrauen in den gemeinsamen Dialog. So wird Inspiration zu einem Prozess, der nicht nur die Bereitschaft fördert, neue Ideen zu akzeptieren, sondern auch eine wertvolle Grundlage für konstruktive Veränderung und Zusammenarbeit bildet.

2.8 Von Wissen zur Wirkung: Inspiration durch Verständnis und Verantwortung

In den vorangegangenen Abschnitten haben wir uns eingehend mit den Mechanismen unseres Denkens auseinandergesetzt. Dieses Verständnis verschafft uns einen entscheidenden Vorteil, wenn es darum geht, Menschen zu bewegen und zu motivieren. Denn Inspiration ist nicht nur eine Frage der richtigen Worte oder überzeugender Argumente. Sie erfordert gezielte Impulse, die beim Gegenüber auf fruchtbaren Boden fallen – und genau hier kommt das Wissen um die Funktionsweise unseres Gehirns ins Spiel.

Wenn wir erkennen, wie stark Menschen von unbewussten Denkmustern beeinflusst werden, können wir unsere Botschaften gezielter formulieren. Informationen, die mit bestehenden Überzeugungen übereinstimmen, werden leichter akzeptiert. Statt gegen das Weltbild unseres Gegenübers anzukämpfen, können wir es geschickt nutzen, indem wir an vorhandene Überzeugungen anknüpfen. So schaffen wir die Grundlage, um nicht nur gehört zu werden, sondern tatsächlich positive Veränderungen zu bewirken.

Auch die Erkenntnis, dass unser Gehirn oft auf Heuristiken und Abkürzungen zurückgreift, ist von unschätzbarem Wert. Menschen haben selten die Zeit oder Energie, jede Entscheidung analytisch zu durchdenken. Deshalb sollte unsere Kommunikation klar, zugänglich und auf das Wesentliche reduziert sein. Emotionale Schlüsselreize können dabei die Assoziationsmaschine aktivieren und Botschaften nachhaltig verankern.

Ein weiterer entscheidender Faktor ist das Framing – die Art und Weise, wie wir Informationen präsentieren. Sie hat einen erheblichen Einfluss darauf, wie Botschaften wahrgenommen werden. Wenn wir Menschen inspirieren wollen, sollten wir betonen, was durch eine Entscheidung gewonnen werden kann, statt Risiken hervorzuheben. Diese positive Perspektive schafft ein Umfeld, das Mut und Zuversicht stärkt.

Letztendlich geht es beim Inspirieren darum, Barrieren abzubauen und Menschen zu ermutigen, über ihre bisherigen Grenzen hinauszuwachsen. Das

Wissen um die Mechanismen des Denkens liefert uns die Werkzeuge, um dies gezielt und wirksam zu tun. Indem wir mit den Denkmustern und Assoziationen unserer Gesprächspartner arbeiten, öffnen wir Türen für neue Perspektiven und inspirierende Ideen.

Mit dieser Fähigkeit kommt Verantwortung. Inspiration sollte niemals manipulative Absichten verfolgen. Der Unterschied liegt in der Intention: Während Manipulation darauf abzielt, das Verhalten anderer zu kontrollieren und ihre Entscheidungsfreiheit einzuschränken, zielt Inspiration darauf ab, Eigenständigkeit zu fördern und Potenziale freizusetzen. Diese Verantwortung bewusst wahrzunehmen, ist essenziell, um Einflussnahme ethisch und nachhaltig zu gestalten.

Das Verständnis von Entscheidungsprozessen bildet die Grundlage, auf der wir Inspiration gezielt einsetzen können. Denn nur wer die Dynamik hinter Entscheidungen durchschaut, kann Menschen dazu bewegen, nicht nur ihre Perspektive zu erweitern, sondern auch mutig neue Wege einzuschlagen. Dieses Wissen ist jedoch nur der Anfang.

Im nächsten Kapitel nehmen wir die Bausteine einer Methode in den Blick, die Inspiration nicht dem Zufall überlässt, sondern systematisch und wirksam gestaltet. Dabei werden Anforderungen und Gestaltungsprinzipien beleuchtet, die eine ethische und zugleich effektive Grundlage schaffen – ein Bauplan für Inspiration, die Entscheidungen prägt und langfristige Wirkung entfaltet.

Literatur

Johnson, E. J., Hershey, J., Mezaros, J., & Kunreuther, H. (1993). Framing probability distortions and insurance decisions. *Journal of Risk and Uncertainty, 7*(1), 35–51.

Kahneman, D. (2012). *Schnelles Denken, langsames Denken*. Penguin.

Kahneman, D., & Tversky, A. (1974). Judgment under uncertainty: Heuristics and biases. *Science New Series, 185*(4157), 1124–1131.

Kahneman, D., & Tversky, A. (1979). Prospect theory: An analysis of decision under risk. *Econometrica, 47*(2), 263–292.

3

Der Bauplan für wirksame Inspiration

„Inspiration wird greifbar, indem Erkenntnisse zu Prinzipien und Prinzipien zu einer Methode werden."

Nachdem ich die Arbeiten von Kahneman, Tversky und anderen führenden Wissenschaftlern im Bereich der Psychologie verstanden hatte, stellte ich mir eine wichtige Frage: Wie lässt sich dieses Wissen so anwenden, dass es Menschen nachhaltig inspiriert? Diese Überlegung führte dazu, dass ich in meinen beruflichen wie privaten Interaktionen genauer hinsah, den Einfluss spontaner Impulse und bewusster Überlegungen auf Entscheidungen beobachtete, gezielt Erfahrungen sammelte und meine Erkenntnisse reflektierte. Schritt für Schritt gestaltete ich eine Methode, die Inspiration von einer intuitiven, punktuell nutzbaren Fähigkeit zu einer gezielt einsetzbaren und wiederholbaren Kompetenz machte. Dabei entwickelte ich *Wirksam Inspirieren*, indem ich wissenschaftlich fundierte Ansätze nicht nur zusammenführte, sondern mit meinen eigenen Erfahrungen zu einer strukturierten und wirkungsvollen Vorgehensweise formte.

Dieses Kapitel beleuchtet, wie die Anforderungen und Gestaltungsprinzipien der Methode *Wirksam Inspirieren* entstanden sind – geprägt durch wissenschaftliche Erkenntnisse und bereichert durch eine Vielzahl praktischer Erfahrungen.

In dieser Phase meiner Arbeit prägte ein Buch meine Perspektive entscheidend: Influence – The Psychology of Persuasion von Robert Cialdini (1984). Dieses Werk, ein Klassiker der Sozialpsychologie, beschreibt eindrucksvoll, wie Prinzipien wie Sympathie, soziale Beweise oder das Gefühl von Knappheit unsere Entscheidungen beeinflussen. Diese Erkenntnisse eröffneten mir faszinierende Möglichkeiten – und stellten mich zugleich vor ein moralisches Dilemma: Wie können wir sicherstellen, dass unser Einfluss ethisch bleibt? Wie nutzen wir unser Wissen, ohne die Grenze zur Manipulation zu überschreiten? Diese Frage wurde zur Leitlinie meiner Arbeit.

3.1 Ethik als Kompass: Die Gestaltungsprinzipien

Im Laufe meiner Recherchen und Reflexionen kristallisierten sich vier Gestaltungsprinzipien für ethisch korrektes Inspirieren, die grundlegende Anforderungen wie Transparenz (Cialdini, 1984, 2016), ethische Intention (Cialdini, 1984, 2016), Förderung der Selbstbestimmung (Deci & Ryan, 1985) und respektvolle Kommunikation erfüllen. Vor allem die Förderung der Selbstbestimmung, ein zentrales Element der Selbstbestimmungstheorie (Self-Determination Theory, SDT) (Deci & Ryan, 1985), stand dabei im Mittelpunkt.

Die Gestaltungsprinzipien der Methode *Wirksam Inspirieren*

Gestaltungsprinzip 1: Klare Zieldefinition und gemeinsame Ausrichtung
Transparenz und ethische Absicht stehen im Mittelpunkt. Die Ziele des Gesprächs werden offen kommuniziert und dienen dem Interesse aller Beteiligten.

Gestaltungsprinzip 2: Objektive Bewertungskriterien
Entscheidungen werden auf Basis klarer, objektiver Kriterien ermöglicht. Dieses Prinzip fördert die Autonomie des Gegenübers und unterstützt fundierte Entscheidungen.

Gestaltungsprinzip 3: Zusammenarbeit bei der Lösungsfindung
Unterschiedliche Perspektiven werden eingebunden, um Vertrauen und fundierte Entscheidungsgrundlagen zu schaffen. Lösungen entstehen im offenen Austausch und orientieren sich am Wohl des Gegenübers, statt egoistische Ziele zu verfolgen.

Gestaltungsprinzip 4: Transparente und zielorientierte Bewertung
Durch Nachvollziehbarkeit und respektvolle Kommunikation wird Reflexion und Feedback gefördert. Entscheidungen können überprüft und bei Bedarf angepasst werden.

Diese vier Gestaltungsprinzipien bildeten die Grundlage für meine Vorgehensweise beim Inspirieren. Ein Vorgehen, das nicht nur die Entscheidungsfreiheit des Gegenübers, respektiert, sondern auch seine Urteilsfähigkeit stärkt. Sie vermeidet Manipulation und ermöglicht eine nachhaltige, authentische Beeinflussung, die auf Vertrauen basiert.

An diesem Punkt schien die Vorgehensweise nahezu perfekt: Die Kriterien waren klar definiert, und ihre Anwendung zeigte in der Praxis erste Erfolge. Doch, wie so oft im Leben stellte sich heraus, dass die Realität weitaus komplexer war als ursprünglich gedacht.

3.2 Entscheidungsstabilität: Eine unverzichtbare Ergänzung

Nachdem ich die Methode, die auf diesen Prinzipien basierte, in meinem Unternehmen angewendet hatte, zeigte sich ihre Wirksamkeit. Meine Mitarbeiter waren motiviert, trafen fundierte Entscheidungen und setzten sie mit Überzeugung um. Diese Erfolge bestärkten mich, die Methode auch im externen Kontext einzusetzen, etwa im Umgang mit Geschäftspartnern oder Kunden. Doch entgegen meinen Erwartungen fehlte es dort oft an der gleichen Stabilität. Entscheidungen wurden revidiert, anfängliche Begeisterung verblasste.

Dieses Szenario dürfte insbesondere denjenigen Leserinnen und Lesern bekannt vorkommen, die im Verkauf tätig sind: Ein potenzieller Kunde wirkt begeistert von einem Angebot, signalisiert Kaufbereitschaft und erweckt den Eindruck, kurz vor einer endgültigen Kaufentscheidung zu stehen. Doch dann kommt die Absage: Der Kunde hat seine Entscheidung überdacht und sich dagegen entschieden.

Warum funktionierte ein und dieselbe Methode innerhalb des Unternehmens hervorragend, während sie im externen Umfeld oft scheiterte? Ein entscheidender Unterschied war der kontinuierliche Austausch, der intern durch regelmäßige Gespräche und gemeinsames Handeln gewährleistet wurde. Im externen Kontext hingegen fehlte diese Ebene der Nachbetreuung. Das führte dazu, dass äußere Einflüsse wie Skepsis oder konkurrierende Angebote die getroffenen Entscheidungen schnell untergraben konnten.

Diese Erkenntnis führte mich dazu, die Stabilität als ein unverzichtbares Kriterium in die Methode zu integrieren: Inspiration sollte Entscheidungen fördern, die nicht nur fundiert, sondern auch langfristig stabil und widerstandsfähig gegenüber äußeren Einflüssen sind.

3.3 Anforderungen: Die Basis für fundierte Entscheidungen

Die ethischen Kriterien waren bereits durch die Gestaltungsprinzipien berücksichtigt. Nun stellte sich die entscheidende Frage: Wie lässt sich eine wissenschaftlich fundierte Methode entwickeln, die stabile und zugleich wirksame Entscheidungen ermöglicht – und dabei das intuitive und das rationale Denken, wie Kahneman sie beschreibt, ohne innere Widersprüche zu einer belastbaren Einheit zusammenführt?

Nach der Analyse verschiedener psychologischer Modelle und praxisorientierter Ansätze (Cialdini, 1984; Deci & Ryan, 1985; Kotter, 1996, 2014; Miller et al., 2015; Sinek, 2009; Thaler & Sunstein, 2008) erwies sich das Elaboration Likelihood Model (ELM) von Petty und Cacioppo (1986a, b) als besonders geeignet. Dieses Modell bietet ein Konzept, Entscheidungen langfristig zu verankern, indem es zwei Hauptwege der Informationsverarbeitung in unserem Denken beschreibt: den zentralen und den peripheren Weg.

Die genannten Modelle bieten wertvolle Impulse:

Cialdini beschreibt Prinzipien sozialer Beeinflussung, die in vielen Situationen ohne bewusste Wahrnehmung des Gegenübers wirken. Sein Ansatz bleibt jedoch auf der Ebene der kognitiven Verzerrungen und Beeinflussungstechniken – ohne darzulegen, wie sich daraus stabile und bewusst getroffene Entscheidungen entwickeln lassen.

Deci und Ryan betonen die Bedeutung intrinsischer Motivation. Ihr Ansatz ist wegweisend für die Förderung von Autonomie und Selbstbestimmung, bietet jedoch keine konkrete Struktur für die Gestaltung inspirierender Gesprächsprozesse.

Kotter liefert ein bewährtes Stufenmodell für Veränderungsprozesse auf Organisationsebene, fokussiert aber weniger auf individuelle. Seine Idee ist kraftvoll, bleibt jedoch auf einer übergeordneten Metaebene und bietet keine methodische Anleitung für die Umsetzung im Gesprächsverlauf.

Thaler und Sunstein zeigen mit dem Konzept des „Nudging", wie Menschen durch subtile Hinweise und Rahmensetzungen in ihren Entscheidungen beeinflusst werden können – oft ohne es zu bemerken und ohne aktives Nachdenken. Ihr Ansatz wirkt auf der unbewussten Ebene, fördert jedoch nicht die kognitive Auseinandersetzung mit dem Thema.

So wertvoll ihre Impulse auch sind – keines dieser Modelle erfüllt in vollem Umfang die Gestaltungsprinzipien (Abschn. 3.1) und die Voraussetzungen für Entscheidungsstabilität (Abschn. 3.2), wie sie der Methode *Wirksam Inspirieren* zugrunde liegen.

Das Elaboration Likelihood Model (ELM) von Petty und Cacioppo (1986a, b) hingegen verbindet beide Denkprozesse – intuitive Reize und reflektiertes Abwägen – in einem integrativen Rahmen. Es beschreibt, unter welchen Bedingungen Menschen Informationen entweder über den zentralen Weg (bewusst, analytisch) oder den peripheren Weg (intuitiv, heuristisch) verarbeiten – und wie sich stabile Entscheidungen gezielt fördern lassen.

Gerade diese Verbindung macht das ELM zur geeigneten Grundlage für *Wirksam Inspirieren*: Es ermöglicht eine Gesprächsführung, die emotionale Impulse ebenso einbezieht wie rationales Nachdenken – und dadurch tragfähige, bewusste und freiwillige Entscheidungen fördert.

Das ELM ist weit mehr als ein theoretisches Konzept. Es findet praktische Anwendung, beispielsweise im Verkauf (Hoffeld, 2016), und wurde in zahlreichen Studien zur Wirkung von Kommunikation und Einflussnahme empirisch bestätigt. Für die Entwicklung von *Wirksam Inspirieren* war entscheidend, dass dieses Modell nicht nur erklärt, wie Menschen sich entscheiden – sondern auch, was Kommunikation leisten muss, damit eine Entscheidung stabil, bewusst, nachhaltig und mit innerer Zustimmung getroffen wird.

Der zentrale Weg zeichnet sich durch eine tiefgehende und reflektierte Auseinandersetzung mit den Informationen und Argumenten aus. Entscheidungen, die über diesen Weg getroffen werden, sind stabil, widerstandsfähig gegen Manipulationsversuche und langfristig tragfähig.

Im Gegensatz dazu beruht der periphere Weg auf oberflächlichen Hinweisen. Zu diesen peripheren Hinweisen gehören die empfundene Glaubwürdigkeit des Sprechers, sein Aussehen und Charisma, die Anzahl der genannten Argumente, emotionale Reize und die Zustimmung durch andere Personen. Entscheidungen, die über diesen Pfad entstehen, sind anfälliger für äußere Einflüsse und oft weniger dauerhaft.

Da stabile Entscheidungen beim Inspirieren unser Ziel sind, ist es unerlässlich, dass der zentrale Denkweg die Entscheidungsfindung leitet. Auf diese Weise bleiben die getroffenen Beschlüsse langfristig tragfähig und sind deutlich weniger anfällig für oberflächliche Einflüsse. Doch wie lässt sich die Wahrscheinlichkeit erhöhen, dass der zentrale Denkweg die Entscheidung bestimmt? Das ELM liefert die Antwort auf diese Frage.

Die Wahrscheinlichkeit einer zentralen, gründlichen Verarbeitung von Informationen hängt maßgeblich von zwei Faktoren ab:

1. Motivation, die beeinflusst wird durch:

   - die Relevanz des Themas, also wie bedeutsam die Information für die Person ist
   - das persönliche Interesse, das bestimmt, wie stark sich jemand freiwillig mit der Information auseinandersetzt

2. Fähigkeit zur Verarbeitung, die bestimmt wird durch:

   - die Komplexität der Informationen, also wie anspruchsvoll die Inhalte sind
   - die kognitiven Ressourcen der Person, die festlegen, ob sie in der Lage ist, die Informationen zu verarbeiten

Ich gestaltete die Methode *Wirksam Inspirieren* so, dass sie gemäß ELM sowohl die Motivation des Gegenübers aktiviert als auch seine intellektuellen Ressourcen mobilisiert. Mein Ziel war es, langfristig stabile Entscheidungen zu fördern, die möglichst resistent gegen äußere Einflüsse sind.

Eine unverzichtbare Grundlage hierfür boten mir die tausenden Gespräche in Unternehmerbeiräten und Vieraugentreffen mit Unternehmerinnen und Unternehmern, in denen wir gemeinsam Problemstellungen analysierten und Lösungsansätze entwickelten. Diese praktischen Erfahrungen ermöglichten es, die Methode gezielt auf die Herausforderungen realer Entscheidungsprozesse auszurichten und sie systematisch weiterzuentwickeln.

Nach und nach formulierte ich sechs Anforderungen an die Methode Wirksam Inspirieren:

Anforderung 1: Aufmerksamkeit sichern Das Gespräch beginnt mit einem Thema, das für den Gesprächspartner emotional relevant ist.

Anforderung 2: Relevanz verdeutlichen Das Thema wird so präsentiert, dass der Gesprächspartner dessen Relevanz für sich selbst erkennt.

Anforderung 3: Fokus schaffen Das Gespräch wird so strukturiert, dass die Aufmerksamkeit des Gesprächspartners auf das Gespräch fokussiert bleibt.

Anforderung 4: Analytisches Denken fördern Strukturierte Fragen regen zur gründlichen Auseinandersetzung an.

Anforderung 5: Klarheit und Verständlichkeit gewährleisten Informationen werden verständlich und nachvollziehbar präsentiert.

Anforderung 6: Periphere Unterstützung bieten Alle äußeren Hinweise stützen die zentrale Botschaft.

Selbst wenn die Argumentation inhaltlich überzeugend ist, kann die Wirkung verpuffen, wenn äußere Hinweise dem Gesagten widersprechen. Ein Beispiel hierfür ist eine klar nachvollziehbare Argumentation, die über den zentralen Weg überzeugt, jedoch durch einen Sprecher vorgetragen wird, der unglaubwürdig wirkt. In diesem Fall könnte die periphere Verarbeitung die positive Wirkung der Argumentation untergraben. Umgekehrt kann eine stimmige äußere Gestaltung die zentrale Aussage verstärken und die Aufnahmebereitschaft fördern. Äußere Hinweise sind zum Beispiel Stimme, Tonfall, Körpersprache, Kleidung, räumliche Umgebung, Bildmaterial oder der erste Eindruck eines Sprechers – also all jene Faktoren, die nicht zum Inhalt selbst gehören, aber unbewusst die Wahrnehmung und Bewertung beeinflussen. Es ist daher entscheidend, dass beide Wege – die zentrale und die periphere Verarbeitung – miteinander harmonieren, um eine nachhaltige und überzeugende Entscheidung zu ermöglichen.

Wenn die Methode die Anforderungen 1 bis 3 erfüllt, wird unser Gegenüber das Gespräch als relevant, zielführend und motivierend empfinden. Das spricht sein intuitives Denken an und steigert seine Bereitschaft, das bewusste Denken zu aktivieren und sich über den zentralen Denkweg intensiver mit dem Thema zu befassen. Die Anforderungen 4 und 5 unterstützen die Verarbeitung der Informationen und Argumente über den zentralen Denkweg. Dadurch erhöht sich die Wahrscheinlichkeit, dass eine fundierte und stabile Entscheidung getroffen wird. Anforderung 6 stellt sicher, dass auch die Informationsverarbeitung über den peripheren Denkweg mit dem zentralen Weg harmoniert, sodass keine widersprüchlichen Ergebnisse entstehen.

Die Anforderungen der Methode sind so gestaltet, dass sie beide Denkwege gezielt ansprechen und miteinander in Einklang bringen. Dieses Zusammenspiel ist entscheidend, um nicht nur rational überzeugende, sondern auch emotional motivierende Entscheidungen zu fördern.

3.4 Anforderungen und Gestaltungsprinzipien: Zwei Pfeiler einer wirksamen Methode

Mit den Anforderungen und Gestaltungsprinzipien haben wir den Bauplan der Methode *Wirksam Inspirieren* skizziert. Sie bilden gemeinsam die Basis für die Methode und setzen unterschiedliche Schwerpunkte:

> **Die Tragenden Säulen der Methode *Wirksam Inspirieren***
>
> **Anforderungen**
> Sie schaffen die kognitive Struktur und unterstützen eine tiefgehende Auseinandersetzung mit den Informationen und Argumenten.
>
> **Gestaltungsprinzipien**
> Sie definieren den ethischen Rahmen, sorgen für eine respektvolle und vertrauensvolle Anwendung von Inspiration und wahren zugleich die Autonomie der beteiligten Personen.

Während die Anforderungen die strukturellen Voraussetzungen schaffen, sorgen die Gestaltungsprinzipien für eine ethische und emotionale Fundierung der Kommunikation. Gemeinsam ermöglichen sie es, inspirierende Gespräche zu führen, die nicht nur zu überzeugenden Lösungen führen, sondern auch nachhaltige und positive Beziehungen fördern.

Es gilt, Verstand und Gefühl gleichermaßen anzusprechen und aufeinander abzustimmen – also sowohl den zentralen Denkweg über Logik und Argumente als auch den peripheren Denkweg über Emotionen und äußere Signale gezielt zu aktivieren. Denn nur wenn rationale Nachvollziehbarkeit und emotionale Resonanz zusammenwirken, entsteht eine Entscheidung, die sowohl überzeugt als auch bewegt.

Das Zusammenspiel zwischen dem zentralen Denken und der peripheren Seite lässt sich gut mit dem Gleichnis vom Elefanten und Reiter erklären, das der Sozialpsychologe Jonathan Haidt geschildert hat (Haidt, 2006):

Der Reiter steht für das rationale Denken, der Elefant für unser intuitives, emotionales Denken. Damit eine Botschaft wirksam wird, reicht es nicht, den Reiter (den Verstand oder zentralen Denkweg) zu überzeugen – auch der Elefant (die Intuition, das Gefühl oder der periphere Denkweg) muss mitziehen.

3 Der Bauplan für wirksame Inspiration 37

Periphere Hinweise sprechen genau diesen „Elefanten" an. Sie entscheiden oft darüber, ob eine Person als glaubwürdig, sympathisch oder kompetent wahrgenommen wird – und ob ihre Botschaft wirklich ankommt.

Wenn wir Menschen wirklich erreichen wollen, müssen wir beide Denkwege ansprechen:

- Den Elefanten, um Motivation und Bewegung auszulösen.
- Den Reiter, um Sicherheit, Struktur und Plausibilität zu bieten.

Gibt der Reiter ein Ziel vor, das der Elefant nicht mitträgt, wird nichts passieren.

Genau diese Dualität betonen Chip und Dan Heath in Ihrem Buch „Switch: How to Change Things When Change Is Hard" (Heath & Heath,

2010), einem Standardwerk über Veränderungsprozesse. Wird ausschließlich das bewusste Denken angesprochen, bleibt oft die emotionale Motivation aus, die notwendig ist, um die geplanten Schritte tatsächlich umzusetzen. Wird hingegen nur das intuitive Denken angesprochen, kann es an der nötigen Überzeugung und klaren Orientierung fehlen, um den Weg nach vorne erfolgreich zu gestalten.

Ein Beispiel aus meinen Projekten zeigt, wie Vertriebsmitarbeiter die Anforderungen und Gestaltungsprinzipien der Methode *Wirksam Inspirieren* anwenden können, um langfristig tragfähige Entscheidungen bei potenziellen Geschäftspartnern herbeizuführen.

Vertriebsoptimierung im Dialog

In einem meiner Beratungsprojekte unterstützte ich ein mittelständisches Softwareunternehmen bei der Optimierung seiner Verkaufsmethode in einem hart umkämpften Markt. Ziel war es, potenzielle Kunden nicht nur von der Qualität der Produkte zu überzeugen, sondern sie langfristig für eine Zusammenarbeit zu gewinnen. Hierfür entwickelten wir gemeinsam einen Leitfaden für Verkaufsgespräche, der auf die spezifischen Herausforderungen und Bedürfnisse des Unternehmens zugeschnitten war.

Die Vertriebsmitarbeiter setzten diesen Leitfaden in Gesprächen mit potenziellen Kunden wie folgt um.

Aufmerksamkeit sichern (Anforderung 1, Abschn. 3.3)

Die Mitarbeiter begannen das Gespräch, indem sie aktuelle und relevante Herausforderungen der potenziellen Kunden ansprachen. Zum Beispiel sagten sie: „Wir haben beobachtet, dass Lieferzeiten in Ihrer Branche immer größere Auswirkungen auf die Verkaufszahlen haben. Wie erleben Sie das in Ihrem Unternehmen?" Dieser Einstieg lenkte die Aufmerksamkeit auf ein Thema, das emotional und geschäftlich relevant war.

Relevanz verdeutlichen (Anforderung 2, Abschn. 3.3)

Anschließend zeigten sie auf, wie das Angebot des Unternehmens genau auf diese Herausforderung zugeschnitten war: „Mit unserer Lösung könnten Sie nicht nur Lieferzeitprobleme entschärfen, sondern gleichzeitig Produktionskosten senken und die Zuverlässigkeit Ihrer Abläufe steigern." Durch diese klare Verbindung zwischen Problem und Lösung wurde die Relevanz für den potenziellen Kunden deutlich gemacht.

Ziele definieren und gemeinsame Ausrichtung schaffen (Gestaltungsprinzip 1, Abschn. 3.1)

Die Mitarbeiter kommunizierten transparent ihre Ziele für das Gespräch: „Unser Ziel ist es, gemeinsam mit Ihnen herauszufinden, welchen Mehrwert unsere Lösung wirklich für Ihr Unternehmen schafft und wie wir sie optimal an Ihre Bedürfnisse anpassen können, um eine solide Partnerschaft aufzubauen."

Analytisches Denken fördern (Anforderung 4, Abschn. 3.3)

Im Gespräch stellten sie strukturierte Fragen, die den potenziellen Kunden dazu anregten, die vorgestellten Lösungen zu durchdenken: „Welche Engpässe bereiten Ihnen derzeit die größten Probleme? Haben Sie schon Maßnahmen ergriffen, um diese zu entschärfen?" Diese Fragen halfen, den Kunden aktiv in die Lösungsfindung einzubeziehen.

Fokus schaffen (Anforderung 3, Abschn. 3.3)

Durch gezielte, strukturierte Fragen gelang es den Vertriebsmitarbeitern außerdem, die Aufmerksamkeit der Gesprächspartner kontinuierlich auf die wesentlichen Themen zu lenken. Auf diese Weise konnten sie der vorab geplanten Gesprächsstruktur folgen, ohne dass der Dialog künstlich oder aufgesetzt wirkte.

Objektive Bewertungskriterien einführen (Gestaltungsprinzip 2, Abschn. 3.1)

Die Vertriebsmitarbeiter präsentierten klare und messbare Erfolgskriterien, um die Vorteile der Lösung greifbar zu machen: „In ähnlichen Projekten konnten wir die Produktionszeiten um bis zu 20 % reduzieren. Wir sollten gemeinsam prüfen, ob solche Ergebnisse auch bei Ihnen realisierbar sind."

Perspektiven einbeziehen und Vertrauen schaffen (Gestaltungsprinzip 3, Abschn. 3.1)

Sie regten an, auch die Meinungen anderer Entscheidungsträger einzuholen: „Es könnte hilfreich sein, wenn wir Ihren Produktionsleiter einbeziehen, um sicherzustellen, dass alle relevanten Perspektiven berücksichtigt werden." Dieser Ansatz stärkte das Vertrauen und förderte die Akzeptanz im gesamten Team des potenziellen Kunden.

Klarheit und Verständlichkeit gewährleisten (Anforderung 5, Abschn. 3.3)

Die Lösung wurde mithilfe von anschaulichen Beispielen und klaren Grafiken erläutert. Die Mitarbeiter zeigten Fallstudien, die bewiesen, wie ähnliche Unternehmen von der Technologie profitiert hatten: „Hier sehen Sie, wie unsere Lösung bei einem vergleichbaren Unternehmen nicht nur die Kosten gesenkt, sondern auch die Produktionssicherheit erhöht hat."

Periphere Unterstützung sicherstellen (Anforderung 6, Abschn. 3.3)

Die Vertriebsmitarbeiter legten großen Wert auf eine professionelle Präsentation, sowohl inhaltlich als auch visuell. Gleichzeitig achteten sie auf einen authentischen Auftritt, um auch die periphere Wahrnehmung des potenziellen Kunden positiv zu beeinflussen.

Transparente Bewertung und Reflexion (Gestaltungsprinzip 4, Abschn. 3.1)

Am Ende jedes Gesprächs baten sie aktiv um Feedback: „Gibt es Aspekte, die für Sie noch unklar sind oder bei denen Sie Bedenken haben?" Diese Einladung zu einem offenen Dialog zeigte Respekt und trug dazu bei, das Vertrauen weiter zu festigen.

Nachbetreuung und Stabilität gewährleisten (Gestaltungsprinzip 4, Abschn. 3.1)

Nach dem Gespräch wurde ein Folgetermin vereinbart, um offene Punkte zu klären und mögliche Unsicherheiten zu adressieren. Hierdurch stellten die Mitarbeiter sicher, dass die getroffenen Entscheidungen nachhaltig und tragfähig blieben.

Mit diesem Beispiel erhalten Sie einen ersten Eindruck davon, wie die Anforderungen und Prinzipien der Methode *Wirksam Inspirieren* in die Praxis umgesetzt werden können. Im weiteren Verlauf des Buches werde ich Ihnen zeigen, wie der zentrale Weg des Denkens gezielt begleitet und psychologische Effekte in diese Schritte eingebaut werden können, um ihre Wirkung massiv zu verstärken und langfristige Erfolge zu sichern.

Dieses Beispiel zeigt, wie die beiden Pfeiler, die Anforderungen und die Gestaltungsprinzipien, in der Praxis harmonisch zusammenwirken, um Inspiration in nachhaltigen Erfolg zu übersetzen.

Freuen Sie sich auf vertiefte Einblicke in die praktische Anwendung – von der empathischen Perspektivenübernahme über den Umgang mit kognitiven Stolpersteinen bis hin zur gezielten Nutzung psychologischer Taktiken. Diese Werkzeuge werden Ihnen helfen, Inspiration noch gezielter, wirkungsvoller und vielseitiger einzusetzen.

Literatur

Cialdini, R. (2016). *Pre-Suasion – A revolutionary way to influence and persuade.* Simon & Schuster.

Cialdini, R. B. (1984). *Influence – The psychology of persuasion.* Harper Collins.

Deci, E. L., & Ryan, R. M. (1985). *Intrinsic motivation and self-determination in human behavior.* Plenum Press.

Haidt, J. (2006). *The happiness hypothesis: Putting ancient wisdom to the test of modern science.* Random House.

Heath, C., & Heath, D. (2010). *Switch: How to change things when change is hard.* Random House.

Hoffeld, D. (2016). *The science of selling – Proven strategies to make your pitch, influence decisions, and close the deal.* Tarcher and Perigee.

Kotter, J. P. (1996). *Leading change.* Harvard Business Review Press.

Kotter, J. P. (2014). *Accelerate: Building strategic agility for a faster-moving world.* Harvard Business Review Press.

Miller, M. K., Clark, J. D., & Jehle, A. (2015). Cognitive dissonance theory (Festinger). In G. Ritzer (Hrsg.), *The Blackwell encyclopedia of sociology.* Wiley.

Petty, R. E., & Cacioppo, J. T. (1986a). The elaboration likelihood model of persuasion. *Advances in Experimental Social Psychology, 19,* 123–205.

Petty, R. E., & Cacioppo, J. T. (1986b). Communication and persuasion: Central and peripheral routes to attitude change. *Journal of Personality and Social Psychology, 51*(5), 1032–1043.

Sinek, S. (2009). *Start with why: How great leaders inspire everyone to take action.* Portfolio/Penguin.

Thaler, R. H., & Sunstein, C. R. (2008). *Nudge: Improving decisions about health, wealth, and happiness.* Yale University Press.

4

Perspektivenwechsel: Die Kraft positiver Empathie

„Neue Wege entstehen, wenn wir die Welt durch die Augen anderer sehen."

Der Perspektivenwechsel ist eine der kraftvollsten Methoden, um das Verhalten von Menschen zu verstehen und ihre Wahrnehmung gezielt zu beeinflussen. In einer Welt voller unterschiedlicher Erfahrungen, Überzeugungen und Sichtweisen vergessen wir oft, dass unsere eigene Perspektive nur eine von vielen ist. Die sozialen Medien verstärken diesen Effekt, indem sie uns Inhalte präsentieren, die unsere bestehenden Meinungen bestätigen. Wahre Inspiration entsteht jedoch nicht durch die Haltung, besser oder weiser zu sein, sondern durch die Bereitschaft, die Welt mit den Augen eines anderen zu betrachten – mit Respekt, Offenheit und der Demut, unser eigenes Verständnis zu hinterfragen.

Positive Empathie bedeutet mehr, als nur zu erfassen, was ein anderer denkt. Es bedeutet, zu fühlen, was er fühlt, seine Beweggründe zu erkennen und seinen inneren Kompass zu verstehen. Wenn wir lernen, auf die individuellen Wahrnehmungsfilter unseres Gegenübers einzugehen, eröffnen wir ihm die Möglichkeit, sich auf Aspekte der Realität zu konzentrieren, die für ihn wirklich bedeutsam sind. Durch diesen Perspektivenwechsel schaffen wir eine tiefere Verbindung und legen den Grundstein für eine authentische, inspirierende Kommunikation.

In diesem Kapitel werden wir die transformative Kraft des Perspektivenwechsels untersuchen und seine Rolle für eine empathische Kommunikation beleuchten. Der erste Schritt auf dem Weg zur Inspiration liegt darin, Verständnis für die individuellen Wahrnehmungen und Beweggründe Ihres Gegenübers zu entwickeln. Wenn Sie gezielt positive Empathie anwenden, schaffen Sie ein Umfeld, in dem Inspiration auf natürliche Weise gedeihen kann.

Lassen Sie uns gemeinsam erkunden, wie Sie durch Perspektivenwechsel und Empathie nicht nur das Verhalten Ihrer Gesprächspartner besser verstehen, sondern auch Raum für neue Ideen, Vertrauen und eine nachhaltige Verbindung schaffen können.

4.1 Die selektive Natur der Wahrnehmung: Wie unsere Realität geformt wird

Unser Gehirn verarbeitet täglich eine enorme Menge an Informationen, die über verschiedene Sinneskanäle auf uns einströmen. Doch nur ein kleiner Bruchteil dieser Daten gelangt in unser Bewusstsein; der Rest wird unbewusst gefiltert. Was wir wahrnehmen, wird maßgeblich von unserer Aufmerksamkeit gesteuert. Dadurch erleben wir keine objektive Realität, sondern eine individuell konstruierte Wirklichkeit, die sich je nach Fokus dynamisch verändert.

Diese selektive Wahrnehmung hat tiefgreifende Auswirkungen auf unser Verständnis der Welt. Unsere Erwartungen, Erfahrungen und Vorurteile beeinflussen, welche Aspekte einer Situation wir bewusst wahrnehmen und wie wir sie interpretieren. So können zwei Personen denselben Moment völlig unterschiedlich erleben: Eine Person konzentriert sich in einem Meeting auf den Inhalt der Diskussion, während die andere die Körpersprache des Sprechers analysiert und daraus Rückschlüsse auf dessen Emotionen zieht. Beide erleben die gleiche Situation, aber durch unterschiedliche „Filter".

Die Konstruktion unserer Realität ist ein fortlaufender Prozess. Neue Informationen und veränderte Perspektiven können unsere Wahrnehmung verschieben. Ein Beispiel: Stellen Sie sich vor, ein Mitarbeiter ist der Überzeugung, dass ein bestimmter Kollege immer abweisend wirkt, weil er ihn einmal kurz angebunden erlebt hat. Aufgrund dieser Voreinstellung interpretiert er jede künftige Interaktion als unfreundlich. Doch eines Tages erfährt er, dass dieser Kollege unter großem Zeitdruck steht, weil er mehrere wichtige Projekte gleichzeitig bearbeitet. Dank dieser Information beginnt er, das Verhalten des Kollegen in einem anderen Licht zu sehen – nicht mehr als Abweisung, sondern als Ausdruck von Stress. Diese neue Perspektive verändert, wie er den Kollegen künftig wahrnimmt und mit ihm interagiert.

Dieses Beispiel verdeutlicht, dass unsere Wahrnehmung kein starres Abbild der Realität ist, sondern ein flexibles Konstrukt, das sich an veränderte Informationen und Einsichten anpassen kann. Die bewusste Auseinandersetzung mit unseren Wahrnehmungsfiltern eröffnet uns die Möglichkeit, festgefahrene Sichtweisen zu hinterfragen und unsere Realität gezielt neu zu gestalten.

4.2 Motivationsmuster: Die inneren Antriebe verstehen und gezielt ansprechen

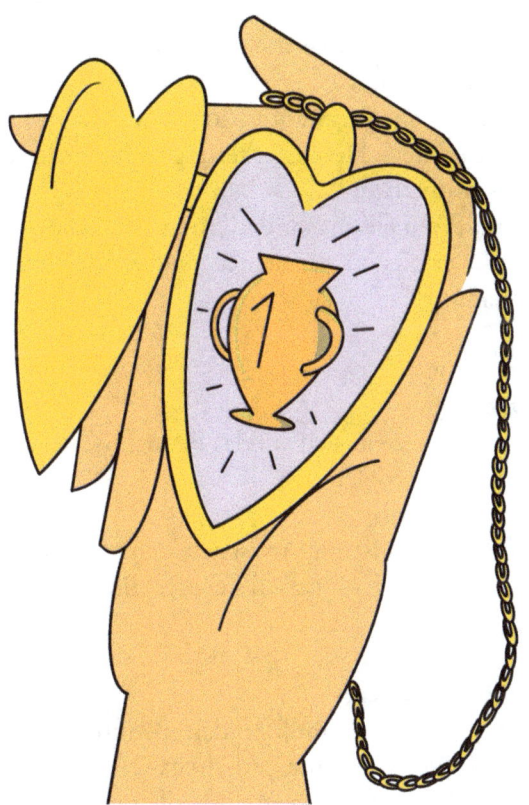

Motivationsmuster sind die inneren Antriebe, die unser Verhalten und unsere Entscheidungen beeinflussen. Wir können sie nutzen, um zu verstehen, warum Menschen bestimmte Entscheidungen treffen und wie sie auf unterschiedliche Situationen reagieren. Das Verständnis dieser Muster ist besonders wertvoll, wenn es darum geht, Menschen anzusprechen, zu motivieren oder zu inspirieren (Charvet, 2019; Reeve, 2018).

Grundlegende Aspekte von Motivationsmustern

- **Intrinsische vs. extrinsische Motivation**
  Intrinsische Motivation
  entsteht aus inneren Interessen und der Freude an der Tätigkeit selbst. Menschen handeln, weil die Aufgabe an sich befriedigend ist.

Extrinsische Motivation
wird durch äußere Faktoren wie Belohnungen oder Anerkennung angeregt. Hier stehen äußere Anreize im Vordergrund.

- **Annäherungsmotivation vs. Vermeidungsorientierung**
  Annäherungsmotivation
  Menschen mit Annäherungsmotivation streben danach, positive Ergebnisse zu erzielen und neue Herausforderungen anzunehmen.
  Vermeidungsmotivation
  Menschen mit Vermeidungsorientierung versuchen, negative Konsequenzen oder Misserfolge zu vermeiden und handeln aus der Perspektive der Risikovermeidung.

- **Leistungsmotivation**
  Erfolgsmotivation
  Erfolgsmotivation bezieht sich auf das Bedürfnis, erfolgreich zu sein und positive Ergebnisse zu erzielen.
  Misserfolgsmotivation
  Misserfolgsmotivation ist die Angst vor dem Scheitern oder dem Versagen, was dazu führt, dass Menschen sicherere und weniger risikobehaftete Möglichkeiten wählen.

Wichtige Motivationsquellen
Motivationsquellen sind die grundlegenden Bedürfnisse und Anreize, die Menschen dazu bewegen, bestimmte Verhaltensweisen zu zeigen und Ziele zu verfolgen. Zu den wichtigsten Motivationsquellen gehören:
Autonomie
Das Gefühl, eigene Entscheidungen treffen zu können
Kompetenz
Das Gefühl, fähig und wirksam zu sein
Zugehörigkeit
Das Bedürfnis, sich in einer Gemeinschaft akzeptiert und eingebunden zu fühlen
Sinnhaftigkeit
Das Gefühl, dass die eigenen Tätigkeiten einen größeren Zweck haben
Herausforderung
Das Streben nach persönlichem Wachstum und dem Überwinden von Schwierigkeiten
Soziale Anerkennung
Das Bedürfnis nach Anerkennung und Lob

4 Perspektivenwechsel: Die Kraft positiver Empathie

Praktische Empfehlungen für den Umgang mit Motivationsmustern
Um Motivationsmuster zu erkennen und zu nutzen, können Sie wie folgt vorgehen:

- **In der Vorbereitungsphase**
  - Gibt es öffentliche Profile oder Netzwerke, die Hinweise auf die Motivationsmuster der Person geben?
  - Welche Themen oder Projekte sind der Person besonders wichtig?
- **Während des Gesprächs**
  - Oft erhalten wir wichtige Hinweise auf die Motivationsmuster einer Person, wenn wir auf ihre Wortwahl achten. Bestimmte Begriffe und Ausdrücke spiegeln die inneren Antriebe und Bedürfnisse wider, die ihre Entscheidungen und Handlungen beeinflussen. Beispielsweise können Menschen, die stark leistungsorientiert sind, häufiger Worte wie „Erfolg", „Leistung" oder „Ziele" verwenden. Jemand, der nach sozialer Anerkennung strebt, könnte öfter Formulierungen wie „Anerkennung", „Lob" oder „Wertschätzung" in seinen Gesprächen verwenden. Diese subtilen Hinweise geben Ihnen die Möglichkeit, die Motivationsmuster gezielt zu identifizieren und Ihre Kommunikation darauf abzustimmen.
  - Achten Sie auf Reaktionen und Gefühle, die die Person in bestimmten Situationen zeigt.
  - Stellen Sie gezielte, aber unaufdringliche Fragen wie:
    - „Was treibt Sie in Ihrem Beruf am meisten an?"
    - „Welche Herausforderungen möchten Sie in der nächsten Zeit meistern?"
    - „Welches Projekt hat Ihnen in der Vergangenheit besonders Zufriedenheit gebracht?"

Vermeiden Sie es, Fragen wie in einem Verhör zu stellen. Integrieren Sie Ihre Fragen auf natürliche Weise in das Gespräch, etwa durch Formulierungen wie:

- „Mich würde interessieren ..." oder
- „Wie sehen Sie das?".

Zeigen Sie echtes Interesse an den Antworten der Person und teilen Sie auch Ihre eigenen Gedanken. Dies schafft eine Atmosphäre des gegenseitigen Verständnisses.

Passen Sie Ihre Kommunikation entsprechend an

Leistungsorientierte Menschen
Betonen Sie, wie Ihre Ideen zu persönlichen Erfolgen und neuen Herausforderungen beitragen können.

Menschen, die nach sozialer Anerkennung streben
Zeigen Sie auf, wie eine Verhaltensänderung ihr Ansehen und ihre Wertschätzung in der Gruppe erhöhen kann.

Motivation zur Selbstverwirklichung
Verdeutlichen Sie, wie Ihre Vorschläge zur persönlichen Weiterentwicklung und dem Streben nach Sinnhaftigkeit beitragen können.

Intrinsisch motivierte Menschen
Setzen Sie auf die Freude an der Tätigkeit selbst. Stellen Sie dar, wie Ihre Ideen das persönliche Interesse und die Begeisterung des Gesprächspartners wecken können, ohne dass äußere Belohnungen im Vordergrund stehen.

Extrinsisch motivierte Menschen
Heben Sie hervor, wie Ihre Vorschläge zu äußeren Belohnungen oder Anerkennung führen können, sei es durch finanzielle Anreize oder soziale Bestätigung.

Menschen mit Annäherungsmotivation
Zeigen Sie auf, wie Ihre Ideen positive Ergebnisse und neue Möglichkeiten eröffnen können. Sprechen Sie die Freude und den Erfolg an, den der Gesprächspartner durch die Umsetzung Ihrer Vorschläge erreichen kann.

Menschen mit Vermeidungsorientierung
Verdeutlichen Sie, wie Ihre Vorschläge dazu beitragen können, negative Konsequenzen zu vermeiden und Risiken zu minimieren, indem sie sichere und kalkulierbare Lösungen bieten.

Achten Sie auf Ihre Körpersprache und stellen Sie sicher, dass sie offen und einladend ist. Ein Lächeln oder zustimmendes Nicken kann helfen, eine positive Gesprächsatmosphäre zu schaffen und die Person für neue Ideen zu öffnen (Miller & Rollnick, 2023).

4.3 Feste Aktionsmuster: Wie automatische Reaktionen unser Verhalten prägen

Feste Aktionsmuster sind wiederkehrende Verhaltensweisen, die sich durch Gewohnheiten, Erfahrungen oder erlernte Reaktionen in bestimmten Situationen herausbilden. Sie laufen oft unbewusst ab und sind schwer zu verändern. Solche Muster prägen unseren Umgang mit Reizen, wie z. B. Stress, Lob oder Herausforderungen und beeinflussen, wie wir in verschiedenen Kontexten reagieren.

Beispiele für feste Aktionsmuster:

- Stressreaktionen: Manche Menschen neigen zu Rückzug, andere suchen die Konfrontation.
- Kritik: Während manche Menschen konstruktive Kritik als wertvollen Input empfinden, fühlen sich andere schnell angegriffen oder ziehen sich komplett zurück.

- Neue Ideen: Manche sind sofort begeistert von Innovationen und wollen sie ausprobieren, während andere lieber am Bewährten festhalten und Veränderungen skeptisch begegnen.

Das Verständnis solcher Muster ist entscheidend, um gezielt inspirieren und motivieren zu können. Es geht darum, nicht nur allgemeine Verhaltensmuster zu erkennen, sondern auch individuelle Reaktionsweisen zu berücksichtigen.

Praktische Empfehlungen für den Umgang mit festen Aktionsmustern
Um feste Aktionsmuster einer Person zu erkennen, sind gezielte Beobachtung und Interaktion hilfreich. Achten Sie auf wiederkehrende Reaktionen in verschiedenen Situationen und identifizieren Sie deren Muster. Folgende Methoden können dabei unterstützen:

Beobachten Sie und stellen Sie Fragen Richten Sie Ihre Aufmerksamkeit auf wiederkehrende Verhaltensweisen und stellen Sie Fragen wie: „Was motiviert Sie am meisten?" oder „Welche Erfolge bedeuten Ihnen besonders viel?" Solche Fragen fördern Reflexion und eröffnen neue Perspektiven.

Lesen Sie die Körpersprache Ihres Gesprächspartners Achten Sie auf nonverbale Signale wie Mimik oder Gestik. Verschränkte Arme, die von Händen fest umfasst werden, signalisieren Unbehagen (Navarro, 2008, S. 109), während gekreuzte Beine normalerweise ein Zeichen dafür sind, dass sich Ihr Gegenüber wohlfühlt (Navarro, 2008, S. 83). Füße und Beine verraten oft unbewusste Reaktionen, während das Gesicht am leichtesten kontrolliert werden kann (Navarro, 2008, S. 70). Nutzen Sie diese Signale, um Ihre Ansprache zu adaptieren.

Wählen Sie eine individuelle Ansprache Passen Sie Ihre Kommunikation an die Persönlichkeit und Bedürfnisse des Gegenübers an. Direktheit wirkt bei einigen überzeugend, andere reagieren besser auf emotionale oder erzählerische Herangehensweisen.

Erkennen Sie den Umgang Ihres Gesprächspartners mit Stress Verstehen Sie, wie Ihr Gegenüber auf Stress reagiert. Jemand, der sich zurückzieht, profitiert von einem einfühlsamen Ansatz, während andere eher durch ein klares, strukturiertes Gespräch erreicht werden können.

Beispiel Ein Kollege neigt bei Stress zum Rückzug. Statt ihn mit Informationen zu überfordern, beginnen Sie das Gespräch mit: „Gibt es etwas, das Ihren Arbeitsalltag erleichtern könnte?" Ein Kollege, der Stress durch Austausch bewältigt, wird mit: „Ich habe eine Idee, wie wir effizienter arbeiten könnten. Lassen Sie uns das gemeinsam besprechen" angesprochen.

Setzen Sie auf positive Verstärkung Betonen Sie Erfolge, um Engagement zu fördern. Beispiel: „Ihre Analysen haben den Prozess deutlich verbessert. Mit dieser Fähigkeit könnten Sie auch die Leitung des nächsten Abschnitts erfolgreich übernehmen."

Bieten Sie Herausforderungen Manche Menschen motiviert es, ihre Fähigkeiten bei anspruchsvollen Aufgaben unter Beweis zu stellen.

Beispiel „Dieses Projekt ist anspruchsvoll, aber ich weiß, dass Sie mit Ihrer Erfahrung die ideale Lösung finden werden."

Feste Aktionsmuster bieten eine wichtige Grundlage, um Menschen besser zu verstehen und gezielt zu inspirieren. Indem Sie diese Muster erkennen und Ihre Kommunikation darauf abstimmen, schaffen Sie eine empathische und effektive Basis für Zusammenarbeit und Veränderung. Jede Ansprache sollte dabei individuell und sensibel erfolgen, um Vertrauen und Motivation nachhaltig zu stärken.

4.4 Persönliche Werte: Die treibende Kraft hinter unseren Entscheidungen

Werte sind die Grundüberzeugungen, die das Handeln und die Prioritäten einer Person leiten. Wenn Ihre Ansprache oder Vorschläge im Einklang mit den Werten dieser Person stehen, wird Ihre Botschaft als relevanter und überzeugender wahrgenommen. Menschen sind eher bereit, Veränderungen zu akzeptieren, wenn diese ihren eigenen Überzeugungen und Werten entsprechen.

Praktische Empfehlungen für den Umgang mit persönlichen Werten
Stellen Sie sicher, dass Ihre Ideen die persönlichen Werte der betreffenden Person berücksichtigen und widerspiegeln. Indem Sie aufzeigen, wie Ihre Ideen zur Verwirklichung dieser Werte beitragen, schaffen Sie eine starke Basis, um die Person zu überzeugen und sie bei ihrer Entscheidungsfindung zu unterstützen.

Bevor Sie jedoch diese Verbindung herstellen können, sollten Sie zunächst versuchen, die Werte der Person zu erfahren. Das Verständnis ihrer persönlichen Werte ist der erste Schritt, um die Ansprache gezielt anzupassen.

Um Hinweise auf die Werte einer Person zu erhalten, ist es hilfreich, sich folgende Fragen zu stellen und bestimmte Beobachtungen anzustellen:

In der Vorbereitungsphase
- Welche öffentlich verfügbaren Informationen können Hinweise auf die Werte der Person geben?
- Gibt es relevante Informationen in beruflichen Profilen, Social-Media-Kanälen oder Interviews, die Aufschluss über ihre Überzeugungen und Werte geben?
- Welche Hobbys oder Ehrenamtstätigkeiten der Person bieten Ihnen Hinweise auf deren Werte?
- Finden Sie in Ihrem Netzwerk Kontakte oder Bekannte, die Ihnen Informationen über die Werte und Prioritäten der Person geben können?
- In welchem sozialen oder beruflichen Umfeld bewegt sich die Person und welche Werte und Motivationen sind typischerweise für Personen in diesem sozialen Umfeld oder in dieser Branche wichtig, und wie könnten diese auf die Zielperson zutreffen?

Während des Gesprächs
- Über welche Themen spricht die Person häufig und welche Aspekte stellt sie dabei in den Vordergrund?
- Welche Anliegen bringt sie regelmäßig zur Sprache?
- Wie hat die Person in der Vergangenheit auf bestimmte Situationen reagiert?

4 Perspektivenwechsel: Die Kraft positiver Empathie

- Gibt es prägnante Aussagen oder Überzeugungen, die ihre Werte deutlich widerspiegeln?
- Welche persönlichen oder beruflichen Ziele verfolgt die Person?
- Welche Gründe nennt die Person für ihre Entscheidungen, die sie für wichtig hält, und welche Überlegungen liegen ihrer Entscheidungsfindung zugrunde?

Durch die gezielte Ansprache der Werte Ihres Gesprächspartners können Sie Ihre Kommunikation stärker auf seine tiefen Überzeugungen ausrichten. Dies erhöht nicht nur die Akzeptanz Ihrer Vorschläge, sondern schafft auch eine authentische und respektvolle Verbindung.

Wie der Wunsch nach Stabilität zur großen Veränderung führte

Bei der Erarbeitung von Unternehmensstrategien für eigentümergeführte Firmen lege ich großen Wert darauf, dass die Unternehmenswerte sowie die Mission und Vision des Unternehmens im Einklang mit den persönlichen Werten des Unternehmers stehen (Merath, 2008). Um diese Werte zu ermitteln, nutze ich eine Methode, die ich „Mentale Zeitreise" nenne. Dabei bitte ich den Unternehmer, sein Leben Revue passieren zu lassen und sich mit mir über wichtige Wendepunkte, Entscheidungen und Erfahrungen zu unterhalten. Mithilfe einer speziellen Fragetechnik leite ich daraus seine persönlichen Werte ab.

In einem meiner Projekte lag die Situation vor, dass Stabilität für den Unternehmer ein äußerst wichtiger persönlicher Wert war. Er betrachtete Stabilität als Grundpfeiler seiner Firmenphilosophie und war der Meinung, dass viele andere Unternehmer durch die Fokussierung auf Umsatzsteigerung eine instabile Basis schaffen. In der Unternehmensanalyse stellte sich heraus, dass das Unternehmen stark von einer gewissen Anzahl an Schlüsselmitarbeitern abhängig war. Diese Abhängigkeit stellte in meinen Augen ein erhebliches Risiko dar, da der Weggang oder Ausfall einer dieser Mitarbeiter das Unternehmen in eine schwierige Lage bringen konnte.

Indem ich mich auf die Stabilität des Unternehmens bezog, gelang es mir, die Perspektive des Unternehmers zu erweitern. Ich fragte ihn, ob er diesen Zustand als stabil ansieht. Nachdenklich antwortete er mit „nein". Daraufhin fragte ich ihn, was getan werden müsste, um aus dieser riskanten Abhängigkeit herauszukommen. Er meinte, man müsste diese Stellen mindestens doppelt besetzen, was jedoch aus finanziellen Gründen nicht möglich sei. Meine nächste Frage, „Was auf der Seite der Finanzen getan werden müsste, um diese Abhängigkeit und das damit verbundene Risiko abzumildern?", half dem Unternehmer, umzudenken.

Ich unterstützte ihn dabei, gemeinsam mit seinem Führungsteam eine Wachstumsstrategie auf der Produkt- und Umsatzseite zu entwickeln. Diese Strategie sollte es dem Unternehmen ermöglichen, personell zu wachsen, die Abhängigkeit von einzelnen Schlüsselmitarbeitern zu verringern und das Unternehmen mittelfristig aus dem Abhängigkeitsrisiko herauszuführen. So entstand ein Ansatz, der sowohl die finanzielle als auch die personelle Stabilität des Unternehmens langfristig sichern sollte.

4.5 Wünsche und Ziele: Der Wegweiser für Inspiration und Motivation

Wenn Ihre Botschaft auf die individuellen Wünsche und Ziele Ihres Gesprächspartners abgestimmt ist, wird sie für ihn relevanter und überzeugender. Indem Sie aufzeigen, wie Ihre Vorschläge zur Erreichung seiner Ziele beitragen können, erhöhen Sie die Wahrscheinlichkeit, dass sie bereit ist, Veränderungen anzunehmen.

Das Verständnis seiner Wünsche und Ziele hilft Ihnen nicht nur dabei, eine starke Verbindung zu ihm herzustellen, sondern auch, potenzielle Bedenken oder Einwände besser zu antizipieren und gezielt anzusprechen. Wenn Sie klar darlegen können, wie Ihre Ideen mit den Zielen Ihres Gesprächspartners in Einklang stehen, schaffen Sie eine positive Vision und stärken deren Motivation zur Umsetzung Ihrer Vorschläge. So wird Ihre Ansprache gezielter und effektiver.

Wünsche und Ziele sind nicht nur wichtige Motivatoren, sie verdeutlichen auch die Diskrepanz zwischen dem aktuellen Zustand und dem angestrebten Zustand. Diese Wahrnehmung kann ein starkes Motivationsgefühl erzeugen. Wenn jemand erkennt, dass seine Wünsche und Ziele in greifbare Nähe rücken, steigt die Bereitschaft, Maßnahmen zu ergreifen. Indem Sie einer Person vermitteln, wie das Erreichen der Ziele ihr Leben positiv verändern wird, intensivieren Sie ihr Verlangen nach Veränderung und erhöhen die Bereitschaft, die dazu notwendigen Schritte zu unternehmen.

Praktische Empfehlungen für den Umgang mit Wünschen und Zielen
Bevor Sie Ihre Botschaft anpassen, ist es entscheidend, Verständnis für die Wünsche und Ziele Ihres Gesprächspartners zu entwickeln. Erst dieses Verständnis ermöglicht es, gezielt anzuknüpfen und Ihre Kommunikation entsprechend auszurichten. Um besser auf die Wünsche und Ziele des Gesprächspartners einzugehen, können Sie sich die folgenden Fragen stellen:

- Welche langfristigen beruflichen oder persönlichen Ziele verfolgt die Person? Gibt es spezifische Projekte oder Ambitionen, die sie anstrebt?
- Welche aktuellen Hürden möchte die Person überwinden? Welche Bedürfnisse hat sie in ihrem aktuellen Umfeld?
- Was sind typische berufliche oder persönliche Ziele für jemanden in dieser Rolle oder Branche?
- Welche gängigen Herausforderungen oder Prioritäten gibt es im Umfeld oder in der Branche, in dem die Person tätig ist?
- Welche Informationen können Sie aus beruflichen Netzwerken, Social-Media-Profilen, der Webseite der Person bzw. des Unternehmens oder Presseartikeln gewinnen? Welche Interessen oder Schwerpunkte werden hier deutlich?
- Welche Themen oder Fragen könnten im Zusammenhang mit dem Ziel oder der Entscheidung, zu der Sie die Person inspirieren möchten, von Interesse sein?

Nachfolgend finden Sie einige Beispiele, wie Wünsche und Ziele in unterschiedlichen Kontexten aufgegriffen und angesprochen werden können. Diese Szenarien verdeutlichen, wie eine gezielte Ansprache Menschen dazu inspirieren kann, notwendige Veränderungen anzugehen ihre Visionen zu verwirklichen.

Beispiel: Problemlösung und Innovation
- **Situation:** Ein Unternehmer möchte die Abhängigkeit seines Unternehmens von einigen wenigen großen Kunden verringern.
- **Ansprache:** „Ihr Unternehmen hat bereits eine starke Position, aber ich sehe, dass Sie nach Möglichkeiten suchen, es unabhängiger und zukunftssicherer zu machen. Was, wenn wir gemeinsam an einer neuen Marketingstrategie arbeiten, die nicht nur die bestehenden Kundenbeziehungen stärkt, sondern auch neue, diversifizierte Märkte erschließt?"

Beispiel: Langfristige Vision
- **Situation:** Eine Person plant eine berufliche Neuorientierung, ist sich aber unsicher über den ersten Schritt.
- **Ansprache:** „Ich habe bemerkt, dass Sie in letzter Zeit viel über neue berufliche Wege nachdenken. Was wäre Ihr Traum, wenn Sie alles frei gestalten könnten? Und wie könnten wir gemeinsam den ersten Schritt in diese Richtung planen?"

Indem Sie die Wünsche und Ziele der Person nicht nur erkennen, sondern auch aktiv aufgreifen und mit Ihren Vorschlägen verknüpfen, schaffen Sie eine kraftvolle Verbindung. Diese Verbindung motiviert die Person, sich auf Veränderungen einzulassen und ihre Ziele mit größerer Klarheit und Entschlossenheit zu verfolgen.

4.6 Ängste und Sorgen: Die Blockaden erkennen und überwinden

4 Perspektivenwechsel: Die Kraft positiver Empathie

Menschen, die von Unsicherheiten geplagt sind, neigen dazu, an ihren Gewohnheiten und ihrer Komfortzone festzuhalten und neue Ideen abzulehnen. Daher ist es entscheidend, diese Ängste und Sorgen zu erkennen und in der Kommunikation zu berücksichtigen.

Indem Sie aufzeigen, wie Ihre Vorschläge helfen können, bestehende Sorgen zu verringern oder Sicherheitsbedürfnisse zu erfüllen, erhöhen Sie die Bereitschaft, sich auf neue Ideen einzulassen. Eine empathische und unterstützende Herangehensweise fördert eine tiefere emotionale Verbindung und adressiert die Ängste Ihres Gegenübers. Wenn Ihre Botschaft zeigt, dass Sie die Sorgen ernst nehmen und Lösungen anbieten, die diese Ängste mindern, wird Ihre Kommunikation relevanter und überzeugender.

Praktische Empfehlungen für den Umgang mit Ängsten und Sorgen

Um gezielt auf die Ängste und Sorgen Ihres Gesprächspartners einzugehen, sollten Sie sich folgende Fragen stellen:

In der Vorbereitungsphase
- Welche Herausforderungen oder Unsicherheiten sind aktuell in der Branche oder im sozialen Umfeld Ihres Gesprächspartners häufig anzutreffen?
- Welche Bedenken oder Widerstände werden in ähnlichen Kontexten oft geäußert?
- Wie könnten Veränderungen oder Entscheidungen seine aktuelle Situation oder ihr Wohlbefinden beeinflussen?

Während des Gesprächs
- Wie reagiert Ihr Gesprächspartner auf neue Vorschläge? Gibt es Themen, bei denen er besonders vorsichtig oder zögerlich ist?
- Welche spezifischen Ängste oder Bedenken hat Ihr Gegenüber bereits geäußert?
- Wie können Sie Ihre Botschaft so gestalten, dass sie die bestehenden Ängste berücksichtigt, um eine offene Diskussion zu ermöglichen?

Sprechen Sie die Ängste und Sorgen der Person gezielt an und äußern Sie Verständnis. Dadurch können Sie Vertrauen aufbauen und die Bereitschaft zur Veränderung und Umsetzung Ihrer Ideen fördern.

Achten Sie jedoch darauf, dass Ihre Vorschläge keinen zusätzlichen Stress verursachen, sondern Vertrauen aufbauen und motivieren. Um diese Balance zu finden, sollten Sie sicherstellen, dass Ihre Botschaft nicht zu einem Übermaß an Unsicherheit oder Druck führt.

Zeigen Sie Empathie Verstehen und anerkennen Sie die Ängste der Person. Vermeiden Sie es, die Sorgen als unbedeutend abzutun. Zeigen Sie, dass Sie sich der Gefühle der Person bewusst sind und dass ihre Ängste von Ihnen ernst genommen werden. Das stärkt das Vertrauen und fördert eine offene Kommunikation.

Vermeiden Sie Überforderung Wenn Sie eine Veränderung oder einen neuen Ansatz vorschlagen, achten Sie darauf, dass die Schritte klar und erreichbar erscheinen. Wenn Ihr Gesprächspartner das Gefühl hat, dass die Veränderung zu komplex oder schwierig ist, kann dies zusätzliche Ängste oder Stress hervorrufen. Gliedern Sie den Prozess in kleine, überschaubare Schritte und bieten Sie Unterstützung an, um sicherzustellen, dass der Weg in die Veränderung als positiv und kontrollierbar wahrgenommen wird. Wenn Ihr Gesprächspartner bereits mit Ängsten oder Sorgen kämpft, kann eine zu aggressive oder fordernde Herangehensweise das Gegenteil bewirken und die Abwehrhaltung verstärken. Stattdessen ist es entscheidend, dass Ihre Vorschläge als machbar und unterstützend wahrgenommen werden.

Bieten Sie Sicherheit und Klarheit Eine offene Kommunikation über den Ablauf und die Vorteile der Veränderung kann dazu beitragen, Unsicherheiten zu verringern. Es ist entscheidend, dass Ihr Gesprächspartner weiß, dass er während der Umsetzung der Entscheidung nicht allein ist. Wenn Sie in der Lage sind, konkrete Unterstützung anzubieten, betonen Sie dies. Zeigen Sie auf, wie er davon profitieren kann. Falls Ihnen eine direkte Unterstützung nicht möglich ist, verweisen Sie auf andere vertrauenswürdige Personen, Anlaufstellen oder spezialisierte Beratungsstellen, die helfen können. Auf diese Weise reduzieren Sie Ängste und bauen Vertrauen auf, weil sich Ihr Gesprächspartner sicher fühlt, dass er nicht mit ihren Sorgen oder Ängsten allein gelassen wird.

Nutzen Sie die Kraft der Vision Betonen Sie die positiven Aspekte der Veränderung und deren Vorteile für Ihren Gesprächspartner. Heben Sie hervor, wie die Veränderung sein Leben verbessern wird. Helfen Sie ihm zu erkennen, wie er die Kontrolle über seine Situation behalten wird.

Bieten Sie Reflexionsräume Geben Sie Ihrem Gesprächspartner die Möglichkeit, über die vorgeschlagenen Veränderungen nachzudenken, ohne sofort eine Entscheidung treffen zu müssen. Drängen Sie nicht auf eine schnelle Reaktion. Dies gibt ihm Zeit, sich mit der Idee auseinanderzusetzen.

Mit diesen Ansätzen können Sie sicherstellen, dass Ihre Vorschläge nicht als zusätzliche Last, sondern als Chance wahrgenommen werden, die Ängste zu lindern und Vertrauen zu schaffen. Indem Sie die Veränderung als einen klar strukturierten, kontrollierbaren Prozess darstellen und gleichzeitig empathisch agieren, fördern Sie die Bereitschaft, neue Ideen anzunehmen und Veränderungen zuzulassen.

Die folgenden Beispiele verdeutlichen, wie Sie durch das gezielte Ansprechen von Ängsten und Sorgen eine vertrauensvolle Basis schaffen und die Bereitschaft zur Veränderung fördern können.

Beispiel: Angst vor Arbeitsplatzverlust bei Veränderung
- **Situation:** Ein Mitarbeiter zeigt Widerstand gegenüber der Einführung neuer Technologien, da er befürchtet, seinen Arbeitsplatz zu verlieren.
- **Ansprache:** „Ich verstehe Ihre Bedenken und die Unsicherheiten, die mit dieser Veränderung einhergehen können. Lassen Sie uns darüber sprechen, wie diese Technologie nicht nur den Arbeitsprozess erleichtert, sondern auch Ihre Position stärken könnte, indem sie Ihnen ermöglicht, effizienter zu arbeiten und neue Fähigkeiten zu entwickeln. Was halten Sie davon, wenn wir zusammen einen Plan erstellen, wie Sie von dieser Umstellung profitieren können?"

Beispiel: Verlust von Kontrolle durch Veränderung
- **Situation:** Ein Kunde zögert, auf eine neue Software umzusteigen, weil er befürchtet, dadurch die Kontrolle über sein gewohntes System zu verlieren.
- **Ansprache:** „Ich verstehe, dass Ihnen die Kontrolle über Ihr aktuelles System wichtig ist. Deshalb würde ich vorschlagen, dass wir den Übergang so gestalten, dass Sie jederzeit die Kontrolle behalten. Wir könnten eine schrittweise Einführung planen, bei der Sie die neue Software parallel zum bisherigen System testen. So können Sie sich mit den Funktionen vertraut machen, bevor eine vollständige Umstellung erfolgt."

Diese Beispiele zeigen, wie Sie Ängste und Sorgen offen ansprechen und gleichzeitig eine klare, unterstützende Perspektive bieten können. Indem Sie Empathie zeigen und konkrete Lösungen anbieten, können Sie die Grundlage für eine vertrauensvolle Zusammenarbeit schaffen und die Bereitschaft für Veränderungen stärken.

4.7 Glaubenssätze: Unsichtbare Hürden auf dem Weg zur Veränderung

Glaubenssätze sind tief verwurzelte Überzeugungen, die beeinflussen, wie wir die Welt sehen, welche Entscheidungen wir treffen und wie wir auf Herausforderungen reagieren. Diese Überzeugungen beeinflussen, wie wir Informationen verarbeiten und welche Bedeutung wir ihnen beimessen.

Sobald wir uns auf bestimmte Glaubenssätze festgelegt haben, neigen wir dazu, diese nicht mehr zu hinterfragen und neue, Informationen, die im Widerspruch zu unseren Glaubenssätzen stehen, zu ignorieren oder abzuwerten. Diese Neigung entsteht, wenn unser Engagement für eine Überzeugung so stark wird, dass wir andere Perspektiven nicht mehr berücksichtigen. Wir lehnen neue Fakten oder Erkenntnisse ab, die unsere Überzeugungen infrage stellen könnten, was unser Denken und unsere Bereitschaft zur Weiterentwicklung einschränken kann. Diese Tendenz führt oft dazu, dass wir Informationen bevorzugen, die unsere bestehenden Überzeugungen stützen, und gegensätzliche Informationen ablehnen. Dies kann unsere Wahrnehmung

4 Perspektivenwechsel: Die Kraft positiver Empathie

verzerren und die Fähigkeit zur Anpassung an neue Situationen oder zur Veränderung einschränken.

Wenn Sie jemanden inspirieren möchten, ist es entscheidend, die relevanten Glaubenssätze dieser Person zu verstehen. Nur dann können Sie Ihre Ansprache so gestalten, dass Sie diese Überzeugungen ansprechen oder sanft herausfordern, um neue Perspektiven zu eröffnen, ohne Widerstand zu wecken.

Praktische Empfehlungen für den Umgang mit Glaubenssätzen

Um die Glaubenssätze einer Person besser zu verstehen und gezielt anzusprechen, können Sie die folgenden Kommunikationshinweise beachten:

In der Vorbereitungsphase

- Welche Informationen können Sie aus der Webseite der Person bzw. des Unternehmens oder den sozialen Medien gewinnen? Bieten etwa ihre Posts, Kommentare oder geteilte Inhalte Rückschlüsse auf ihre möglichen Glaubenssätze?
- Welche typischen Glaubenssätze und Werte sind für das soziale Umfeld oder die Branche oder Zielgruppe, der die Person angehört, bekannt?
- Welche typischen Verhaltensmuster und Glaubenssätze sind Ihnen aus ähnlichen Zielgruppen oder vergleichbaren Kontexten bekannt?
- Gibt es gemeinsame Kontakte oder Bekannte, die Ihnen Informationen über die Person und ihre Überzeugungen geben könnten?

Während des Gesprächs

- **Setzen Sie Storytelling ein:** Eine der effektivsten Methoden, um Glaubenssätze zu hinterfragen und neue Perspektiven zu eröffnen, ist Storytelling. Berichten Sie von einer Person oder einer Gruppe in einer ähnlichen Situation, die ihre Sichtweise revidieren musste. Zeigen Sie, wie dieses Umdenken nicht nur zu einer neuen Einsicht geführt hat, sondern auch zu einer spürbaren Verbesserung ihrer Situation. Indem Sie verdeutlichen, wie diese Veränderung das Leben positiv beeinflusst hat, können Sie dem Gegenüber helfen, sich selbst die Möglichkeit einer Veränderung vorzustellen und von den Vorteilen zu überzeugen.

- **Vermeiden Sie eine Bedrohung der Identität:** Wenn Sie Ihrem Gegenüber eine neue Perspektive anbieten, stellen Sie sicher, dass diese nicht als Bedrohung für das Selbstbild wahrgenommen wird. Zeigen Sie auf, wie die Veränderung im Einklang mit seinen bestehenden Werten und Überzeugungen stehen kann, um die Anpassung zu erleichtern.

- **Berücksichtigen Sie den sozialen Kontext:** Glaubenssätze sind oft nicht nur individuelle Überzeugungen, sondern auch das Produkt sozialer Normen oder einer Gruppenzugehörigkeit. Wenn Sie wissen, dass jemand einer Gruppe oder Kultur angehört, deren Glaubenssätze stark in seiner Identität verankert sind, sollten Sie diese sozialen Einflüsse ebenfalls berücksichtigen, wenn Sie neue Perspektiven ansprechen.

- **Setzen Sie auf sanfte Herausforderung statt Konfrontation:** Achten Sie darauf, dass die Person sich nicht von Ihnen „angegriffen" fühlt. Fragen Sie stattdessen nach, wie sie bestimmte Dinge aus verschiedenen Blickwinkeln betrachten würde, und öffnen Sie damit die Tür zu einer breiteren Perspektive. Formulieren Sie Fragen, die zum Nachdenken anregen, ohne die Person direkt in die Defensive zu drängen.

- **Beziehen Sie verschiedene Perspektiven ein:** Indem Sie Beispiele aus unterschiedlichen Blickwinkeln oder Kontexten teilen, können Sie die Wahrnehmung Ihres Gesprächspartners erweitern. Zum Beispiel könnten Sie eine ähnliche Herausforderung aus einer anderen Branche oder einem anderen kulturellen Kontext darstellen, um neue Lösungsansätze aufzuzeigen.

- **Regen Sie ein Umdenken an:** Stellen Sie offene Fragen, die Ihren Gesprächspartner dazu anregen, ihre aktuelle Denkweise zu hinterfragen. Zum Beispiel: „Welche Möglichkeiten würden sich eröffnen, wenn Sie die Situation aus einer anderen Perspektive betrachten?" Solche Fragen helfen, eingefahrene Denkmuster zu durchbrechen.

- **Schaffen Sie emotionale Anreize:** Verknüpfen Sie die neuen Möglichkeiten mit positiven Emotionen wie Begeisterung oder Stolz. Wer emotional positiv auf eine Möglichkeit reagiert, ist eher bereit, diese in Betracht zu ziehen.

- **Fördern Sie positive Glaubenssätze:** Wenn Sie wissen, dass Ihr Gesprächspartner in bestimmten Bereichen stark und selbstbewusst ist, können Sie diese Fähigkeiten hervorheben, um ihn zu bestärken. Wenn er an seine eigene Stärke glaubt, wird er eher bereit sein, neue Perspektiven zu akzeptieren und Veränderungen zuzulassen.

Falls Ihr Gegenüber beginnt, sich unwohl zu fühlen oder defensiv zu reagieren, bleiben Sie ruhig und empathisch. Akzeptieren Sie, dass Veränderung herausfordernd sein kann und bieten Sie weiterhin Unterstützung an. Anstatt die Diskussion fortzusetzen, setzen Sie den Fokus auf eine neue Perspektive,

4 Perspektivenwechsel: Die Kraft positiver Empathie

die weniger konfrontativ ist, und versichern Sie der Person, dass ihre Bedenken gehört und respektiert werden. Eine offene, respektvolle Haltung schafft Raum für Reflexion und ermutigt zu einer neuen Sichtweise, ohne dass sich die Person überfordert fühlt.

Indem Sie sich auf die Glaubenssätze der Person einstellen und diese respektvoll ansprechen, können Sie neue Perspektiven eröffnen und Widerstände abbauen. Formulieren Sie Ihre Botschaften empathisch und durchdacht. So vermeiden Sie Missverständnisse sowie Konflikte und fördern zugleich die Bereitschaft zur Veränderung.

Die folgenden Beispiele zeigen, wie Glaubenssätze in der Kommunikation berücksichtigt und gezielt angesprochen werden können, um Reflexion zu ermöglichen und Widerstände abzubauen.

Glaubenssatz: „Erfolg ist nur durch Kontrolle möglich"
- **Situation:** Eine Führungskraft glaubt, dass sie jedes Detail selbst kontrollieren muss, um Erfolg zu gewährleisten, und zögert, Verantwortung zu delegieren.
- **Ansprache:** „Ihre Sorgfalt und Ihr Engagement sind bewundernswert und sicherlich einer der Gründe für Ihren bisherigen Erfolg. Gleichzeitig könnte es hilfreich sein, darüber nachzudenken, wie die Einbindung Ihres Teams Ihnen ermöglichen könnte, viel Zeit zu gewinnen und sich auf strategische Aufgaben zu konzentrieren. Vielleicht könnten wir gemeinsam überlegen, wie Sie Ihre Expertise nutzen können, um anderen im Team zu helfen, Verantwortung zu übernehmen, ohne die Kontrolle zu verlieren."

Glaubenssatz: „Ich bin nicht kreativ"
- **Situation:** Ein Mitarbeiter glaubt, dass er keine kreativen Lösungen entwickeln kann, und vermeidet Aufgaben, die kreatives Denken erfordern.
- **Ansprache:** „Ich habe gesehen, wie Sie in der letzten Projektphase innovative Ideen eingebracht haben. Erinnern Sie sich, wie Ihre Lösung für das Lieferproblem unser Zeitmanagement verbessert hat? Das war wirklich beeindruckend. Was halten Sie davon, dass wir gemeinsam überlegen, wie Sie diese Fähigkeit in anderen Bereichen einsetzen könnten?"

Diese Beispiele verdeutlichen, wie wichtig es ist, Glaubenssätze nicht direkt in Frage zu stellen, sondern sie vielmehr respektvoll anzusprechen und sanft zu hinterfragen. Durch empathische Kommunikation und gezielte Ansprache können Sie eine reflektierte Betrachtung fördern und den Weg für neue Perspektiven und Veränderungen ebnen.

> **Ein Glaubenssatz auf dem Prüfstand: „Ich führe so, dass meine Mitarbeiter höchst motiviert sind"**
>
> In einem meiner Projekte ging es um die Entwicklung einer Unternehmensstrategie für ein Familienunternehmen. Dabei traf ich auf einen erfolgreichen Unternehmer, dessen Führungsstil von einem zentralen Glaubenssatz geprägt war: „Ich führe so, dass meine Mitarbeiter höchst motiviert sind." Diese Überzeugung war so tief verwurzelt, dass sie sein unternehmerisches Handeln bestimmte – und keinen Raum für eine realistische Einschätzung der Situation ließ.
>
> Also entschied ich mich, durch gezielte Fragen eine Situation herbeizuführen, in der er die Diskrepanz zwischen seiner Überzeugung und der Realität selbst erkennen konnte – ohne dass es wie eine Konfrontation wirkte. Während eines Workshops nahm das Unvorstellbare Gestalt an. Als sein Sohn, der ebenfalls im Unternehmen tätig war, offen äußerte, dass er ernsthaft darüber nachdachte, die Firma zu verlassen, konnte man die Spannung im Raum förmlich spüren. Der Unternehmer erstarrte. Die Situation spitzte sich weiter zu, als einer der leitenden Mitarbeiter unverblümt bemerkte: „Für die Firma bin ich doch nicht bereit, den Wecker zu stellen." Die Worte hallten nach, und für einen Moment schien die Zeit stillzustehen. Die Fassade des Glaubenssatzes begann zu bröckeln.
>
> In diesen Augenblicken erkannte der Unternehmer, dass sein bisheriges Führungsverständnis auf Annahmen basierte, die nicht mit der Realität übereinstimmten. Es war kein einfacher Moment. Doch er nahm die Herausforderung an. Gemeinsam arbeiteten wir daran, diese Einsicht nicht als persönliches Scheitern zu betrachten, sondern als Chance, eine neue Richtung einzuschlagen. In den folgenden Gesprächen und Workshops wurde ihm klar, dass seine Firma dringend eine inspirierende Strategie brauchte und dass er neue Führungsinstrumente einführen musste, um das Vertrauen und die Motivation seiner Mitarbeiter zurückzugewinnen.
>
> Es war ein tiefgehender, schmerzhafter Prozess, aber ein notwendiger und letztlich lohnender. Der Unternehmer setzte die richtigen Maßnahmen um: Er formulierte eine klare Vision, die seine Mitarbeiter inspirierte, und etablierte Strukturen, die eine stärkere Einbindung ermöglichten. Die Veränderungen waren beeindruckend. Die Mitarbeiter, die zuvor nur Dienst nach Vorschrift machten, zeigten neues Engagement, und die Stimmung im Unternehmen wandelte sich nachhaltig. In den folgenden drei Jahren entwickelte sein Unternehmen ein Produkt, das einen kompletten Technologiewechsel bedeutete und eine neue tragfähige Basis für die langfristige erfolgreiche Zukunft der Firma sicherte.

Diese Erfahrung hat mir erneut gezeigt, dass Veränderung nur dann möglich ist, wenn Menschen den Mut haben, ihre Überzeugungen zu hinterfragen. Mit Empathie und einem klaren Ziel vor Augen können selbst die tiefsten Glaubenssätze in eine Grundlage für Wachstum und Innovation verwandelt werden.

4.8 Emotionen verstehen: Wie Gefühle unsere Entscheidungen beeinflussen

Die Wissenschaft geht heute davon aus, dass Emotionen eine zentrale Rolle bei unseren Entscheidungen spielen und somit unser Handeln beeinflussen. Dies war lange Zeit nicht der Fall. Der Philosoph René Descartes formulierte im 17. Jahrhundert den berühmten Satz „Cogito, ergo sum" („Ich denke, also bin ich"). Dieser Satz entwickelte sich zu einem fundamentalen Prinzip der Philosophie und legte die Grundlage für viele moderne Denkansätze. In den folgenden Jahrhunderten hat die Wissenschaft die Bedeutung von Emotionen für unser Denken oft unterschätzt und sich lange Zeit eher auf die rationalen Aspekte unseres Denkens konzentriert.

Der Neurowissenschaftler Antonio Damasio argumentiert in seinem 1994 erschienenen Buch „Descartes' Error: Emotion, Reason, and the Human Brain" (Damasio, 1994), dass Entscheidungen niemals unabhängig von Emotionen getroffen werden können. Mit dem Satz „We are not thinking machines that feel; we are feeling machines that think" (Wir sind keine denkenden Maschinen, die fühlen; wir sind fühlende Maschinen, die denken) bringt er zum Ausdruck, dass nach seiner These Emotionen und Gefühle eine grundlegende Rolle im Denken und der Entscheidungsfindung spielen. Damasio vertritt die Auffassung, dass Emotionen nicht nur Begleiterscheinungen des

Denkens sind, sondern eine wesentliche Basis für Überlegungen und Entscheidungsprozesse bilden. Seine Forschung hat das Verständnis darüber, wie Emotionen und rationale Überlegungen miteinander interagieren und dass eine ausgeglichene Entscheidungsfindung beide Seiten angemessen integrieren muss, wesentlich erweitert.

Antonio Damasio stützt seine Theorien auf neurobiologische Erkenntnisse und die Beobachtungen von Patienten, die durch Schädigungen in bestimmten Hirnregionen, die für den Umgang mit Emotionen verantwortlich sind, beeinträchtigt sind. Er fand heraus, dass diese Patienten, die keine emotionalen Signale mehr verarbeiten können, selbst bei alltäglichen Entscheidungen, wie der Wahl ihrer Kleidung, Schwierigkeiten haben. Ohne die Fähigkeit, emotionale Reaktionen zu erkennen und zu verarbeiten, fällt es diesen Patienten schwer, eine Wahl zu treffen, selbst in einfacheren, weniger komplexen Situationen.

Damasio entwickelte die Theorie, dass unsere Entscheidungen oft von unbewussten, körperlichen Reaktionen auf unsere Emotionen beeinflusst werden. Ein erhöhter Puls, Schwitzen, Muskelverspannungen oder Gänsehaut sind körperliche Signale, die unsere Gefühle verursachen, wenn wir vor einer Entscheidung stehen. Diese körperlichen Reaktionen sind wie Erinnerungen an frühere Erfahrungen und helfen uns, zu beurteilen, was in einer bestimmten Situation gut oder schlecht für uns sein könnte. Auf diese Weise ermöglichen uns unsere Emotionen, aus vergangenen Erlebnissen zu lernen und uns für eine Handlungsoption zu entscheiden.

Die Erkenntnisse von Damasio verdeutlichen, dass Emotionen eine zentrale Rolle bei der Entscheidungsfindung spielen. Emotionen beeinflussen nicht nur, wie wir Entscheidungen treffen, sondern auch, wie wir auf verschiedene Angebote reagieren. Menschen, die in guter Stimmung sind, neigen eher dazu, Angebote anzunehmen. Wenn jemand gut gelaunt ist, denkt er an positive Dinge und ruft angenehme Erinnerungen ab. Ist die Stimmung hingegen schlecht, treten eher negative Gedanken und Informationen in den Vordergrund, was die Wahrscheinlichkeit einer ablehnenden Haltung erhöht. Eine gute Stimmung hingegen steigert die Chancen auf Zustimmung erheblich und verschafft somit einen entscheidenden Vorteil.

4.8.1 Praktische Empfehlungen für den Umgang mit Emotionen Ihres Gegenübers

Bevor Sie in ein Gespräch gehen, in dem Sie jemanden inspirieren möchten, ist es hilfreich, sich Gedanken über die mögliche emotionale Verfassung der Person zu machen. Überlegen Sie, in welcher Stimmung sie sich befinden könnte: Ist sie gestresst, ängstlich, entspannt oder motiviert? Die Kenntnis ihrer aktuellen Gefühle ermöglicht es Ihnen, Ihre Ansprache entsprechend anzupassen und eine Atmosphäre zu schaffen, die offen für Inspiration und Veränderung ist.

Zeigen Sie Empathie Es kann eine Herausforderung sein, eine Person in negativer Stimmung zu inspirieren. Doch es gibt verschiedene effektive Ansätze, die dabei helfen können. Wichtig ist, ihre Gefühle nicht zu minimieren oder sofort Lösungen anzubieten. Stattdessen sollten Sie Empathie zeigen, aktiv zuhören und Verständnis für ihre Emotionen aufbringen. Erinnern Sie die Person an positive Erlebnisse oder Erfolge aus der Vergangenheit und teilen Sie inspirierende Geschichten von anderen, die ähnliche Herausforderungen gemeistert haben. Richten Sie die Aufmerksamkeit der Person auf positive Möglichkeiten, indem Sie über Themen sprechen, die sie an ihre Ziele und

Träume erinnern. Stellen Sie Fragen zu ihren Wünschen, Zielen und Ambitionen. Helfen Sie ihr, kleine Erfolge zu erzielen, indem Sie sie ermutigen, neue, realisierbare Etappenziele zu setzen, die sie ihren Träumen näherbringen. Arbeiten Sie gemeinsam an einem Plan, der die Schritte aufzeigt, die sie zur Erreichung ihres Ziels unternehmen kann.

Beobachten Sie emotionale Hinweise und sprechen Sie diese an Hören Sie aufmerksam zu und achten Sie auf die Körpersprache sowie den Gesichtsausdruck, um ein besseres Verständnis für die emotionale Verfassung der anderen Person zu entwickeln. Anhand verschiedener verbaler Hinweise sowie Gestik und Mimik lässt sich eine negative Stimmung erkennen: Ein monotoner, gereizter oder unmotivierter Tonfall sowie passive Verhaltensweisen können Anzeichen für eine negative Stimmung sein. Die Verwendung negativer Begriffe wie „schlecht", „schwierig" oder „nie" deutet auf eine pessimistische Einstellung hin. Gespräche über Probleme, Frustrationen oder Enttäuschungen sowie häufige Klagen und eine Fokussierung auf das Negative sind ebenfalls Hinweise auf eine negative Stimmung. Wenn die Person wenig Bereitschaft zeigt, ausführlich zu antworten, oder oft ausweichend reagiert, könnte das Desinteresse oder eine negative Einstellung signalisieren. Eine geschlossene Körperhaltung, wie verschränkte Arme oder eine abgewandte Ausrichtung, kann auf Abwehrhaltung oder Unbehagen hinweisen. Ein mürrisches, angespanntes oder trauriges Gesicht sowie das Fehlen eines Lächelns sind klare Indikatoren für negative Emotionen. Geringer oder fehlender Blickkontakt kann darauf hindeuten, dass sich die Person unwohl fühlt oder sich zurückzieht, während übermäßiger oder intensiver Blickkontakt Anzeichen von Anspannung oder Aggression sein kann. Durch die achtsame Beobachtung nonverbaler Signale Können Sie die Emotionen und Intentionen Ihres Gesprächspartners besser erfassen und somit Ihre Impulse und Ansprache noch wirksamer gestalten. Joe Navarro, ehemaliger FBI-Agent und Experte für Verhaltensanalyse, Verhöre und Spionageabwehr, beschreibt, dass die Authentizität nonverbaler Signale von unten nach oben abnimmt. Daher richtet er seine Aufmerksamkeit zunächst auf die Füße und Beine seines Gegenübers, da diese am schwersten zu kontrollieren sind und oft unbewusste Reaktionen verraten. Anschließend beobachtet er den Oberkörper, bevor er sich zuletzt dem Gesicht zuwendet, das am leichtesten bewusst gesteuert werden kann (Navarro, 2008).

Sprechen Sie offen an, wenn Ihnen Anzeichen für eine negative Stimmung auffallen, etwa in der Art „Ich sehe, Sie fühlen sich nicht wohl bei dem Gedanken ..."

4 Perspektivenwechsel: Die Kraft positiver Empathie

Erkennen Sie die Hinweise der Mikromimik Die Mikromimik sind kurze, unbewusste und schwer kontrollierbare Gesichtsausdrücke, die schnell auftreten und subtile, aber wichtige Hinweise auf die Gefühle einer Person geben. Beispiele für Mikromimik sind:

- Augenbrauenhochziehen: Überraschung oder Schock
- Schnelles Blinzeln: Nervosität oder Unsicherheit
- Ein Lächeln, das schnell verschwindet: Unsicherheit oder Höflichkeit
- Zusammenziehen der Lippen: Zweifel oder Unbehagen
- Schnelle Gesichtszuckungen: Stress oder Überwältigung
- Kurzes Anheben des Kinns: Stolz oder Selbstbewusstsein
- Falten auf der Stirn: Konzentration oder Besorgnis

Berücksichtigen Sie kulturelle Sensibilitäten Der Ausdruck von Emotionen und die Reaktion darauf können kulturell unterschiedlich sein. Während in manchen Kulturen direkte emotionale Kommunikation geschätzt wird, könnten andere eher zurückhaltend darauf reagieren. Eine achtsame Beobachtung und Anpassung Ihrer Ansprache kann hier den Unterschied machen.

Indem Sie die emotionale Verfassung Ihres Gesprächspartners berücksichtigen, erhöhen Sie die Chance, dass Ihre Botschaft auf offene Ohren stößt und positiv aufgenommen wird. Eine gut durchdachte Vorbereitung ermöglicht es Ihnen, effektiver zu kommunizieren und echte Inspiration zu vermitteln. Beachten Sie auch während des Gesprächs die Emotionen Ihres Gegenübers, lenken Sie die Aufmerksamkeit auf positive Aspekte, und schaffen Sie eine vertrauensvolle und unterstützende Atmosphäre. Das gezielte Ansprechen von Emotionen eröffnet nicht nur neue Perspektiven, sondern kann auch tiefere Gespräche ermöglichen. Wenn Sie auf die emotionale Ebene eingehen, schaffen Sie eine Grundlage für authentische Kommunikation, die weit über oberflächliche Argumente hinausgeht. Indem Sie die Emotionen der Person respektvoll ansprechen und positive Perspektiven aufzeigen, schaffen Sie eine vertrauensvolle Atmosphäre. Dieses Vertrauen bildet die Grundlage für eine stärkere Bindung und eine größere Bereitschaft, sich auf Ihre Vorschläge einzulassen.

4.8.2 Ihre eigenen Emotionen im Fokus: Mit innerer Balance zum Gesprächserfolg

Nicht nur die Emotionen der Person, die Sie inspirieren wollen, sondern auch Ihre eigene emotionale Verfassung spielt eine entscheidende Rolle für den Verlauf und Erfolg eines Gesprächs. Wenn Sie negative Emotionen wie Stress, Frustration oder Anspannung ausstrahlen, kann dies unbewusst auf Ihr Gegenüber übertragen werden und die Offenheit sowie die Gesprächsatmosphäre beeinträchtigen. Daher ist es essenziell, sich vor wichtigen Interaktionen gezielt mit den eigenen Emotionen auseinanderzusetzen (Blount, 2018).

Ein Beispiel aus dem Vertrieb verdeutlicht diesen Sachverhalt: Stellen Sie sich vor, ein potenzieller Kunde bringt unerwartet den Einwand vor: „Das klingt alles gut, aber ich glaube nicht, dass Ihr Produkt besser ist als das, was wir derzeit verwenden. Außerdem ist es viel zu teuer." Der Verkäufer ist überrascht, und sein Gehirn stuft die Situation möglicherweise als Ablehnung ein – ein Signal, das tief in unseren evolutionären Wurzeln verankert ist.

4 Perspektivenwechsel: Die Kraft positiver Empathie

Vor Tausenden von Jahren bedeutete Ablehnung oft den Ausschluss aus der Gruppe, was für den frühen Menschen existenzbedrohend war. Diese tief verwurzelte Reaktion hat sich bis heute gehalten. Auch wenn eine Kundeninteraktion keine lebensgefährliche Situation darstellt, empfindet unser Gehirn Ablehnung oft instinktiv als Bedrohung. Diese Reaktion aktiviert unser intuitives Denken – und löst eine automatische „Flucht- oder Kampfreaktion" aus. Der Verkäufer reagiert dann defensiv, ausweichend oder sogar konfrontativ, anstatt ruhig und überlegt auf den Kunden einzugehen. Solche impulsiven Reaktionen können das Gespräch stören und das Vertrauen beeinträchtigen.

Ablehnung kommt nicht nur in Verkaufsgesprächen vor. Auch der Versuch, eine andere Person zu inspirieren, kann auf Ablehnung stoßen. Um solche Situationen souverän zu meistern, ist eine bewusste Vorbereitung entscheidend. Reflektieren Sie Ihre eigene emotionale Verfassung vor wichtigen Gesprächen und finden Sie heraus, welche Aktivitäten Ihnen helfen, Stress abzubauen und eine positive Einstellung zu entwickeln. Für mich persönlich ist Joggen eine wertvolle Methode. Ich plane wichtige Termine so, dass ich am Vortag oder am gleichen Tag Zeit für eine Laufrunde habe. Während des Joggens nehme ich das Thema gedanklich mit und überlege mir mögliche Herausforderungen und Lösungswege. Diese Routine verschafft mir Klarheit, Ruhe und eine positive Haltung, die ich ins Gespräch mitnehme. Vielleicht hilft Ihnen eine ähnliche Aktivität – sei es Sie treiben Sport, gehen spazieren, ordnen Ihren Schreibtisch oder genießen eine Stück Schokolade.

Ein weiterer hilfreicher Ansatz ist, sich an vergangene Erfolgserlebnisse zu erinnern. Was mir in Verkaufsgesprächen besonders hilft, ist, dass ich kurz vor dem Treffen daran denke, welche positiven Veränderungen ich in ähnlichen Situationen für meine Mandanten erreicht habe. Diese Reflexion stärkt nicht nur mein Selbstvertrauen, sondern richtet meinen Fokus darauf, wie ich dem potenziellen Kunden wirklich helfen kann.

Durch diese bewusste Vorbereitung schaffen Sie die Grundlage für produktive Gespräche. Ihre innere Ruhe und positive Haltung strahlen auf Ihr Gegenüber aus, schaffen Vertrauen und fördern Offenheit. Gleichzeitig zeigen Sie, dass Sie auch in schwierigen Momenten die Kontrolle behalten – ein wesentlicher Schlüssel für Vertrauensaufbau und Erfolg in der Kommunikation.

4.9 Empathie als Haltung: Der Beginn von Vertrauen und Veränderung

Positive Empathie und Perspektivenwechsel sind eng miteinander verbunden. Empathie bedeutet, sich nicht nur in die Gefühlswelt einer anderen Person hineinzuversetzen, sondern auch ihre Beweggründe, Überzeugungen und Bedürfnisse zu erkennen – ohne Vorurteile oder Annahmen. Der Perspektivenwechsel ist der Schlüssel, um diese empathische Verbindung zu schaffen: Wenn wir die Welt durch die Augen des anderen sehen, öffnen wir uns für neue Einsichten und Möglichkeiten. Durch positive Empathie wird dieser Prozess bereichert, da wir nicht nur verstehen, sondern auch gezielt darauf eingehen, was für die andere Person wirklich wichtig ist.

Dennoch ist es wichtig, sich bewusst zu machen, dass Perspektivenwechsel und positive Empathie keine einfachen Techniken sind, die man einmal erlernt und dann anwendet. Sie sind vielmehr eine Haltung, die kontinuierlich reflektiert und entwickelt werden muss. Indem Sie sich bemühen, die Perspektive Ihres Gegenübers zu verstehen und sich von einer positiven Empathie leiten lassen, öffnen Sie nicht nur den Weg für tiefere Verbindungen, sondern auch für nachhaltige, inspirierende Lösungen.

Der Perspektivenwechsel ist damit ein essenzieller erster Schritt, um das Verständnis für die individuellen Bedürfnisse und Überzeugungen eines Menschen zu vertiefen und Inspiration auf eine Weise zu fördern, die sowohl wirkungsvoll als auch authentisch ist. Diese Verbindung aus Mitfühlen, Verstehen und Handeln kann zu Veränderungen führen, die nicht nur die Beziehung zu Ihrem Gegenüber stärken, sondern auch langfristigen Erfolg und Wachstum fördern.

Literatur

Blount, J. (2018). *The ultimate guide for mastering objections – The art and science of getting past no.* Wiley.

Charvet, S. R. (2019). *Words that change minds: The 14 patterns for mastering the language of influence.* Institute for Influence.

Damasio, A. (1994). *Descartes' error: Emotion, reason, and the human brain.* Penguin.

Merath, S. (2008). *Der Weg zum erfolgreichen Unternehmer: Wie Sie und Ihr Unternehmen neue Dynamik gewinnen.* Gabal.

Miller, W. R., & Rollnick, S. (2023). *Motivational interviewing: Helping people change and grow.* The Guilford Press.

Navarro, J. (2008). *Menschen lesen: Ein FBI-Agent erklärt, wie man Körpersprache entschlüsselt.* mvg Verlag.

Reeve, J. (2018). *Understanding motivation and emotion.* Wiley.

# 5

Kognitive Stolpersteine und ihre Wirkung auf Inspiration

„Kognitive Verzerrungen sind wie Steine auf unserem Weg – Hindernisse, Fallen oder Brücken. Wie wir sie nutzen, liegt in unserer Hand."

In diesem Kapitel lade ich Sie ein, gemeinsam mit mir einen Blick auf die oft unbewussten Denkprozesse zu werfen, die unser Verhalten und unsere Entscheidungen prägen. Heuristiken – mentale Abkürzungen, die uns helfen sollen, schneller zu urteilen – können in Gesprächen unerwartet zu Stolpersteinen werden. Diese kognitiven Verzerrungen beeinflussen unsere Wahrnehmung und damit auch unsere Entscheidungen. Häufig wirken sie sich negativ auf das intuitive Denken aus und führen zu ungewollten emotionalen Reaktionen oder Widerständen. Besonders wenn wir versuchen, andere zu inspirieren oder zum Umdenken zu bewegen, entpuppen sich diese Verzerrungen oft als unsichtbare Barrieren.

Stellen Sie sich vor, wie viel offener und empfänglicher unser Gegenüber wäre, wenn wir die verborgenen Mechanismen, die einer echten und nachhaltigen Inspiration im Weg stehen, erkennen und gezielt umgehen könnten. Wie können wir verhindern, dass diese unbewussten Denkmuster in den Köpfen der Menschen die Tür zu neuen Ideen zuschlagen?

Die Antwort liegt in einem bewussten Umgang mit diesen psychologischen Mustern. Wenn wir diese Denkverzerrungen erkennen und ihre Wirkweise verstehen, können wir nicht nur typische Stolperfallen vermeiden – wir können Räume schaffen, in denen neues Denken möglich wird. Viele dieser unbewussten Mechanismen folgen festen Mustern. Und genau diese Muster lassen sich – mit Feingefühl und Klarheit – auch dafür nutzen, um Orientierung zu geben, Interesse zu wecken und gedankliche Bewegung zu ermöglichen.

Statt gegen sie anzukämpfen, können wir lernen, konstruktiv mit ihnen zu arbeiten. Nicht, um zu lenken oder zu manipulieren – sondern um Menschen dabei zu unterstützen, für sich selbst zu neuen Einsichten zu kommen.

Basierend auf meinen Erfahrungen aus jährlich Hunderten von Gesprächen mit Unternehmerinnen und Unternehmern – ob über Entscheidungen in unternehmerischen Fragestellungen, Führungsthemen oder der Bewertung von Lösungsansätzen – möchte ich Ihnen in den kommenden Abschnitten die kognitiven Verzerrungen näherbringen, die aus meiner Sicht die häufigsten und größten Hürden für erfolgreiche Entscheidungsprozesse darstellen. Sie werden sehen, wie sich diese Stolpersteine gezielt erkennen, umgehen oder überwinden lassen, um wirkungsvolle Inspiration zu ermöglichen. Entdecken Sie, wie ein tieferes Verständnis dieser Herausforderungen Ihre Kommunikation stärkt und neue Wege für Veränderungen öffnet.

5.1 Die vertanen Chancen: Welche Auswirkungen die Verlustaversion auf Entscheidungen hat

5 Kognitive Stolpersteine und ihre Wirkung auf Inspiration

Die Verlustaversion beschreibt die Tendenz von Menschen, Verluste emotional deutlich intensiver zu empfinden als gleichwertige Gewinne (Kahneman & Tversky, 1979). Diese kognitive Verzerrung erklärt, warum Menschen häufig irrationale Entscheidungen treffen. Besonders in Situationen der Unsicherheit – wenn Informationen fehlen oder die Folgen unklar sind – zeigt sich ihre Wirkung deutlich. Menschen sind eher bereit, Risiken einzugehen, um Verluste zu vermeiden, als um vergleichbare Gewinne zu erzielen.

Ein wesentlicher Aspekt der Verlustaversion ist, dass der Zustand, in Vergleich zu dem wir Verluste und Gewinne bewerten, stark variieren kann. Dieser sogenannte „Referenzpunkt" spielt eine entscheidende Rolle bei unseren Entscheidungen, da er bestimmt, wie wir Veränderungen wahrnehmen. Häufig dient der aktuelle Zustand, also der Status quo, als Referenzpunkt. Das bedeutet, dass Menschen oft den gegenwärtigen Zustand heranziehen, um Gewinne und Verluste zu bemessen. Verschlechterungen im Vergleich zum Ist-Zustand empfinden wir als Verluste, während Verbesserungen als Gewinne wahrgenommen werden.

Besonders interessant ist, dass der Effekt der Verlustaversion durch eine Verschiebung des Referenzpunktes sogar noch verstärkt werden kann. Wenn dieser auf ein zukünftiges Ziel oder einen hohen Anspruch ausgerichtet ist, können selbst kleine Abweichungen in Bezug auf dieses Ziel als besonders schmerzhaft empfunden werden – auch wenn objektiv betrachtet ein Gewinn gegenüber dem Status quo zu erzielen wäre.

In meiner eigenen Tätigkeit habe ich immer wieder beobachtet, dass der Referenzpunkt maßgeblich beeinflusst, wie Menschen auf Veränderung reagieren, welche Risiken sie bereit sind einzugehen und wie sie mögliche Gewinne und Verluste bewerten. Diese Erfahrungen zeigen, wie wichtig es ist, den Referenzpunkt in inspirierenden Gesprächen bewusst zu gestalten, um Entscheidungen positiv zu beeinflussen. Lassen Sie uns anhand eines konkreten Beispiels diese Dynamik verdeutlichen.

> **Wie kleine fiktive Verluste große Entscheidungen beeinflussen**
>
> Wie entscheidend der Referenzpunkt für die Wahrnehmung von Veränderung, Risiko und möglichen Gewinnen oder Verlusten ist, zeigte sich eindrucksvoll in einer Situation, die ich in der Zusammenarbeit mit einem Unternehmer erlebte. Er stand vor einer unerwarteten Entscheidung: Ein überraschendes Kaufangebot für seine Firmengruppe stellte seine bisherigen Überlegungen infrage. Ursprünglich hatte er geplant, seine Firmengruppe erst zu einem späteren Zeitpunkt zu verkaufen und war gerade dabei, eine größere Investitionsentscheidung in die Erweiterung der technologischen Möglichkeiten des Unternehmens zu treffen, um dessen Wettbewerbsfähigkeit zu stärken.

> Nach intensiven Gesprächen mit mir und seinem Unternehmerbeirat entschied er sich zunächst, das Angebot ernsthaft in Erwägung zu ziehen und beauftragte eine Unternehmensbewertung. In den darauffolgenden Wochen setzte er sich zunehmend mit dem Gedanken, die Firmengruppe zu verkaufen, auseinander und fand schließlich Gefallen an dieser Möglichkeit. Als die Käufer jedoch nach einer Due Diligence ein Angebot legten, das unter der Firmenbewertung lag, führte diese Diskrepanz zu einer unverhältnismäßig starken Enttäuschung. Plötzlich begann der Unternehmer, seine Entscheidung zu hinterfragen.
>
> Was war geschehen? Sein Referenzpunkt für die Entscheidung hatte sich verschoben. Während er das Kaufangebot zunächst als ein Gewinn empfand, nahm er es nun als Verlust wahr, weil es unter der Bewertung lag. Diese Verzerrung bewirkte, dass er den objektiven Wert des Angebots kaum noch wahrnahm und sich stattdessen auf den gefühlten Verlust konzentrierte. Besonders auffällig war, dass er diese Enttäuschung als „Ärger über das Verhalten der Käufer" interpretierte – ein Ausdruck seines emotionalen Empfindens, etwas verloren zu haben.
>
> Die erfolgreiche Herangehensweise in dieser Situation beruhte auf zwei zentralen Ansätzen:
>
> **Wiederherstellung des ursprünglichen Referenzpunkts**
>
> Durch intensive Beratung mit unserem Unternehmerbeirat wurde ihm bewusst, wie er das Angebot objektiv betrachten konnte – unabhängig von der emotionalen Färbung seiner Wahrnehmung.
>
> **Kritische Reflexion der Emotionen**
>
> Ich ermutigte ihn, seine Emotionen und deren Ursprung zu hinterfragen, sodass er zwischen objektiven Fakten und subjektiven Wahrnehmungen unterscheiden konnte.
>
> Diese Unterstützung half ihm, die psychologische Wirkung der Verlustaversion zu überwinden und eine rationale Entscheidung zu treffen. Letztlich nahm er das Angebot an – eine Entscheidung, die er im Nachhinein als vollkommen richtig und befreiend empfand. Dieses Erlebnis verdeutlicht, wie wichtig es ist, den Einfluss der Verlustaversion zu erkennen und gezielte Strategien einzusetzen, um emotionale Verzerrungen zu neutralisieren und fundierte Entscheidungen zu ermöglichen.

Ein weiterer Aspekt, den ich im Zusammenhang mit der Verlustaversion beobachtet habe, betrifft die Rolle der Ratgeber. Bei wichtigen Entscheidungen suchen wir oft Rat bei Personen, die uns nahestehen – sei es im privaten oder geschäftlichen Kontext. Es ist jedoch wichtig zu erkennen, dass diese Ratschläge nicht immer neutral sind. Auch wenn es nicht absichtlich geschieht, können eigene Ängste und Interessen, insbesondere die Verlustaversion der um Rat befragten Personen, die Empfehlungen beeinflussen. Besonders bei wichtigen Entscheidungen sollten wir uns fragen: „Welche Ängste oder Interessen könnte die beratende Person haben? Könnte der Rat durch ihre Verlustängste oder Eigeninteressen beeinflusst sein?"

5 Kognitive Stolpersteine und ihre Wirkung auf Inspiration

Wenn wir um Rat fragen, sollten wir uns bewusst machen, dass die Entscheidung, die wir treffen, auch die Interessen derjenigen beeinflussen kann, die uns beraten. Es ist daher wichtig, zu hinterfragen, ob der Rat im Einklang mit unseren Zielen steht oder von den Verlustängsten und Eigeninteressen der anderen geprägt wird. Besonders bei wichtigen Entscheidungen sollten wir uns fragen: „Welche Ängste oder Interessen könnte die beratende Person haben? Könnte ihr Rat durch eigene Verlustängste oder Eigeninteressen beeinflusst sein?"

Wenn wir Rat geben und damit eine Person zu einer Entscheidung inspirieren möchten, tragen wir eine große Verantwortung – besonders dann, wenn unsere eigenen Interessen und Ängste unsere Empfehlungen beeinflussen und diese Auswirkungen auf das persönliche Wohlbefinden oder den finanziellen Wohlstand dieser Person haben. Es ist entscheidend, dass wir unsere eigenen Motive erkennen und sicherstellen, dass unsere Ratschläge im besten Interesse des Gegenübers liegen. Daher sollten wir uns regelmäßig fragen: „Reflektiere ich meine eigenen Emotionen und Ängste, bevor ich Empfehlungen gebe? Ist mein Rat wirklich im besten Interesse der anderen Person?" Nur durch ehrliche Selbstreflexion können wir gewährleisten, dass unsere Ratschläge nicht durch eigene Verlustängste oder unbewusste Eigeninteressen verzerrt sind.

Verantwortung beim Inspirieren bedeutet, sich der eigenen Emotionen bewusst zu sein, regelmäßig die ethische Dimension unserer Empfehlungen zu reflektieren und sicherzustellen, dass wir unserem Gegenüber den Raum lassen, eine Entscheidung zu treffen, die auf seinen eigenen Bedürfnissen und Werten basiert und nicht auf unseren eigenen Verlustängsten oder Eigeninteressen.

Praktische Empfehlungen für den Umgang mit der Verlustaversion
Wenn Sie jemanden inspirieren oder bei einer Entscheidung unterstützen möchten, ist es wichtig, sich der Verlustaversion bewusst zu sein, die die Entscheidungsfindung der anderen Person stark beeinflussen kann. Die Anerkennung und gezielte Ansprache dieser Angst vor Verlusten kann helfen, den Widerstand gegen Veränderung zu verringern und eine rationalere Sichtweise zu fördern.

Fördern Sie einen Perspektivenwechsel Stellen Sie den potenziellen Verlust in einem größeren Kontext dar und helfen Sie Ihrem Gesprächspartner, den Verlust im Vergleich zu den möglichen Gewinnen realistisch zu bewerten. Machen Sie deutlich, dass die langfristigen Chancen den befürchteten Verlust überwiegen.

Beispiel Stellen Sie sich vor, Sie sprechen mit einem Unternehmer, der über eine größere Investition nachdenkt, jedoch unsicher ist, ob er den Schritt wagen soll. Indem Sie Fragen stellen, wie „Was wäre der größte Vorteil, wenn diese Investition erfolgreich ist?" oder „Welche Kosten entstehen, wenn Sie weiterhin den Status quo beibehalten?", lenken Sie seine Aufmerksamkeit auf die positiven Aspekte und helfen ihm, ein ausgewogeneres Bild zu entwickeln.

Nehmen Sie eine langfristige Perspektive ein Erinnern Sie Ihren Gesprächspartner an seine langfristigen Ziele und Visionen. Verluste sind oft leichter zu akzeptieren, wenn sie im Hinblick auf das große Ganze betrachtet werden. Wenn Ihr Gesprächspartner versteht, wie seine Entscheidung langfristig zu seinem Wachstum oder Erfolg beiträgt, kann er die Angst vor einem kurzfristigen Verlust überwinden.

Empfehlen Sie einen kleinen, risikoarmen Schritt Veränderungen scheitern oft daran, dass sie als zu groß oder unwiderruflich empfunden werden. Reduzieren Sie diesen Widerstand, indem Sie einen ersten kleinen Schritt vorschlagen. Eine Test- oder Pilotphase kann die Entscheidung einfacher machen und die Angst vor einem endgültigen Verlust verringern. Statt eine umfassende Veränderung sofort umzusetzen, könnte Ihr Gesprächspartner zunächst:

- Eine kleinere Investition testen, bevor er sich vollständig verpflichtet.
- Ein neues Geschäftsmodell oder Produkt in begrenztem Umfang ausprobieren.
- Eine zeitlich befristete Entscheidung treffen, die später angepasst werden kann.

Ein solcher „Versuchsballon" macht Veränderung greifbarer und reduziert die psychologische Barriere der Verlustaversion. Die Erkenntnis, dass eine Entscheidung nicht endgültig sein muss, kann dabei helfen, den ersten Schritt überhaupt zu wagen.

Beziehen Sie unbeteiligte Dritte ein Eine objektive Außensicht kann helfen, die Wahrnehmung zu erweitern und die Verlustangst zu relativieren. Ermutigen Sie Ihren Gesprächspartner, auch die Meinung neutraler Dritter einzuholen, um eine fundiertere Entscheidung zu treffen.

5.2 Das Festhalten am Istzustand: Den Widerstand gegen Veränderung entschlüsseln und überwinden

Das Festhalten am Istzustand, auch als Veränderungsresistenz bekannt, ist ein tief verwurzeltes menschliches Verhalten. Menschen haben oft eine natürliche Tendenz, an bestehenden Zuständen festzuhalten, da jede Veränderung mit der Möglichkeit eines Verlustes verbunden ist. Diese Tendenz beruht auf der Verlustaversion, die wir im zurückliegenden Abschnitt behandelt haben.

Veränderungen werden häufig als Verlust wahrgenommen, da der Status quo als Referenzpunkt dient. Auch wenn objektive Anhaltspunkte für den Nutzen einer Veränderung existieren, neigen Menschen dazu, die potenziellen negativen Konsequenzen einer Veränderung zu überschätzen. Diese Haltung kann dazu führen, dass Chancen auf persönliches oder geschäftliches Wachstum übersehen werden.

Ein Hindernis, das die Bereitschaft zu Veränderung oft blockiert, ist die Komfortzone, die den Istzustand als sicher und kontrollierbar erscheinen lässt. Der Wechsel in ein unbekanntes Terrain, sei es im beruflichen Umfeld oder im Privatleben, wird häufig als anstrengend und unsicher wahrgenommen. Menschen empfinden diese Angst, etwas aufgeben zu müssen – sei es in Bezug auf Zeit, Geld, Energie oder Sicherheit – stärker als die Aussicht auf einen potenziellen Gewinn. Diese emotionale Verzerrung hemmt die Bereitschaft, Veränderungen zu wagen, selbst wenn der potenzielle Nutzen objektiv größer ist als der wahrgenommene Aufwand.

Ein zusätzliches emotionales Hindernis, das Veränderungsresistenz verstärkt, ist die Reue. Sie entsteht, wenn Menschen bedauern, eine Entscheidung getroffen oder eine Handlung gesetzt zu haben, die negative Konsequenzen nach sich zog. Diese Emotion wird oft durch die Vorstellung alternativer Handlungsweisen verstärkt, die theoretisch zu besseren Ergebnissen geführt hätten (Pieters & Zeelenberg, 2007). Reue beeinflusst die Bereitschaft zur Veränderung erheblich, da Menschen aus Angst vor erneuten Fehlern häufig zögern, Risiken einzugehen.

Praktische Empfehlungen für den Umgang mit Veränderungsresistenz
Die Wahrnehmung von Veränderung als Verlust blockiert oft den Weg zu positiven Entwicklungen, da die Ängste und Unsicherheiten des Neuen den potenziellen Nutzen überwiegen. Diese Dynamik tritt besonders bei institutionellen Reformen oder der Einführung neuer Unternehmensstrategien auf: Es gibt viele Gewinner und gelegentlich einige wenige „Verlierer". Häufig handelt es sich jedoch nicht um echte Verlierer, sondern um Menschen, die die Anstrengungen und Unsicherheiten der Veränderung als Verlust empfinden. Während diejenigen, die von der Veränderung überwiegend profitieren, oft weniger emotional reagieren, ist der Widerstand bei denjenigen, die sich mit den Herausforderungen und dem Aufwand der Veränderung konfrontiert sehen, deutlich stärker ausgeprägt. Diese Personen sind oft nicht von tatsächlichen Verlusten betroffen, sondern erleben hauptsächlich die Angst vor dem Aufwand und der Ungewissheit, die mit der Veränderung einhergehen. Diese Sorge um potenzielle Belastungen führt dazu, dass sie entschlossenen Widerstand leisten.

Um den Widerstand gegen Veränderungen zu verringern, ist es wichtig, die Ängste und Unsicherheiten der betroffenen Person zu adressieren und die Veränderung als positive Chance zu präsentieren. Hier sind einige praktische Empfehlungen:

Kommunizieren Sie die Vorteile der Veränderung Stellen Sie klar, welche langfristigen Vorteile mit der Veränderung verbunden sind und wie diese den Status quo verbessern können. Reduzieren Sie gleichzeitig die Angst vor den negativen Aspekten und stellen Sie sicher, dass die Person versteht, wie die Veränderung das persönliche oder berufliche Wachstum fördert.

Schaffen Sie kleine, kontrollierbare Schritte Reduzieren Sie die Unsicherheit, indem Sie die Veränderung in überschaubare, leicht zu handhabende Schritte unterteilen. Dies verringert das Gefühl der Überforderung und erhöht die Bereitschaft, den ersten Schritt zu wagen.

Visualisieren Sie die Konsequenzen des Nicht-Handelns Die Vorstellung der Reue aktiviert eine stärkere emotionale Reaktion als die bloße Angst vor einem unmittelbaren Verlust. Sie kann den Widerstand gegen Veränderung deutlich verringern.

> **Wie der Gedanke an Reue die Motivation steigern kann**
>
> Ein besonders wirkungsvoller Ansatz, den ich in meinen Beratungsgesprächen anwende, besteht darin, der Person zu helfen, sich vorzustellen, wie sie sich fühlen würde, wenn sie später bereut, eine wertvolle Chance nicht ergriffen zu haben. Diese Perspektive ermöglicht es, die potenziellen negativen Konsequenzen des Nicht-Handelns emotional zu erleben. In meiner Erfahrung schafft dieser Perspektivenwechsel oft eine entscheidende Wendung: Sobald sich die Person vorstellt, in der Zukunft mit Bedauern auf eine verpasste Gelegenheit zurückzublicken, steigt die Motivation erheblich an, die Veränderung jetzt zu wagen.
>
> Indem Sie Ihrem Gesprächspartner aktiv helfen, sich in diese Zukunftsperspektive hineinzuversetzen, verschieben Sie den Referenzpunkt für die Bewertung von Gewinn und Verlust. Der Fokus verlagert sich weg vom unmittelbaren Aufwand oder Verlust hin zur Angst, eine größere Chance zu verpassen. Ich habe immer wieder beobachtet, dass diese Verschiebung eine besonders starke emotionale Reaktion auslöst: Die Angst vor späterem Bedauern überwiegt die bloße Angst vor einem kleineren, unmittelbaren Verlust.
>
> Ein Beispiel aus meiner Praxis verdeutlicht dies: Ich führte ein Gespräch mit einem Unternehmer, der sich unsicher war, eine bedeutende Investition in ein neues Geschäftsfeld zu tätigen. Ich bat ihn, sich vorzustellen, wie er sich fühlen würde, wenn ein Wettbewerber diese Gelegenheit ergreifen würde und er sich später fragen müsste, warum er nicht rechtzeitig gehandelt hätte. Diese Vorstellung löste bei ihm nicht nur Klarheit, sondern auch Entschlossenheit aus. Er erkannte, dass das größere Risiko darin bestand, untätig zu bleiben und eine potenziell transformative Chance zu verpassen.
>
> Die Vorstellung, eine wertvolle Gelegenheit ungenutzt verstreichen zu lassen, löst oft eine tiefere Motivation aus als die Angst vor den unmittelbaren relativ kleinen Risiken oder Unsicherheiten, die mit einer Entscheidung einhergehen. Dieses emotionale Gewicht, das durch den Perspektivenwechsel entsteht, kann der entscheidende Impuls sein, um Handlungsblockaden zu überwinden.
>
> Dieser Ansatz verringert nicht nur den Widerstand gegen Veränderung, sondern stärkt die Bereitschaft zur Handlung erheblich – eine Technik, die in meiner Praxis immer wieder dazu geführt hat, dass Mandanten nachhaltige Entscheidungen treffen, die sie im Nachhinein als richtig und gewinnbringend empfinden.

Indem Sie diese Ansätze umsetzen, schaffen Sie einen Raum, in dem sich Ihr Gegenüber sicher fühlt, Veränderungen anzunehmen, ohne die Ängste und Sorgen des Übergangs zu ignorieren. Es ist wichtig, sowohl die positiven als auch die negativen Aspekte der Veränderung zu thematisieren und dabei die Perspektive auf die Zukunft zu lenken, um eine ausgewogene, realistische Einschätzung zu fördern.

5.3 Reaktionen auf Behauptungen: Wie Sie Offenheit fördern

Das menschliche Gehirn tendiert dazu, sich stärker auf das zu fokussieren, was problematisch oder fehlerhaft erscheint, als auf das, was richtig oder positiv ist (Kahneman, 2012). Diese Tendenz, die Negativitätsbias oder auch Negativitätsverzerrung genannt wird, bedeutet, dass negative Aspekte einer Information häufig intensiver wahrgenommen und länger im Gedächtnis behalten werden als positive Merkmale oder Erfolge (Baumeister et al., 2001).

5 Kognitive Stolpersteine und ihre Wirkung auf Inspiration

Obwohl diese kognitive Verzerrung uns hilft, potenzielle Risiken oder Gefahren frühzeitig zu erkennen und darauf zu reagieren, kann er auch dazu führen, dass wir eine verzerrte Sicht auf Menschen und Situationen entwickeln.

In Gesprächen, in denen wir versuchen, eine andere Person zu überzeugen, zeigt sich der Negativitätsbias besonders darin, dass die Person eher geneigt ist, den negativen Aspekten oder möglichen Schwachstellen unserer Aussagen mehr Beachtung zu schenken als den unterstützenden oder positiven Elementen. Dies kann dazu führen, dass Behauptungen schnell auf Skepsis stoßen und die Aufmerksamkeit unbewusst auf Fehler oder mögliche negative Motive hinter den Aussagen gelenkt wird.

Praktische Empfehlungen für den Umgang mit der Negativitätsverzerrung
Denken Sie daran, wie die Assoziationsmaschine im Kopf des Gegenübers reagiert. Der vom Negativitätsbias unterstellte Fehler oder das unterstellte negative Motiv agiert als Knotenpunkt, der – einmal aktiviert – Assoziationen mit anderen negativen Themen weckt. Dieser Vorgang bindet kognitive Ressourcen und lenkt den Fokus auf die Überprüfung unserer Botschaften und Motive, statt der Logik unserer Argumente zu folgen.

Insbesondere zu Beginn eines Gesprächs und in Situationen, in denen noch keine belastbare Vertrauensbasis vorhanden ist, sollten Sie Behauptungen vermeiden, die die Negativitätsverzerrung aktivieren könnten. Stattdessen sind Erzählungen oder Beispiele weitaus effektiver, um eine offenere Haltung zu schaffen und die Botschaft effektiv zu vermitteln. Geschichten stellen eine starke Alternative zu direkten Behauptungen dar, da sie Informationen emotional verpacken, um das intuitive Denksystem anzusprechen, ohne das analytische Denksystem mit der Überprüfung der Behauptungen zu belasten (Abschn. 7.4).

Vertriebsoptimierung in gesättigten Märkten

In meinen Projekten zur Vertriebsoptimierung arbeite ich häufig mit Verkaufsteams zusammen, die in gesättigten Märkten operieren. In einem Umfeld, in dem Wettbewerber auf Verdrängung setzen müssen, um ihre Marktanteile zu sichern oder auszubauen, ist es entscheidend, die Denkweise der Kunden zu verstehen und in der eigenen Kommunikation gezielt zu berücksichtigen.

Ein häufiger Fehler, den Verkäufer in solchen Situationen machen, besteht darin, zu Beginn eines Gesprächs oder einer Präsentation sofort die Vorzüge ihrer Produkte und Dienstleistungen durch Behauptungen hervorzuheben. Dies geschieht oft, bevor eine emotionale Verbindung zum Kunden aufgebaut wurde oder dieser vom Nutzen einer Zusammenarbeit überzeugt ist. Der Fokus liegt dann auf den Stärken des Unternehmens und seiner Angebote, was jedoch dazu führen kann, dass die Aufmerksamkeit des Kunden von Skepsis und der Überprüfung der Aussagen abgelenkt wird. Diese Reaktion bindet die kognitiven Ressourcen des Kunden und behindert die Offenheit für neue Ideen.

> In schwierigen Verkaufssituationen ist es wesentlich effektiver, die Verkaufsbotschaft um die Probleme und Bedürfnisse des Kunden herum aufzubauen. Meine Empfehlung an die Verkaufsteams meiner Mandanten lautet: Beginnen Sie das Gespräch mit einer Erzählung, die den potenziellen Kunden und seine Herausforderungen in den Mittelpunkt stellt (Weinberg, 2012). Eine Geschichte über einen anderen Kunden, dessen Situation der des Zielkunden ähnelt und der durch Ihre Produkte oder Dienstleistungen eine gute Lösung gefunden hat, ist hier besonders wirkungsvoll.
>
> Diese Herangehensweise spricht das intuitive Denken des Kunden an, das wiederum das bewusste Denken aktiviert. Der Kunde analysiert die Informationen aufmerksamer und überträgt die Lösung gedanklich auf seine eigenen Herausforderungen – ohne dass die Negativitätsverzerrung aktiviert wird. Statt Skepsis wird Offenheit gefördert, da der Kunde die Relevanz der Lösung selbst erkennt.
>
> Wenn wir jemanden inspirieren möchten, ist es entscheidend, die Denkkapazität unseres Gegenübers sinnvoll zu nutzen, anstatt sie durch Behauptungen oder Eigenlob unnötig zu binden. Behauptungen – insbesondere solche, die stark auf die eigenen Vorzüge oder Leistung fokussiert sind – aktivieren die Negativitätsverzerrung. Diese psychologische Tendenz führt dazu, dass Menschen sich mehr auf potenzielle Fehler oder Ungereimtheiten konzentrieren als auf die eigentliche Botschaft.
>
> In solchen Momenten wird das bewusste Denken (Denksystem 2) mit der Überprüfung der Aussagen beschäftigt, statt auf die eigentliche Entscheidungsfindung. Der Kunde verwendet seine kognitiven Ressourcen, um kritische Fragen zu klären – wie etwa „Ist diese Aussage wahr?" oder „Kann ich dem wirklich vertrauen?" Er verliert dadurch den Fokus auf die mögliche Relevanz oder den Nutzen der vorgeschlagenen Lösung. Das Ergebnis ist, dass die Botschaft weniger rational verarbeitet wird und die Wahrscheinlichkeit sinkt, dass der Kunde sie als überzeugend wahrnimmt.
>
> Ein äußerst effektiverer Ansatz besteht darin, erzählerische Elemente zu nutzen, die sich direkt auf die Bedürfnisse und Herausforderungen des Kunden beziehen. Geschichten, die Parallelen zu seiner Situation aufzeigen und Lösungen in den Mittelpunkt stellen, lenken die Aufmerksamkeit auf eine Weise, die sowohl das intuitive als auch das analytische Denken aktiviert. Das intuitive Denken (Denksystem 1) reagiert auf die emotionale und persönliche Ansprache, während das analytische Denken diese Informationen genauer prüft und reflektiert. Diese Kombination schafft eine Verbindung, die den Kunden sowohl emotional anspricht als auch rational überzeugt – ein Ansatz, der im Verdrängungswettbewerb oft den entscheidenden Unterschied ausmacht.

Um die Überzeugungskraft von Geschichten zu maximieren, können Sie diese durch Referenzen, Statistiken, Analogien und Beispiele anreichern.

Referenzen Die Einbindung von Expertenmeinungen oder persönlichen Empfehlungen verleiht einer Geschichte zusätzliche Glaubwürdigkeit. Anstatt zu behaupten, dass eine Lösung funktioniert, weckt eine authentisch präsentierte und passende Geschichte Aufmerksamkeit und Neugier. Die Argumente, die eine Behauptung stützen, können direkt in die Geschichte integriert werden, wodurch sie noch überzeugender wirkt.

Statistiken Die Integration konkreter Zahlen und Diagramme macht die Geschichte präziser und stützt die Argumente mit harten Fakten. Statt nur zu behaupten, dass eine Lösung effektiv ist, können statistische Daten die Wirksamkeit belegen und die Glaubwürdigkeit stärken, indem sie die Argumente innerhalb der Geschichte untermauern.

Analogien Vergleiche zu bekannten Ideen oder alltäglichen Situationen helfen, komplexe Konzepte verständlicher zu machen. Dies ist oft effektiver als trockene Behauptungen, da es den Zuhörern hilft, neue Ideen auf eine besser zugängliche Weise zu verstehen. Die Argumente können durch Analogien in einem Kontext präsentiert werden, der leicht nachvollziehbar ist.

Beispiele Konkrete Beispiele machen die Geschichte lebendig und greifbar. Sie veranschaulichen, wie Argumente und Lösungen in der Praxis angewendet werden können, anstatt abstrakte Behauptungen aufzustellen. Auch hier können die Argumente der Behauptung nahtlos integriert werden, um die Wirksamkeit der Lösung zu verdeutlichen.

5.4 Selbstwahrnehmung: Der Einfluss unserer Sicht auf uns selbst

Die Selbstwahrnehmung beschreibt den Prozess, in dem wir uns selbst und unsere Fähigkeiten einschätzen. Sie beeinflusst maßgeblich, wie wir uns in der Welt positionieren und mit anderen interagieren. Interessanterweise formt unser Verhalten das Selbstbild mit: Wer sich regelmäßig engagiert, empfindet sich eher als hilfsbereit. Diese Selbstwahrnehmung wird durch entsprechendes Verhalten weiter gestärkt, was wiederum das Selbstbild prägt und festigt.

Umgekehrt kann wiederholte negative Rückmeldung dazu führen, dass eine Person sich weniger kompetent fühlt. Dies kann ihre Motivation und Bereitschaft zur Weiterentwicklung schwächen und so einen Teufelskreis erzeugen, in dem sich ein negatives Selbstbild immer weiter verstärkt.

Die Selbstwahrnehmung basiert auf einem kontinuierlichen Kreislauf, in dem Verhalten und Selbstbild sich gegenseitig beeinflussen. Dieser wechselseitige Prozess zeigt, wie Handlungen unser Selbstbild prägen und umgekehrt.

5.4.1 Selbstüberschätzung: Die verzerrte Wahrnehmung unserer Fähigkeiten und Urteile

5 Kognitive Stolpersteine und ihre Wirkung auf Inspiration

Menschen neigen dazu, ihre eigenen Fähigkeiten, Kenntnisse und Urteile zu überschätzen. Diese kognitive Verzerrung, auch als Selbstüberschätzung bekannt, führt dazu, dass wir unverhältnismäßig viel Vertrauen in unsere eigenen Entscheidungen und Einschätzungen setzen, selbst wenn objektive Fakten das Gegenteil nahelegen.

> **Wie Unternehmer unzureichende Risikoanalysen und Fehlentscheidungen verhindern können**
>
> In meiner Beratung und Begleitung von Unternehmern habe ich häufig beobachtet, dass Selbstüberschätzung zu fehlerhaften strategischen Entscheidungen und einer unzureichenden Risikoanalyse führen kann. Menschen neigen dazu, ihre eigenen Fähigkeiten und die Erfolgsaussichten ihrer Pläne zu überschätzen, was in der Unternehmensführung suboptimale Entscheidungen und strategische Fehltritte zur Folge haben kann. So könnte ein Unternehmer beispielsweise zu sehr auf seine Führungsstärke vertrauen und dabei potenzielle Risiken oder Marktveränderungen unterschätzen – mit teils erheblichen finanziellen Konsequenzen.
>
> Um diesen Fallstricken vorzubeugen, empfehle ich meinen Mandanten, spätestens alle zwei Jahre systematische Analysen der Reaktionsfähigkeit ihres Unternehmens auf unvorhergesehene Marktereignisse durchzuführen. Solche Analysen helfen, potenzielle Schwachstellen frühzeitig zu identifizieren und gezielt zu beseitigen, wodurch die Resilienz und Wettbewerbsfähigkeit des Unternehmens gestärkt werden.
>
> Ein weiteres Hindernis, das ich häufig beobachte – insbesondere in Führungsteams – ist das sogenannte „Gruppendenken" (Groupthink). In solchen Situationen verstärken sich die Mitglieder einer Gruppe gegenseitig in ihren Überzeugungen und versäumen es, abweichende Perspektiven in Betracht zu ziehen. Das kann dazu führen, dass Risiken ignoriert und voreilige, suboptimale Entscheidungen getroffen werden.
>
> Um sowohl Selbstüberschätzung als auch Gruppendenken entgegenzuwirken, setze ich in der Praxis auf strukturiertes Feedback und externe Perspektiven. Ich empfehle Führungsteams, bewusst Raum für kritische Meinungen zu schaffen und unabhängige, neutrale Experten hinzuzuziehen, um strategische Pläne zu hinterfragen. Darüber hinaus erarbeite ich mit Unternehmern Strategien, die eine Entscheidungsfindung breiter abstützen – zum Beispiel durch die gezielte Einbindung anderer erfahrener, mit der Materie vertrauter Unternehmer oder durch Szenarioanalysen, die mögliche Risiken systematisch aufzeigen.
>
> Diese Ansätze helfen nicht nur, die blinden Flecken von Selbstüberschätzung und Gruppendenken zu minimieren, sondern fördern auch eine Kultur der Offenheit und kritischen Reflexion. Dadurch werden strategische Entscheidungen robuster und besser an die tatsächlichen Herausforderungen angepasst.

Die Tendenz, unsere eigenen Fähigkeiten zu überschätzen, ist eng mit der selbstwertdienlichen Wahrnehmung verknüpft.

5.4.2 Selbstwertdienliche Wahrnehmung: Wie wir Fehler und Misserfolge ausblenden

Die selbstwertdienliche Wahrnehmung beschreibt die Tendenz von Menschen, Erfolge den eigenen Fähigkeiten zuzuschreiben, während Misserfolge auf äußere Umstände oder Pech zurückgeführt werden (Miller & Ross, 1975). Diese Verzerrung dient dem Zweck, das Selbstwertgefühl zu stabilisieren und unangenehme Emotionen wie Schuld oder Scham zu vermeiden. Sie führt dazu, dass Menschen ihre eigenen Leistungen idealisieren und die Verantwortung für negative Ergebnisse lieber abgeben.

Kahnemans Konzept der Kohärenz erklärt, warum diese Verzerrung so stark wirkt. Kohärenz beschreibt den Drang unseres Denkens, ein konsistentes und stimmiges Bild der eigenen Identität und der Welt zu bewahren. Menschen streben danach, ihr Weltbild – und in diesem Fall auch ihr Selbstbild – in Einklang mit ihren Erfahrungen und Überzeugungen zu halten. Kohärenz ist für das kognitive Wohlbefinden notwendig, da widersprüchliche Informationen oder Erfahrungen als unangenehm empfunden werden. Diese Tendenz, ein konsistentes Selbstbild zu bewahren, steht in direkter Verbindung mit der selbstwertdienlichen Wahrnehmung, da diese Verzerrung dazu beiträgt, das Selbstbild als kompetent und erfolgreich aufrechtzuerhalten. Bei Misserfolgen neigen wir dazu, die Ursachen eher auf externe Faktoren zurückzuführen, um die Kohärenz zwischen unseren eigenen Erfolgsvorstellungen und den tatsächlichen Ergebnissen aufrechtzuerhalten.

Auf der anderen Seite wird ein Erfolg, der die eigenen Fähigkeiten bestätigt, in das Selbstbild integriert und verstärkt. Durch diese selektive Wahrnehmung und die Überbetonung der positiven Aspekte wird die Kohärenz des Selbstbildes aufrechterhalten und das eigene Selbstwertgefühl gestärkt.

Die selbstwertdienliche Wahrnehmung kann auch destruktiv wirken, da sie dazu führt, dass wir unsere eigenen Fehler oder Schwächen nicht erkennen. Diese Verzerrung blockiert Selbstreflexion und hindert uns daran, offenes Feedback anzunehmen, weil wir unangenehme Wahrheiten vermeiden wollen. Das Fehlen dieser Selbstreflexion kann die Bereitschaft zur Selbstentwicklung schwächen. In Feedbackgesprächen kann diese Verzerrung dazu führen, dass konstruktive Rückmeldungen als Angriff auf das Selbstwertgefühl wahrgenommen werden. Wenn jemand zu sehr an seinem positiven Selbstbild hängt und Schwierigkeiten hat, Schwächen zu akzeptieren, wird er weniger bereit sein, an diesen Schwächen zu arbeiten oder sich zu verändern.

5.4.3 Praktische Empfehlungen im Zusammenhang mit der Selbstwahrnehmung

Die Art und Weise, wie Menschen sich selbst wahrnehmen, hat einen entscheidenden Einfluss darauf, wie offen Menschen für bestimmte neue Ideen oder Verhaltensweisen sind. In ihren Studien zeigen Bolkan und Andersen (2009), dass das Stellen einer Frage, die ein bestimmtes Selbstbild hervorruft (z. B. „Sehen Sie sich selbst als hilfsbereit?"), dazu führt, dass die Zielpersonen eher bereit sind, einer anschließenden Bitte nachzukommen, die mit diesem Selbstbild übereinstimmt. Dies deutet darauf hin, dass die Art und Weise, wie Menschen sich selbst wahrnehmen, einen entscheidenden Einfluss darauf hat, wie sie auf soziale Einflüsse reagieren.

Wenn wir versuchen, jemanden zu inspirieren, müssen wir berücksichtigen, wie eng das Selbstbild der Person mit ihrem Verhalten und ihren Überzeugungen verknüpft ist. Daher ist es wichtig, einfühlsam vorzugehen, um die Selbstwahrnehmung der Person nicht zu kompromittieren, sondern sie zu einer positiven Weiterentwicklung anzuregen.

Um Menschen zu inspirieren, sollten Sie den Fokus auf ihre bisherigen Erfolge und Stärken legen, ohne die Schwierigkeiten oder Misserfolge zu verbergen. Wenn Sie die positiven Eigenschaften und Stärken Ihres Gesprächspartners bestätigen, schaffen Sie eine solide Grundlage für Veränderung und Weiterentwicklung. Dies kann durch Fragen geschehen, die zur Reflexion anregen und das Vertrauen in die eigenen Fähigkeiten stärken.

Zeigen Sie Anerkennung für die bisherigen Erfolge Beginnen Sie Gespräche, indem Sie die bisherigen Erfolge und positiven Eigenschaften Ihres Gesprächspartners hervorheben. Das stärkt sein Selbstbild und sorgt für eine positive Grundlage. Dies kann das Vertrauen und die Offenheit für neue Ideen fördern.

Beispiel „Du hast bereits großartige Fortschritte gemacht und das Projekt gut vorangetrieben. Deine Bereitschaft, diese Herausforderung zu meistern, zeigt, wie engagiert du bist."

Regen Sie Reflexion an Stellen Sie Fragen, um Ihren Gesprächspartner anzuregen, seine eigenen positiven Erfahrungen und Stärken zu erkennen. So fördern Sie die Selbstreflexion, ohne dass es wie eine direkte Bewertung wirkt.

Beispiel „Was denkst du, hat dir geholfen, in dieser Situation so erfolgreich zu sein? Wie könntest du diese Stärken in anderen Bereichen anwenden?"

Stärken Sie das Selbstbild Ihres Gegenübers Ermutigen Sie Ihren Gesprächspartner, sich in kleinen Handlungen zu engagieren, die sein Selbstbild bestätigen. Das Verhalten hat eine starke Wirkung auf die Selbstwahrnehmung und trägt zur weiteren positiven Identifikation bei.

Beispiel „Ich weiß, dass du schon öfter gezeigt hast, wie gut du dich in schwierigen Situationen zurechtfindest. Wie könntest du diese Fähigkeit in deinem aktuellen Projekt nutzen?"

Vermeiden Sie Vergleiche mit anderen Vermeiden Sie, Ihren Gesprächspartner direkt mit anderen zu vergleichen, da dies sein Selbstbild negativ beeinflussen kann. Stattdessen sollten Sie den Fokus auf seine Stärken legen.

Beispiel „Du hast eine sehr spezifische Fähigkeit, Probleme kreativ zu lösen. Dein Ansatz hat eine sehr positive Wirkung, die sich von anderen abhebt."

Präsentieren Sie Fehler als Chancen zur Weiterentwicklung Wenn es notwendig ist, Verbesserungsvorschläge zu machen, tun Sie dies immer in einem positiven Kontext. Stellen Sie sicher, dass Ihr Gesprächspartner die Möglichkeit sieht, aus seinen Fehlern zu lernen und daran zu wachsen, ohne sein Selbstwertgefühl zu gefährden.

Beispiel „Es gibt hier einen Bereich, der noch Potenzial zur Verbesserung hat. Aber ich bin sicher, dass du mit deiner bisherigen Herangehensweise auch diesen Schritt meistern kannst."

Setzen Sie den Fokus auf zukünftige Möglichkeiten Richten Sie den Fokus auf die Chancen, die sich aus einer Veränderung oder Herausforderung ergeben, statt auf Misserfolge in der Vergangenheit. Das stärkt das Selbstbild und fördert eine proaktive Haltung.

Beispiel „Die Herausforderung, vor der du jetzt stehst, ist eine großartige Gelegenheit für dich, neue Fähigkeiten zu entwickeln und weiter zu wachsen."

Diese Empfehlungen können dazu beitragen, das Selbstbild der Person zu stärken, ihre Selbstwahrnehmung positiv zu beeinflussen und gleichzeitig ihre Motivation und Bereitschaft zur Veränderung zu fördern.

5.5 Der Optimismus und das Risiko: Die Balance zwischen Zuversicht und Übermut

Die Optimismusverzerrung führt dazu, dass Menschen die Wahrscheinlichkeit positiver Ereignisse überschätzen und negative Ereignisse als weniger wahrscheinlich einschätzen. Diese verzerrte Wahrnehmung kann dazu führen, dass Risiken und die Wahrscheinlichkeit von Misserfolgen unterschätzt werden – oft entgegen objektiven Fakten. Dies hat weitreichende Auswirkungen auf Entscheidungsprozesse, insbesondere in unternehmerischen Kontexten, wo die korrekte Einschätzung von Risiken entscheidend für den Erfolg ist.

In einer gesunden Ausprägung wirkt Optimismus motivierend. Er fördert Tatkraft und Beharrlichkeit, stärkt die Fähigkeit, Rückschläge zu bewältigen, und trägt zur Stabilisierung des Selbstwertgefühls bei. Menschen, die sich selbst als weniger anfällig für Misserfolge sehen, verfolgen ihre Ziele oft fokussierter. Doch übermäßiger Optimismus birgt Gefahren.

Daniel Kahneman hat in seiner Forschung gezeigt, dass Menschen Wahrscheinlichkeiten oft intuitiv und verzerrt wahrnehmen. Statt objektiver Bewertung greifen wir auf vereinfachte Heuristiken zurück, wie die Verfügbarkeitsheuristik. Dabei wird die Wahrscheinlichkeit eines Ereignisses danach eingeschätzt, wie leicht es uns in den Sinn kommt oder wie stark es emotional aufgeladen ist. Diese intuitive Herangehensweise beeinflusst unsere Einschätzung von Risiken und Chancen.

Praktische Empfehlungen für den Umgang mit der Optimismusverzerrung
Im Kontext der Inspiration kann Optimismus sowohl ein hilfreiches als auch ein hinderliches Element sein. Optimismus kann Menschen dazu motivieren, ihre Ziele mit Energie und Tatkraft zu verfolgen. Zu viel Optimismus jedoch kann dazu führen, dass die Risiken einer Situation oder eines Vorhabens übersehen werden. Wenn Sie jemanden inspirieren wollen, sollten Sie sich der Optimismusverzerrung bewusst sein, damit die Person nicht unrealistischen Erwartungen erliegt und so auf Hindernisse nicht vorbereitet ist.

Ein zentrales Ziel beim Inspirieren ist es, eine realistische Sichtweise zu vermitteln, die sowohl die Chancen als auch die Risiken einer Situation umfasst. Wenn Sie versuchen, jemanden zu inspirieren, ist es wichtig, die negativen Aspekte einer Entscheidung oder Perspektive nicht zu verschweigen, sondern diese konstruktiv anzusprechen. Das hilft der Person, ihre eigenen Grenzen und Herausforderungen zu erkennen und sich vorzubereiten.

Beim Inspirieren von Menschen sollten Sie die Optimismusverzerrung berücksichtigen, um eine ausgewogene Perspektive zu vermitteln.

Sprechen Sie Herausforderungen an Ermutigen Sie Ihren Gesprächspartner, sich auf mögliche Schwierigkeiten vorzubereiten, anstatt den Fokus ausschließlich auf positive Aspekte zu legen.

Beispiel „Die Expansion in einen neuen Markt bietet viele Chancen, aber wir sollten auch die Herausforderungen berücksichtigen, zum Beispiel wie wir gegenüber etablierten Wettbewerbern bestehen. Wie können wir sicherstellen, dass unser Angebot wirklich konkurrenzfähig ist?"

Balancieren Sie Chancen und Risiken Stellen Sie sicher, dass Sie nicht nur die Chancen, sondern auch die Risiken einer Entscheidung klar darlegen. Indem Sie konkrete Fakten oder Beispiele bereitstellen, helfen Sie der Person, die Vor- und Nachteile besser abzuwägen.

Beispiel „Die geplante Vertriebskampagne könnte dazu führen, dass wir neue Kunden gewinnen, aber auch unvorhergesehene Risiken mit sich bringen, etwa heftige Reaktionen eines Mitbewerbers. Was können wir tun, um diese Risiken zu minimieren?"

Verwenden Sie Beispiele für mögliche Ergebnisse Verdeutlichen Sie mögliche Ergebnisse sowohl auf der positiven als auch auf der negativen Seite, um ein realistischeres Bild der Situation zu vermitteln. Konkrete Beispiele helfen dabei, ein klareres und realistischeres Bild der Lage zu bekommen.

Beispiel „In einem ähnlichen Fall hat ein Unternehmen die Technologie erfolgreich eingeführt und die Effizienz gesteigert. Ein anderes Unternehmen stieß jedoch auf erhebliche Verzögerungen, weil die Mitarbeiterschulung nicht ausreichend vorbereitet war."

Thematisieren Sie die langfristigen Konsequenzen Ermutigen Sie Ihren Gesprächspartner, über die langfristigen Konsequenzen seiner Entscheidung nachzudenken. Dies fördert eine nachhaltige Perspektive und hilft, auch langfristige Risiken zu erkennen.

Beispiel „Eine kurzfristige Umsatzsteigerung ist verlockend, aber wie wirkt sich das auf unsere langfristige Kundenbindung aus? Wie stellen wir sicher, dass wir die Kundenzufriedenheit auch bei schnellem Wachstum aufrechterhalten?"

Regen Sie an, über mögliche negative Aspekte nachzudenken Fördern Sie die Reflexion, indem Sie Fragen stellen, die die Person dazu anregen, potenzielle Risiken zu erkennen und ihre Planung entsprechend anzupassen.

Beispiel „Welche Risiken treten auf, wenn die Markteinführung des Produkts nicht den Erwartungen entspricht? Was würden Sie tun, wenn die Nachfrage hinter den Erwartungen zurückbleibt?"

Durch diese Ansätze helfen Sie ihrem Gesprächspartner, ihre Entscheidungen aus einer ausgewogenen Perspektive zu betrachten und die Auswirkungen der Optimismusverzerrung zu mildern.

Unternehmerische Risiken erkennen und unrealistische Erwartungen frühzeitig adressieren

In meinen Strategieprojekten erlebe ich gelegentlich, dass die Unternehmensleitungen meiner Mandanten wichtige Vorhaben mit übermäßigem Optimismus planen. In solchen Situationen nutze ich die Prä-Mortem-Methode, um realistischere Einschätzungen zu ermöglichen und potenzielle Risiken frühzeitig zu erkennen. Diese Herangehensweise gestaltet den Planungsprozess vorausschauender und gründlicher.

Dabei lasse ich das Führungsteam ein hypothetisches Szenario durchspielen, in dem wir annehmen, dass das Projekt gescheitert ist, um anschließend die Gründe für diesen Misserfolg zu identifizieren. Das schafft Raum, um interne und externe Risikofaktoren offen anzusprechen. Nachdem das Team fertig ist und keine Gründe mehr findet, bitte ich die Teilnehmer in einer zweiten Phase unabhängig voneinander weitere fünf Gründe zu finden, die zum Scheitern geführt haben könnten. Meine Erfahrung zeigt, dass in dieser Runde häufig die wirklich kritischen, aber unangenehmen Risiken genannt werden, die zuvor aus Rücksichtnahme unerwähnt geblieben waren. Sobald es schwierig wird, „harmlose" Gründe zu nennen, kommen oft die entscheidenden Schwachstellen ans Licht.

Im Anschluss entwickelt das Team präventive Maßnahmen, um die identifizierten Risiken frühzeitig zu adressieren. Diese strukturierte Vorgehensweise erweitert die Perspektive der Teilnehmer und fördert den offenen Umgang mit potenziellen Stolpersteinen. Unrealistische Erwartungen und blinde Flecken werden sichtbar, sodass Projekte robuster und besser vorbereitet gestartet werden können.

Die Prä-Mortem-Methode wurde von Gary Klein, einem Psychologen und Kognitionswissenschaftler, entwickelt, der sie in seinem Buch „The Power of Intuition: How to Use Your Gut Feelings to Make Better Decisions at Work" (Klein, 2003) beschrieben hat. Sie ist eine bewährte Technik, um der Optimismusverzerrung entgegenzuwirken und Entscheidungen fundierter sowie risikobewusster zu gestalten.

5.6 Der Wir-Sind-Uns-Eh-Einig-Effekt: Wenn wir denken, dass andere genauso denken wie wir

Der Wir-Sind-Uns-Eh-Einig-Effekt, auch bekannt als False Consensus Effect, beschreibt die Tendenz, die eigenen Überzeugungen und Verhaltensweisen als allgemeingültig zu betrachten. Menschen neigen dazu, die Übereinstimmung ihrer eigenen Einstellungen mit denen anderer zu überschätzen und zu glauben, dass ihre Sichtweise weithin geteilt und akzeptiert wird.

Diese Verzerrung führt häufig dazu, dass wir unbewusst davon ausgehen, unser Gesprächspartner teile unsere Ansichten – eine Annahme, die sich jedoch in vielen Fällen als falsch erweist. Besonders deutlich wird dies in Situationen, in denen wir starke Meinungen vertreten oder von etwas überzeugt sind, das für uns offensichtlich erscheint. In solchen Momenten neigen wir dazu, unserem Gegenüber dieselbe Perspektive zu unterstellen, und berücksichtigen nicht, dass dessen Erfahrungen, Werte oder Ziele völlig anders gelagert sein könnten.

Ein klassisches Beispiel zeigt sich in Teammeetings oder Diskussionen: Ein Teammitglied stellt eine Idee vor und geht davon aus, dass sie von allen Anwesenden sofort unterstützt wird, weil es diese als logisch und überzeugend empfindet. Doch wenn die Zuhörer nicht über dieselben Informationen oder Perspektiven verfügen, kann diese Annahme leicht zu Missverständnissen, mangelnder Zustimmung oder sogar Widerstand führen.

Praktische Empfehlungen für den Umgang mit dem Wir-Sind-Uns-Eh-Einig-Effekt
Im Kontext der Inspiration zeigt sich der Wir-Sind-Uns-Eh-Einig-Effekt besonders häufig – sei es im Arbeitsalltag oder in der Kommunikation mit Kollegen, Teammitgliedern oder Geschäftspartnern. Diese kognitive Verzerrung kann dazu führen, dass wir davon ausgehen, unser Gegenüber sei bereits von unseren Ideen überzeugt oder teile unsere Perspektive. Doch genau hier liegt eine entscheidende Herausforderung: Wenn wir die Perspektive des anderen nicht ausreichend verstehen, riskieren wir, wichtige Gelegenheiten zur echten Verbindung und Überzeugung zu verpassen.

Um inspirieren zu können, ist es essenziell, die Annahme, „wir denken doch alle ähnlich", bewusst zu hinterfragen.

Um diesen Effekt zu vermeiden und sicherzustellen, dass Ihre Gespräche zu echten Einigungen führen, können folgende Ansätze hilfreich sein:

Vermeiden Sie voreilige Annahmen über die Übereinstimmung Stellen Sie sicher, dass Sie die Perspektive der anderen Person aktiv erfragen, anstatt davon auszugehen, dass Ihre Überzeugungen geteilt werden.

Führen Sie einen offenen Dialog Geben Sie der Person Raum, ihre eigenen Ansichten und Bedenken zu äußern. Indem Sie aktiv zuhören und auf die tatsächlichen Perspektiven eingehen, schaffen Sie eine Grundlage für eine tiefere, authentische Kommunikation.

Beispiel In einem Verkaufsgespräch fragt der Verkäufer zunächst nach den Prioritäten des potenziellen Kunden und hört konzentriert zu, als dieser seine Anforderungen darlegt. Er stellt fest, dass dem Kunden vor allem Effizienz am Herzen liegt. Statt sofort das eigene Produkt als Lösung anzubieten, könnte er sagen: „Ich verstehe, dass Effizienz für Sie ein großes Thema ist. Welche spezifischen Herausforderungen erleben Sie in diesem Bereich?" So fühlt sich der Kunde ermutigt, seine Perspektive zu teilen, und der Verkäufer kann gezielter auf seine Bedürfnisse eingehen.

Sorgen Sie für konkrete, handlungsorientierte Vereinbarungen Anstatt sich auf das Gefühl der Übereinstimmung zu verlassen, sollten Sie sicherstellen, dass am Ende des Gesprächs klare, konkrete Schritte festgelegt werden. Ein spezifischer nächster Schritt – wie die Vereinbarung eines nächsten Treffens oder einer Handlung – stellt sicher, dass beide Parteien wirklich auf derselben Seite sind. Dieser nächste Schritt sollte groß genug sein, um Fortschritt zu erzielen, aber auch so realistisch, dass er für das Gegenüber machbar bleibt. Dies stärkt das Engagement und sorgt dafür, dass die Person den Schritt auch tatsächlich umsetzt.

Beispiel Nach einer Besprechung über eine maßgeschneiderte Lösung für einen potenziellen Kunden könnte der Verkäufer sagen: „Ich schlage vor, dass Sie eine Liste Ihrer spezifischen Anforderungen ausarbeiten und mir bis Ende der Woche zur Verfügung stellen. Dann können wir in einem nächsten Schritt gemeinsam prüfen, wie unsere Lösung diese Anforderungen abdecken kann. Das sorgt für eine höhere Sicherheit, dass wir Ihre Bedürfnisse präzise adressieren und die bestmögliche Lösung für Sie entwickeln können." Auf diese Weise wird ein klarer, realistischer Schritt vereinbart, der sowohl den Verkaufsprozess vorantreibt als auch sicherstellt, dass der Kunde aktiv in die weitere Entwicklung eingebunden wird.

Wenn falsche Annahmen im Vertrieb zu Stolpersteinen werden

Ein Verkäufer kehrt von einem Gespräch mit einem potenziellen Kunden zurück und ist überzeugt, dass bereits Einigkeit über den Abschluss des Geschäfts besteht. Er geht davon aus, dass der Kunde bald eine schriftliche Bestellung schicken wird. Doch die Bestellung bleibt aus.

Warum? Der Verkäufer hat die Übereinstimmung seiner eigenen Perspektive mit der des Kunden überschätzt. Er ging davon aus, dass der Kunde genauso von der vorgestellten Lösung überzeugt ist wie er selbst. Diese falsche Annahme führte dazu, dass er die tatsächlichen Bedürfnisse, Bedenken oder unbeantworteten Fragen des Kunden nicht erkannte – und damit unbewusst den Weg zum Abschluss blockierte.

> Ein weiteres Beispiel zeigt sich bei Verkäufern, die vorschnell glauben, genau zu wissen, was der Kunde benötigt. Ein Verkäufer hört einige Details im Gespräch und schließt daraus, dass er die passende Lösung bereits kennt, ohne sich die Zeit zu nehmen, die tatsächlichen Bedürfnisse des Kunden vollständig zu erfassen. Diese unreflektierte Annahme führt oft dazu, dass eine Lösung präsentiert wird, die nicht wirklich den Anforderungen des Kunden entspricht – eine verpasste Verkaufschance.
>
> Solche Fehlannahmen werden in vielen Verkaufsseminaren durch die Vermittlung der „Always-Closing"-Mentalität weiter verstärkt. Dieses Konzept, das darauf abzielt, möglichst schnell Abschlüsse zu erzielen, ermutigt Verkäufer dazu, jeden Schritt des Prozesses unmittelbar auf den Abschluss auszurichten. Was in einfachen Verkaufssituationen funktionieren mag, erweist sich jedoch im komplexen Vertrieb oder in schwierigen Märkten als äußerst kontraproduktiv. Hier zählt nicht der schnelle Abschluss, sondern eine sorgfältige Erfassung der Kundenbedürfnisse und eine tiefgehende Überzeugungsarbeit.
>
> Der potenzielle Kunde muss die Möglichkeit haben, sich über den zentralen Weg des Denkens – durch gründliche Reflexion und fundierte Abwägung – von der Lösung zu überzeugen. Dieser Weg, wie im Elaboration Likelihood Model (Abschn. 3. 3) beschrieben, erfordert eine klare und nachvollziehbare Kommunikation, die nicht nur Informationen liefert, sondern auch Raum für Verständnis und innere Überzeugung lässt.
>
> Eine solche Vorgehensweise schafft nicht nur Vertrauen und stärkt die Beziehung zum Kunden, sondern sorgt auch dafür, dass die Entscheidung des Kunden auf einer soliden, nachhaltigen Grundlage getroffen wird – ein Fundament, das gegen äußere Einflüsse oder spätere Zweifel gefestigt ist.
>
> Um diesen Fallstricken zu entgehen, ist es entscheidend, das eigene Verständnis der Kundenperspektive aktiv zu hinterfragen und voreilige Annahmen zu vermeiden. Erfolgreiche Verkäufer nehmen sich ausreichend Zeit, die tatsächlichen Bedürfnisse des Kunden vollständig zu erfassen, bevor sie Lösungen präsentieren.
>
> Gezieltes Nachfragen und die Bereitschaft, in die Tiefe zu gehen, helfen nicht nur, Missverständnisse zu vermeiden, sondern stärken auch das Vertrauen des Kunden. Eine klare, auf den Kunden abgestimmte Kommunikation sorgt dafür, dass das Angebot passgenau den Anforderungen entspricht und den Verkaufsprozess nachhaltig unterstützt.

Der „Wir-Sind-Uns-Eh-Einig-Effekt" kann dazu führen, dass wir falsche Annahmen über die Übereinstimmung von Meinungen treffen, was in Gesprächen zu Missverständnissen führt. Wenn wir uns auf offene Fragen und konkrete Vereinbarungen konzentrieren und die Perspektiven des Gegenübers aktiv einbeziehen, können wir sicherstellen, dass das Gespräch tatsächlich zu einer echten Übereinstimmung führt.

5.7 Die Bestätigungsverzerrung: Wie unsere Überzeugungen die Wahrnehmung verfälschen

Die Bestätigungsverzerrung, auch Confirmation Bias genannt, bewirkt, dass Menschen Informationen suchen, interpretieren und erinnern, die ihre bestehenden Überzeugungen bestätigen, während sie widersprüchliche Fakten ignorieren oder marginalisieren. Zum Beispiel könnte ein Investor, der überzeugt ist, dass eine bestimmte Aktie steigen wird, nur positive Nachrichten über diese Aktie suchen und negative Berichte ignorieren, was zu einer suboptimalen Entscheidung führt.

Ein zentraler Aspekt der Bestätigungsverzerrung ist die selektive Wahrnehmung: Wenn jemand bereits eine feste Überzeugung hat, tendiert er dazu, nur jene Informationen stärker zu gewichten, die diese Sichtweise stützen.

Widersprüchliche Informationen werden nicht beachtet oder marginalisiert. Dies führt zu einer Verzerrung der Wahrnehmung, da die Person ein verfälschtes Bild der Realität erhält.

Diese Tendenz zur selektiven Wahrnehmung lässt sich gut mit Kahnemans Konzept der Kohärenz erklären. Kohärenz beschreibt den natürlichen Drang des menschlichen Denkens, Informationen so zu verarbeiten und zu integrieren, dass sie ein konsistentes, stimmiges Bild ergeben. Menschen streben danach, ein kohärentes Weltbild zu bewahren, weil es kognitiv angenehmer ist als mit Informationen, die im Widerspruch dazu stehen, umzugehen.

So entsteht ein kohärentes Bild der Welt, das stabil bleibt und keine widersprüchlichen Eindrücke oder Zweifel aufkommen lässt und dadurch zu Fehlentscheidungen führt.

Praktische Empfehlungen für den Umgang mit der Bestätigungsverzerrung
Die Bestätigungsverzerrung beeinträchtigt die Fähigkeit, offen für neue Perspektiven zu bleiben. In Gesprächen oder beim Anbieten neuer Ideen kann es eine Herausforderung sein, eine Person zu inspirieren, wenn Ihre Vorschläge im Widerspruch zu ihren bisherigen Überzeugungen stehen.

Wenn Sie einer Person helfen möchten, neue Perspektiven einzunehmen, ist es entscheidend, zunächst die bestehenden Überzeugungen der Person genau zu verstehen. Suchen Sie gezielt nach Wegen, wie Ihre Ideen zumindest teilweise mit der Perspektive der Person in Einklang gebracht werden können. Erst danach können Sie behutsam darauf hinarbeiten, die Perspektive der Person zu erweitern, ohne ihr Kohärenzbestreben zu unterlaufen. Schaffen Sie Raum für Ihre Ideen, indem Sie sie so präsentieren, dass Ihr Gesprächspartner nicht das Gefühl hat, seine bisherigen Überzeugungen vollständig infrage stellen zu müssen. Dies reduziert Widerstände und fördert eine offenere Haltung gegenüber neuen Ansätzen.

Bevor Sie aber jemanden erfolgreich inspirieren können, ist es wichtig, dass Sie Ihre eigene Bestätigungsverzerrung überwinden. Reflektieren Sie regelmäßig über Ihre eigenen Überzeugungen und stellen Sie sicher, dass Sie nicht nur nach Informationen suchen, die Ihre Sichtweise bestätigen. Indem Sie aktiv alternative Perspektiven einbeziehen und Ihre eigenen Annahmen hinterfragen, schaffen Sie die Grundlage für eine offene und ausgewogene Kommunikation. Nur wenn Sie sich der eigenen Verzerrungen bewusst sind und diese überwinden, können Sie authentisch auf die Bedürfnisse und Perspektiven der Person eingehen, die Sie inspirieren möchten, und so eine tiefere und wirksamere Verbindung aufbauen.

5 Kognitive Stolpersteine und ihre Wirkung auf Inspiration

Wenn Sie jemanden inspirieren möchten, ist es wichtig, ihm zu helfen, die Bestätigungsverzerrung zu überwinden, um eine ausgewogenere Sichtweise zu entwickeln. Hier sind einige Ansätze, um das zu erreichen:

Führen Sie offene Dialoge Aktives Zuhören und das Berücksichtigen der Perspektive des Gesprächspartners schaffen ein besseres Verständnis und fördern eine tiefere, authentische Kommunikation.

Beispiel Wenn Ihr Gesprächspartner zögert, neue Ideen zu akzeptieren, können Sie fragen: „Welche wären Ihrer Meinung nach die größten Herausforderungen bei dieser Idee? Wie könnten wir diese Risiken gemeinsam angehen?"

Hinterfragen Sie bestehende Überzeugungen gemeinsam Ermutigen Sie Ihren Gesprächspartner, seine bestehenden Annahmen zu hinterfragen.

Beispiel Wenn Ihr Gesprächspartner fest von einer Lösung überzeugt ist, könnten Sie sagen: „Gibt es noch andere Ansätze, die wir noch nicht durchdacht haben? Welche Informationen fehlen uns, um sicherzugehen, dass wir die richtige Entscheidung treffen?"

Nutzen Sie verschiedene Informationsquellen Stellen Sie sicher, dass Ihr Gesprächspartner auch auf alternative Quellen zugreift, die unterschiedliche Perspektiven und Meinungen widerspiegeln. Das hilft, ein ausgewogenes Bild zu entwickeln und den Bestätigungsfehler zu vermeiden.

Beispiel „Vielleicht sollten wir noch andere Lösungen in Betracht ziehen, die wir bisher nicht ausreichend geprüft haben." oder „Inwieweit haben Sie bereits verschiedene Meinungen eingeholt, um zu sehen, ob es auch ganz andere Blickwinkel auf dieses Problem gibt?"

Beachten Sie potenzielle Risiken Stellen Sie sicher, dass Ihr Gesprächspartner die möglichen Risiken und negativen Konsequenzen seiner Entscheidungen nicht unterschätzt. Dies hilft, eine realistische Einschätzung zu entwickeln und den Bestätigungsfehler zu vermeiden.

Beispiel „Haben Sie auch die potenziellen Risiken in Betracht gezogen? Was könnte schiefgehen, und wie können wir uns darauf vorbereiten?"

> **Wie Selbstreflexion im Gedankenaustausch zu besseren Ergebnissen führt**
>
> In meiner Beratungspraxis habe ich festgestellt, dass der Erfolg darin, andere zu inspirieren, maßgeblich davon abhängt, meine eigenen Überzeugungen regelmäßig zu hinterfragen. Ein besonders prägender Moment war, als ich in der frühen Phase meiner Tätigkeit mit Mandanten bemerkte, dass ich dazu neigte, bestimmte Lösungsansätze bevorzugt zu verfolgen, weil sie meiner bisherigen Denkweise entsprachen. Diese Erkenntnis brachte mich dazu, mir bewusst die Frage zu stellen: „Suche ich hier nur nach Informationen, die meine Sichtweise bestätigen, oder bin ich wirklich offen für alternative Perspektiven?"
>
> Durch diese Reflexion gelang es mir, meine eigene Bestätigungsverzerrung zu erkennen und unkonventionelle Ideen in den Prozess einzubeziehen. Diese Praxis verbesserte nicht nur meine Fähigkeit, offener und ausgewogener zu kommunizieren, sondern ermöglicht es mir auch, authentisch auf die Bedürfnisse meiner Mandanten einzugehen und gemeinsam mit ihnen tragfähige Lösungen zu entwickeln.
>
> Seitdem habe ich es mir zur Gewohnheit gemacht, bei jedem Lösungsansatz, den ich im ersten Moment für irrelevant oder falsch halte, innezuhalten und mir selbst zu sagen: „Diese Idee ist genau richtig. Sie ist äußerst wertvoll, weil ...". Anstatt vorschnell zu urteilen, gehe ich gezielt auf die Suche nach Gründen, die die Sichtweise meines Gegenübers untermauern könnten. Dabei fülle ich die drei Pünktchen bewusst mit konkreten Argumenten, um zu verdeutlichen, warum dieser Ansatz wertvoll sein könnte.
>
> Besonders in Gruppendiskussionen, beispielsweise im Rahmen meiner Unternehmerbeiräte, spreche ich diesen Gedanken oft laut aus. Wenn ich sage: „Ich denke, dass er Recht hat, weil ...", fordere ich die Gruppe heraus, nicht nur oberflächlich zuzuhören, sondern aktiv nach den Stärken und Potenzialen in der Argumentation des Gegenübers zu suchen – auch wenn sie auf den ersten Blick nicht mit den eigenen Vorstellungen übereinstimmt. Indem ich diese Haltung vorlebe, lenke ich den Fokus der Gruppe auf die Substanz der Ideen und schaffe Raum für neue Perspektiven oder Ansätze, die zuvor möglicherweise übersehen worden wären.
>
> Dieser Prozess hat eine doppelte Wirkung: Zum einen steigert er die Qualität der erarbeiteten Lösungen, da ich unvoreingenommen auf neue Ideen eingehe und deren Potenziale erkenne. Zum anderen verbessert er die Beziehungsebene, denn mein Gegenüber spürt, dass seine Ansichten ernst genommen werden. Dies schafft Vertrauen und ermutigt andere, offen ihre Perspektiven einzubringen, ohne Angst vor Ablehnung oder Kritik zu haben.
>
> „Er hat Recht, weil ..." ist somit nicht nur eine Technik, um Ideen zu prüfen, sondern ein Schlüssel zu echter Zusammenarbeit und Innovation. Indem ich die Gründe für geäußerte Ideen aktiv suche und benenne, trage ich dazu bei, Diskussionen konstruktiv zu gestalten und neue Wege zu eröffnen. Es ist diese bewusste Offenheit, die nicht nur Inspiration ermöglicht, sondern auch den langfristigen Erfolg von Projekten und Teams fördert.

Sie fördern eine offenere und ausgewogenere Entscheidungsfindung, indem Sie die Bestätigungsverzerrung in Ihrer Kommunikation berücksichtigen und darauf achten, keine Widerstände zu provozieren. Stattdessen helfen Sie der Person, die Sie inspirieren wollen, Bestätigungsfehler zu vermeiden. Auf diese Weise schaffen Sie Raum für neue Perspektiven und ermöglichen es der Person, ihre Sichtweise zu erweitern, ohne die Kohärenz ihrer bestehenden Überzeugungen entscheidend zu gefährden. So können Sie nicht nur Missverständnisse vermeiden, sondern auch eine tiefere, fundiertere Auseinandersetzung mit dem vorliegenden Thema anregen, die zu besseren Entscheidungen führt.

5.8 Die Fehlinvestitionsfalle: Die Schwierigkeit, fehlerhafte Entscheidungen zu revidieren

Die Fehlinvestitionsfalle, auch bekannt als Sunk Cost Fallacy, beschreibt die Tendenz, an Entscheidungen oder Projekten festzuhalten, weil bereits Zeit, Geld oder Arbeit in sie investiert wurden – selbst wenn es rationaler wäre, diese Bemühungen einzustellen. Menschen neigen dazu, vergangene Investitionen überzubewerten, wodurch sie bessere Möglichkeiten übersehen, und ineffiziente Ressourcenallokationen beibehalten.

Ein häufiges Beispiel aus dem Managementalltag ist das beharrliche Festhalten an einem bereits gescheiterten Projekt, obwohl ein Abbruch und eine anschließende Neubewertung der Lage deutlich sinnvoller wären. Auch im Berufsleben bleibt man oft in einem Job, der einen nicht mehr erfüllt, weil die investierte Zeit und Mühe die Entscheidung beeinflusst.

Die Fehlinvestitionsfalle hat weitreichende Auswirkungen auf die Entscheidungsfindung. Sie führt dazu, dass Menschen die Vergangenheit bei ihren Entscheidungen zu stark gewichten und so möglicherweise bessere Möglichkeiten übersehen. Dies betrifft sowohl persönliche als auch geschäftliche Entscheidungen. Der Fokus liegt nicht auf den zukünftigen Kosten und Nutzen, sondern auf dem Verlust, der bereits entstanden ist, aber noch nicht vollständig akzeptiert oder realisiert wurde.

Praktische Empfehlungen für den Umgang mit der Fehlinvestitionsfalle
Wenn Sie jemanden inspirieren möchten, sollten Sie sich bewusst sein, dass die Fehlinvestitionsfalle eine erhebliche Rolle spielen kann. Menschen identifizieren sich oft stark mit ihren getroffenen Entscheidungen und den investierten Ressourcen. Eine kritische Auseinandersetzung mit diesen Entscheidungen kann als persönliche Ablehnung empfunden werden und zu Abwehrhaltungen führen. Wenn die Person das Gefühl hat, dass ihre getroffenen Entscheidungen in Frage gestellt werden, fühlt sie sich nicht nur in ihren Handlungen, sondern auch in ihrer Urteilsfähigkeit angegriffen.

Respektieren Sie die bisherigen Entscheidungen Heben Sie hervor, dass die getroffenen Entscheidungen zu einem bestimmten Zeitpunkt sinnvoll waren. Lenken Sie den Blick auf die neuen Chancen oder Informationen.

Beispiel „Es ist nachvollziehbar, dass Sie viel Zeit und Energie in dieses Vorhaben investiert haben. Zu diesem Zeitpunkt war es die richtige Entscheidung. Jetzt könnte es sinnvoll sein, neue Informationen zu berücksichtigen und die Situation unter diesen neuen Aspekten zu bewerten."

Ermutigen Sie zur Fokussierung auf zukünftige Möglichkeiten Helfen Sie Ihrem Gesprächspartner, den Blick auf zukünftige Chancen zu richten. Zeigen Sie neue, lohnendere Alternativen auf.

Beispiel „Was könnte passieren, wenn wir unsere Ressourcen jetzt auf einen neuen Ansatz lenken? Könnten wir dadurch langfristig größere Erfolge erzielen?"

Vermeiden Sie direkte Kritik an getroffenen Entscheidungen Wenn die Person an ihrer Entscheidung festhält, vermeiden Sie, diese direkt als „falsch" zu bezeichnen. Stellen Sie stattdessen Fragen, die zur Selbstreflexion anregen.

Beispiel „Was wären die möglichen Vorteile, wenn wir diese Entscheidung noch einmal überdenken würden? Welche Optionen könnten wir jetzt in Betracht ziehen, die uns damals noch nicht bewusst waren?"

Legen Sie den Fokus auf die gewonnenen Erkenntnisse Achten Sie darauf, dass die Person ihre bisherigen Entscheidungen als wertvolle Erfahrungen und Lernprozesse anerkennt.

Beispiel „Welche positiven Erkenntnisse haben Sie aus diesem Projekt gewonnen, die uns bei der nächsten Entscheidung helfen könnten?"

Schaffen Sie Raum für Reflexion Stellen Sie Fragen, die der Person helfen, selbst zu erkennen, dass die bisherige Entscheidung nicht mehr die beste Lösung ist.

Der Einfluss der Fehlinvestitionsfalle und wie die „Prä-Mortem-Methode" half

Vor einigen Jahren hatte ein Mandant von mir in seinem Bestreben, die Geschäftstätigkeit seines Familienunternehmens zu diversifizieren, in ein Unternehmen investiert, das neuartige Lösungen im Bereich der erneuerbaren Energien versprach.

Aus meiner früheren technischen Tätigkeit hatte ich den starken Verdacht, dass das Vorhaben nicht ohne weiteres zu marktfähigen Preisen realisierbar war. Jeder noch so vorsichtige Versuch von mir, diese Bedenken anzusprechen, wurde von meinem Mandanten jedoch vehement abgewiesen.

Auf der Suche nach einer Lösung, wie ich meinem Mandanten helfen könnte, fiel mir die Prä-Mortem-Methode ein, die sich als äußerst erfolgreich herausstellte. Ich stellte ihm die Frage: „Stell dir vor, wir blicken in einigen Jahren auf dieses Projekt zurück. Es ist gescheitert und es tut dir leid, dass du immer wieder frisches Kapital in das Projekt investiert hast. Woran könnte das Projekt gescheitert sein?"

Als unmittelbare Folge dieser Frage begann er, Szenarien durchzuspielen und die potenziellen Risiken objektiver zu bewerten. Er ließ unter anderem eine technische Schlüsselkomponente des Systems von einem renommierten Universitätsinstitut untersuchen, um die Chancen einer tatsächlichen Umsetzbarkeit der Technologie genauer zu prüfen. Die Ergebnisse der Untersuchung bestätigten die Befürchtungen, und er entschloss sich, die weitere Investition in dieses Projekt zu überdenken.

Diese Reflexion mithilfe der „Prä-Mortem-Methode" half ihm nicht nur, den Misserfolg seiner Investition zu erkennen, sondern auch, realistischere Entscheidungen zu treffen und weitere unnötige Verluste zu vermeiden. Dadurch, dass er selbst die möglichen Gründe für ein hypothetisches Scheitern seines Vorhabens formuliert hatte, war er in der Lage, die emotionale Bindung an die getätigten Investitionen zu lösen. Statt weiterhin an dem Projekt festzuhalten, konnte er sich von der Fehlinvestitionsfalle befreien und die verfügbaren Ressourcen in strategisch sinnvollere Bereiche lenken.

Dieser Fall zeigt eindrucksvoll, wie wichtig es ist, nicht nur rationale Analysen, sondern auch die emotionalen Aspekte von Entscheidungen in den Blick zu nehmen. Die Prä-Mortem-Methode bietet hier ein wirkungsvolles Werkzeug, um die Perspektive zu erweitern und Entscheidungen bewusster zu treffen.

Beispiel „Was wären die Folgen, wenn wir weiterhin an diesem Ansatz festhielten? Welche Auswirkungen könnten die neu gewonnenen Informationen auf den Erfolg des Projekts haben?"

Durch diese respektvolle, behutsame Herangehensweise können Sie Ihrem Gesprächspartner helfen, die Fehlinvestitionsfalle zu überwinden, ohne dass er sich kritisiert oder abgewertet fühlt. Indem Sie ihn ermutigen, seine Perspektive zu erweitern und den Fokus auf die Zukunft zu richten, schaffen Sie die Grundlage für eine gute Entscheidung.

5.9 Die Mehrdeutigkeitsaversion: Unsicherheit als Hürde

Menschen haben von Natur aus eine Abneigung gegen Mehrdeutigkeit. Sie tendieren dazu, sichere Optionen zu wählen, auch wenn das, rational betrachtet, nicht immer die beste Entscheidung ist. In der Psychologie bezeichnet man dieses Phänomen als Ambiguitätsaversion. Diese Präferenz für Klarheit und Transparenz führt dazu, dass unklare oder unsichere Situationen

5 Kognitive Stolpersteine und ihre Wirkung auf Inspiration

gemieden werden – selbst wenn es objektiv betrachtet keinen guten Grund gibt, dies zu tun. Diese Erkenntnis stammt aus der Forschung von dem US-amerikanischen Ökonom Daniel Ellsberg (Elsberg, 1961), der in seinen Experimenten zeigte, wie stark diese Tendenz das Verhalten beeinflusst.

Ellsberg unterscheidet zwischen Situationen mit Risiko und solchen mit Unsicherheit. In Risikosituationen sind die Wahrscheinlichkeiten bekannt, wie etwa beim Werfen einer Münze. In unsicheren Situationen hingegen sind die Wahrscheinlichkeiten unbekannt. In einem seiner bekanntesten Experimente analysierte Ellsberg das Verhalten von Teilnehmern anhand zweier Urnen:

Urne A enthielt 50 rote und 50 schwarze Kugeln, also eine klare Verteilung.

Urne B enthielt ebenfalls rote und schwarze Kugeln, aber die genaue Verteilung war unbekannt.

Die Aufgabe bestand darin, sich für eine Urne zu entscheiden und auf eine Farbe (z. B. Rot) zu setzen. Zog man einen roten Ball, gewann man; zog man einen schwarzen, verlor man.

Die meisten Teilnehmer bevorzugten es, auf Urne A zu setzen, da sie die Wahrscheinlichkeiten genau kannten. Obwohl Urne B objektiv keinen größeren Nachteil bot, mieden viele sie, da ihnen die Wahrscheinlichkeiten nicht klar waren. Dieses Verhalten zeigt, dass Menschen dazu tendieren, Situationen zu bevorzugen, die ihnen scheinbar mehr Kontrolle und Klarheit bieten, anstatt sich auf unsichere, aber potenziell gleichwertige Optionen einzulassen.

Praktische Empfehlungen für den Umgang mit der Mehrdeutigkeitsaversion
Wenn Sie jemanden inspirieren möchten, sollten Sie die Mehrdeutigkeitsaversion berücksichtigen. Menschen neigen dazu, sich durch Unsicherheit blockiert zu fühlen, was ihre Bereitschaft zur Veränderung und zur Entscheidung erheblich beeinflussen kann. Um den Widerstand gegen unsichere Entscheidungen zu überwinden, ist es entscheidend, Ihren Gesprächspartner dabei zu unterstützen, Unklarheiten zu reduzieren und Transparenz zu schaffen. Indem Sie die Person zu einer fundierten und klar strukturierten Entscheidungsfindung anregen, können Sie sowohl Unsicherheiten überwinden als auch das Vertrauen in den Prozess stärken.

Die Herausforderung besteht darin, den Fokus auf die positiven Aspekte zu lenken. Unsicherheiten sind oft nicht nur Risiken, sondern auch Chancen. Wenn Ihr Gesprächspartner versteht, dass die Unsicherheit eine natürliche Voraussetzung für Wachstum und Fortschritt ist, kann er diese als Herausforderung und nicht als Bedrohung wahrnehmen. Der Schlüssel liegt darin, dass Sie dafür sorgen, dass er sich unterstützt fühlt und die Unsicherheiten schrittweise abbauen kann.

Um die Mehrdeutigkeitsaversion zu überwinden und die Entscheidungsfindung zu fördern, sind die folgenden Schritte besonders hilfreich:

Schaffen Sie Klarheit Verwenden Sie eine einfache, leicht verständliche Sprache, um Unsicherheiten zu reduzieren. Komplexe Sachverhalte sollten so aufbereitet werden, dass sie nachvollziehbar und greifbar sind. Vermitteln Sie die Situation verständlich und stellen Sie die relevanten Details übersichtlich dar.

Geben Sie Orientierung Menschen fühlen sich sicherer, wenn sie wissen, was als Nächstes kommt. Unübersichtliche Entscheidungen fühlen sich an wie ein unmarkierter Weg im Dunkeln. Teilen Sie die Entscheidung in kleine, machbare Etappen auf.

Beispiel „Lassen Sie uns gemeinsam den ersten Schritt machen: Wir schauen uns an, welche Möglichkeiten es gibt. Dann bewerten wir, welche für Sie am besten passt, um die beste Entscheidung zu treffen."

Reduzieren Sie die Komplexität der Entscheidung Je mehr Optionen jemand hat, desto schwieriger wird die Entscheidung. Helfen Sie Ihrem Gesprächspartner, sich auf das zu konzentrieren, was wirklich zählt.

Beispiel „Wir können die Optionen auf die drei besten Möglichkeiten eingrenzen, die den größten Nutzen für Ihr Ziel bringen, anstatt alle Optionen gleichzeitig zu betrachten."

Machen Sie die Entscheidung greifbar Wenn etwas kompliziert wirkt, entsteht Unsicherheit. Machen Sie es einfach und nachvollziehbar. Stellen Sie klare Alternativen dar, um die Entscheidungsfindung zu erleichtern.

Beispiel „Sie haben zwei Optionen: Die eine erfordert eine schnelle Entscheidung und Investition, während die andere etwas mehr Zeit in Anspruch nimmt, aber weniger Risiko birgt. Lassen Sie uns die beiden kurz vergleichen."

Bieten Sie Entscheidungshilfen Manchmal braucht es nur eine klare Struktur, um eine Entscheidung mit gutem Gefühl zu treffen. Eine Tabelle oder eine einfache Gegenüberstellung macht greifbar, was bisher diffus war.

Beispiel „Lassen Sie uns eine einfache Übersicht erstellen. Wir listen die Vorteile und Herausforderungen jeder Option auf. So sehen wir auf einen Blick, welche am besten zu Ihnen passt."

Vermeiden Sie Überinformation – reduzieren Sie den Lärm Mehrdeutigkeitsaversion entsteht oft auch durch eine Flut von Informationen, die schwer zu verarbeiten sind. Stellen Sie sicher, dass nur relevante Informationen zur Entscheidungsfindung präsentiert werden, um Überforderung zu vermeiden.

Beispiel „Sie brauchen keine hundert Fakten. Sie brauchen die drei wichtigsten Punkte, die Ihnen Klarheit geben. Und genau diese werden wir uns jetzt ansehen."

Wenn Sie dabei helfen, den Nebel zu lichten, wird aus Unsicherheit Zuversicht. Und aus Zaudern wird ein erster mutiger Schritt.

5.10 Die kognitive Dissonanz: Der innerliche Konflikt zwischen Überzeugungen und Handlungen

Das Konzept der kognitiven Dissonanz wurde von dem Psychologen Leon Festinger entwickelt (Westermann, 1989). Es beschreibt eine unangenehme Spannung, die entsteht, wenn Wahrnehmungen, Gedanken oder Überzeugungen miteinander in Widerspruch stehen. Menschen neigen dazu, diese Dissonanz zu reduzieren, indem sie entweder ihre Überzeugungen ändern, neue Informationen hinzufügen oder die Bedeutung der gegensätzlichen Wahrnehmungen marginalisieren. Die kognitive Dissonanz und das Bedürfnis nach Kohärenz stehen in einem engen Zusammenhang.

Die kognitive Dissonanz kann ein äußerst mächtiges Werkzeug sein, um Menschen zu motivieren, Verpflichtungen einzugehen und zu erfüllen. Besonders effektiv wird Dissonanz dann eingesetzt, wenn eine Person sich öffentlich zu einer Handlung verpflichtet hat oder wenn die Entscheidung mit ihren persönlichen Überzeugungen und ihrer Identität eng verbunden ist. Eine öffentlich gemachte Verpflichtung erzeugt einen inneren Konflikt bei einer späteren Nicht-Einhaltung, was die Person dazu motiviert, ihr Versprechen zu halten (Mortensen, 2004).

Praktische Empfehlungen für den Umgang mit der kognitiven Dissonanz beim Inspirieren
Wenn Sie Ihren Gesprächspartner zu einer Handlung oder Entscheidung anregen, die mit seinen bestehenden Überzeugungen im Widerspruch steht, können Sie eine konstruktive innere Dynamik schaffen, indem Sie Dissonanz erzeugen – eine Motivation, sich intensiv mit der neuen Idee auseinanderzusetzen und sie letztlich zu integrieren. Es ist jedoch essenziell, diese Dynamik achtsam und respektvoll zu fördern, damit sich die Person unterstützt fühlt und ihre Werte sowie Überzeugungen gewahrt bleiben, während sie sich zugleich für neue Ansätze öffnet.

Die Kunst, Dissonanz zu erzeugen, besteht darin, eine Balance zwischen Herausforderung und Unterstützung zu finden. Zu starke Dissonanz kann Widerstand erzeugen und das Gefühl der Überwältigung hervorrufen, während zu schwache Dissonanz zu keiner Bereitschaft für Veränderung führt. Achten Sie darauf, dass Ihre Botschaft als hilfreich und unterstützend wahrgenommen wird, und stellen Sie sicher, dass Sie Ihrem Gesprächspartner Ressourcen oder Ansätze bieten, um mit der erzeugten Dissonanz konstruktiv umzugehen.

Respektieren Sie die bestehenden Werte und Überzeugungen der Person Um die Perspektive einer Person zu erweitern, kann es hilfreich sein, zuerst ihre Grundwerte zu respektieren und auf diese einzugehen.

Beispiel „Ich verstehe, dass Ihnen die Work-Life-Balance sehr wichtig ist. Jetzt könnten wir gemeinsam überlegen, wie Sie Ihre Ziele so gestalten können, dass sie mit diesem Aspekt im Einklang stehen und gleichzeitig Ihren langfristigen Erfolg fördern."

Vermeiden Sie konfrontative Formulierungen Wenn es darum geht, jemanden zu inspirieren, kann es hilfreich sein, auf konfrontative Formulierungen bewusst zu verzichten, um keinen Widerstand hervorzurufen (Blount, 2017). Das Ziel ist, Raum für ein neues Denkmodell zu schaffen, ohne dass sich die Person angegriffen fühlt.

Beispiel „Du hast bereits viel in deinen Ansatz investiert und bemerkenswerte Fortschritte gemacht. Jetzt könnten wir zusätzlich neue Perspektiven einbringen, die dir helfen könnten, noch besser voranzukommen."

Schaffen Sie einen positiven Rahmen Wenn Sie neue Perspektiven eröffnen möchten, sehen Sie Dissonanz nicht als Problem, sondern als Chance zur Weiterentwicklung. Ihr Ziel sollte nicht sein, den Eindruck zu erwecken, dass etwas falsch gemacht wurde, sondern zu zeigen, dass es immer Möglichkeiten gibt, zu lernen und zu wachsen.

Beispiel „Ich schätze den enormen Einsatz, den Sie bereits in die Verbesserung Ihres Teams gesteckt haben. Wie könnten wir diese Erfolge als Ausgangspunkt nutzen, um noch mehr Potenzial freizusetzen?"

5.11 Die Einzeloption-Aversion: Das Unbehagen beim Fehlen von Alternativen

Die Einzeloption-Aversion beschreibt das Phänomen, dass Menschen ein größeres Risiko und ein stärkeres Gefühl des Unbehagens empfinden, wenn sie nur eine einzige Wahlmöglichkeit zur Verfügung haben. Diese Tendenz entsteht, weil unser Gehirn dazu neigt, Optionen miteinander zu vergleichen, um eine fundierte Entscheidung zu treffen. Fehlt die Möglichkeit, eine Option mit anderen Möglichkeiten zu vergleichen, fühlt sich die Entscheidung oft weniger kontrollierbar und riskanter an. Wenn wir vor einer einzigen Option stehen, wird die Entscheidungsfindung daher schwieriger und emotional belastender, da es keine Alternativen gibt, mit denen wir die Vor- und Nachteile abwägen können.

Ein weiteres Phänomen, das in solchen Situationen häufig auftritt, ist die Reaktanz. Dieser Begriff beschreibt den inneren Widerstand, der entsteht, wenn das Gefühl aufkommt, dass die eigene Wahlfreiheit und damit die Anzahl der zur Auswahl stehenden Optionen eingeschränkt wird (Brehm & Brehm, 1981). Menschen haben das starke Bedürfnis, ihre Entscheidungsfreiheit zu bewahren, und wenn diese durch äußere Einflüsse bedroht wird, neigen sie dazu, die damit für sie verloren gegangenen Optionen umso mehr zu begehren.

Praktische Empfehlungen für den Umgang mit der Einzeloption-Aversion
Im Kontext der Inspiration ist es daher von zentraler Bedeutung, nicht nur tatsächliche Wahlfreiheit zu ermöglichen, sondern auch die Wahrnehmung dieser Freiheit zu fördern. Indem Sie mehrere Alternativen oder Perspektiven aufzeigen, stärken Sie nicht nur die tatsächliche Entscheidungsfreiheit, sondern fördern auch das Gefühl der Kontrolle. Auf diese Weise reduzieren Sie das Unbehagen und schaffen eine vertrauensvolle Grundlage für den Entscheidungsprozess.

Zeigen Sie Alternativen auf, um Entscheidungsdruck zu reduzieren Menschen empfinden eine Entscheidung oft als weniger riskant, wenn sie zwischen mehreren Alternativen wählen können. Präsentieren Sie mindestens zwei oder drei Optionen, selbst wenn die Unterschiede gering sind. Dadurch fördern Sie das Gefühl der Kontrolle und reduzieren das Unbehagen, das durch die Einzeloption-Aversion entsteht.

Beispiel „Wir könnten Ihr Vorhaben entweder schrittweise in den nächsten sechs Monaten umsetzen oder direkt als konzentriertes Projekt mit einem klaren Starttermin. Alternativ könnten wir auch eine Pilotphase vorschalten."

Ermutigen Sie zu einem Perspektivenwechsel Helfen Sie Ihrem Gesprächspartner, die Einzeloption im Vergleich zu einer hypothetischen Alternative zu bewerten. Diese Übung kann den Entscheidungsprozess erleichtern und die Wahrnehmung von Unsicherheit verringern.

Beispiel „Stellen Sie sich vor, es gäbe eine ähnliche Option, die jedoch viel länger dauert, aber weniger Ressourcen benötigt. Wie schätzen Sie Ihre aktuelle Wahl im Vergleich dazu ein?"

Nutzen Sie Szenarien, um Unsicherheiten zu entschärfen Zeigen Sie auf, wie die vorhandene Option in verschiedenen Szenarien funktionieren könnte. Dies hilft, die Option nicht isoliert, sondern im Kontext zu betrachten, wodurch Unsicherheiten reduziert werden.

Beispiel „Wenn wir diese Lösung umsetzen, könnten wir die Effizienz in einem Best-Case-Szenario um 20 % steigern. Selbst im ungünstigen Szenario würde es uns immer noch helfen, unsere Kosten stabil zu halten."

Durch diese Ansätze können Sie die Einzeloption-Aversion effektiv entschärfen und das Vertrauen in den Entscheidungsprozess stärken. So schaffen Sie eine Grundlage, auf der Ihr Gesprächspartner nicht nur rationale Entscheidungen treffen, sondern sich auch inspiriert fühlen kann, diese Entscheidungen umzusetzen.

5.12 Der Asymmetrische Dominanzeffekt: Entscheidungsoptionen strukturieren

Der asymmetrische Dominanzeffekt, auch als Decoy-Effekt bekannt, tritt auf, wenn die Wahrnehmung der Vor- und Nachteile von zwei Alternativen durch die Einführung einer dritten Option zugunsten einer der ursprünglichen Alternativen beeinflusst wird.

Ein aufschlussreiches Experiment, das von dem Psychologen und Verhaltensforscher Ariely Dan (2010) durchgeführt wurde, illustriert diesen Effekt eindrücklich. Die Teilnehmer wurden gebeten, zwischen verschiedenen Abonnement-Optionen der Zeitschrift Economist zu wählen:

1. Nur-Internet-Abonnement für 59 Dollar
2. Nur-Papierversion-Abonnement für 125 Dollar
3. Papier- und Internetversion für 125 Dollar

In dieser Konstellation wählten 84 % der Teilnehmer das Kombipaket (Papier und Internet), während lediglich 16 % das günstigere Internet-Abonnement bevorzugten. Für die reine Printversion entschied sich niemand. Sie diente hier als sogenannter „Köder", der zwar keine eigene Attraktivität besaß, aber die Vorteile des Kombipakets im Vergleich umso deutlicher hervorhob.

In einer zweiten Vergleichsgruppe wurde die Köder-Option entfernt, sodass nur zwei Wahlmöglichkeiten übrigblieben:

1. Nur-Internet-Abonnement für 59 Dollar
2. Papier- und Internetversion für 125 Dollar

Ohne die Köder-Option änderte sich das Wahlverhalten drastisch. Plötzlich entschieden sich 68 % der Teilnehmer für das günstigere Nur-Internet-Abonnement, während nur 32 % das Kombi-Paket wählten. Der Köder hatte also wesentlich dazu beigetragen, die Kombi-Option als die attraktivste Wahl erscheinen zu lassen.

Praktische Empfehlungen für den Umgang mit dem asymmetrischen Dominanzeffekt
Ein Schlüssel zu erfolgreicher Entscheidungsfindung liegt darin, wie Optionen präsentiert und verglichen werden. Menschen treffen Entscheidungen häufig nicht absolut (z. B. „Ist dieses Produkt seinen Preis wert?"), sondern relativ im Kontext der verfügbaren Alternativen (z. B. „Ist dieses Produkt im Vergleich zu den anderen Angeboten die beste Wahl?").

Nach dem Ersetzungsprinzip von Kahneman (Abschn. 2.4) neigt unser Denken dazu, komplexe Fragen durch einfache Vergleiche zu ersetzen. Statt die individuellen Vor- und Nachteile einer Option umfassend zu analysieren, vergleichen Menschen diese intuitiv mit anderen vorliegenden Alternativen, um ihre Entscheidung schneller und scheinbar effizienter zu treffen.

Der asymmetrische Dominanzeffekt ist ein Phänomen, das in diesem Kontext hilfreich sein kann, um die Entscheidung zu erleichtern. Er ermöglicht es, die Vorzüge einer Option im Vergleich zu einer anderen deutlicher hervorzuheben. Dabei sollte jedoch darauf geachtet werden, den Entscheidungsprozess auf eine Weise zu unterstützen, die die Wahlfreiheit des Gegenübers respektiert und nicht manipulativ wirkt. Die beratende Person trägt hierbei eine

5 Kognitive Stolpersteine und ihre Wirkung auf Inspiration

ethische Verantwortung: Ziel ist es, Klarheit zu schaffen, Vertrauen aufzubauen und die Entscheidungsfindung zu erleichtern, ohne die Wahlmöglichkeiten künstlich zu verzerren.

In Marketing und Pricing wird der asymmetrische Dominanzeffekt häufig eingesetzt, um Konsumenten gezielt zu bestimmten Entscheidungen zu lenken. Allerdings wirft die bewusste Manipulation von Entscheidungsprozessen ethische Fragen auf, insbesondere dann, wenn eine sogenannte Köder-Option keinen echten Wert bietet und lediglich dazu dient, die Entscheidung der Kunden in eine gewünschte Richtung zu lenken.

Ethische Inspiration erfordert, diese Techniken reflektiert einzusetzen, um die Entscheidungsfindung zu unterstützen, ohne dabei die Wahlfreiheit zu gefährden. Der Fokus sollte stets darauf liegen, Menschen zu befähigen, fundierte Entscheidungen zu treffen, die ihren tatsächlichen Bedürfnissen entsprechen.

Sie können den Asymmetrischen Dominanzeffekt nutzen, um Entscheidungsprozesse zu strukturieren und klare Vergleiche zu ermöglichen.

Bieten Sie Vergleichsmöglichkeiten Erweitern Sie die Perspektive durch die Einführung weiterer Vergleichsmöglichkeiten. Suchen Sie gezielt nach Optionen, die einer der Alternativen ähneln und analysieren Sie gemeinsam mit der Person, die Sie inspirieren wollen, die Unterschiede sowie den individuellen Nutzen jeder Option für sie. Dabei hilft es,

- die Entscheidungsfindung zu vereinfachen, da die Analyse von ähnlichen Optionen Unterschiede und Vorzüge klarer aufzeigt,
- die Selbstreflexion zu fördern, indem die Person angeregt wird, ihre Prioritäten und Bedürfnisse besser zu erkennen,
- eine fundierte Entscheidung zu treffen, die durch Klarheit und Reflexion ermöglicht wird, und
- den Entscheidungsprozess zu unterstützen, ohne die Wahlfreiheit einzuschränken.

Beispiel Stellen Sie sich vor, Sie beraten eine Person, die sich beruflich weiterentwickeln möchte, aber unsicher ist, welches Weiterbildungsprogramm für sie geeignet ist. Es stehen zwei Optionen zur Auswahl:

Option A: Ein umfassendes, sechsmonatiges Programm mit Präsenzveranstaltungen und persönlicher Betreuung für 3000 €.

Option B: Ein reines Online-Programm ohne persönliche Betreuung, das in zwei Monaten abgeschlossen werden kann und 1200 € kostet.

Die Person hat Schwierigkeiten, sich zu entscheiden, weil beide Optionen Vor- und Nachteile haben. Um die Entscheidungsfindung zu erleichtern, könnten Sie eine dritte Option suchen und ins Spiel bringen, die dem ersten Programm ähnelt, aber weniger umfangreich ist:

Option C: Ein viermonatiges Programm mit Präsenzveranstaltungen, aber ohne persönliche Betreuung, für 2800 €.

Durch die Einführung dieser dritten Option kann Option A attraktiver erscheinen, da sie im Vergleich zu Option C für nur 200 € mehr persönliche Betreuung und einen längeren, umfassenderen Kursumfang bietet. Die Person erkennt nun die Vorteile von Option A im Vergleich zu Option C deutlicher, während Option B weiterhin als günstigere, aber weniger umfassende Wahl bestehen bleibt.

Achten Sie auf die ethische Dimension Stellen Sie sicher, dass die zusätzliche Option keine rein manipulative Funktion hat, sondern tatsächlich als legitime Wahl wahrgenommen werden kann. So bleibt die Beratung fair und transparent.

Beispiel Bieten Sie eine klar begründete Zwischenlösung, die für bestimmte Zielgruppen durchaus sinnvoll ist, auch wenn sie nicht für alle optimal erscheint. Das hilft Ihrem Gesprächspartner, seine Bedürfnisse und Prioritäten besser zu erkennen.

5.13 Der Ein-Mann-Ein-Wort-Effekt: Die Kraft von Konsistenz und Verpflichtung nutzen

Der Ein-Mann-Ein-Wort-Effekt, auch Commitment and Consistency Bias genannt, ist die Tendenz, in Übereinstimmung mit ihren früheren Taten, Aussagen und Zusagen zu handeln. Dieses Verhalten entspringt dem Wunsch nach Konsistenz, der sowohl eine persönliche als auch eine soziale Dimension umfasst (Greenwald et al., 1987). Konsistenz gilt als Zeichen von Verlässlichkeit, Integrität und Kompetenz und prägt Entscheidungen sowie soziale und berufliche Beziehungen.

Wenn eine Person sich einmal zu etwas bekannt hat – sei es durch eine Äußerung, Handlung oder Verpflichtung – fühlt sie sich oft innerlich und sozial verpflichtet, dieser Linie treu zu bleiben. Dies führt dazu, dass sie ihre Entscheidungen stärker an ihren früheren Aussagen ausrichtet, um als konsistent wahrgenommen zu werden.

Praktische Empfehlungen für den Umgang mit dem Ein-Mann-Ein-Wort-Effekt
Im Kontext der Inspiration kann der Ein-Mann-Ein-Wort-Effekt gezielt genutzt werden, um Engagement und Motivation zu fördern. Dabei sollte es nicht darum gehen, Manipulation auszuüben, sondern die Kraft der Konsistenz zu nutzen, um Menschen zu unterstützen, Entscheidungen in Einklang mit ihren Werten und Überzeugungen zu treffen.

Kleine, initiale Zusagen können dabei helfen, größere Entschlossenheit zu schaffen. Ein Beispiel aus dem Verkauf zeigt, wie dieses Prinzip praktisch genutzt wird: Wenn ein Kunde zunächst äußert, dass ihm Qualität wichtiger ist als der Preis, kann diese Aussage später herangezogen werden, um ihm ein hochpreisiges Qualitätsprodukt anzubieten. Der Kunde neigt dazu, seine frühere Aussage zu stützen und handelt daher eher in Übereinstimmung mit seiner Äußerung, was seine Bereitschaft erhöht, sich für das Qualitätsprodukt zu entscheiden.

Erinnern Sie an frühere Zusagen Wenn jemand zuvor eine Meinung oder Absicht geäußert hat, können Sie diese nutzen, um die Person zu motivieren, entsprechend ihrer Aussage zu handeln.

Beispiel „Sie haben bereits erwähnt, wie wichtig Ihnen Umweltschutz ist. Vielleicht wäre dieses nachhaltige Projekt genau das Richtige für Sie."

Fordern Sie kleine, realistische Verpflichtungen Fordern Sie kleine Zusagen, die im Einklang mit dem gewünschten Verhalten stehen. Diese kleinen Schritte erhöhen die Wahrscheinlichkeit, dass die Person später größere Entschlossenheit erlangt.

Beispiel „Könnten Sie beim nächsten Treffen Ihre Perspektive zu diesem Thema kurz darstellen? Das wäre ein wertvoller Beitrag."

Machen Sie das Engagement öffentlich Halten Sie Zusagen schriftlich fest oder machen Sie sie öffentlich, um das Gefühl der Verpflichtung zu verstärken.

Beispiel „Wenn Sie Ihre Idee im Teammeeting vorstellen, können wir die Meinungen und Rückmeldungen der Kollegen einholen, um sie gemeinsam weiterzuentwickeln."

Knüpfen Sie an persönliche Werte an Koppeln Sie die Entscheidung an Werte oder Überzeugungen, die der Person wichtig sind.

Beispiel „Ihre Leidenschaft für Bildung könnte der Schlüssel sein, um dieses Projekt erfolgreich zu machen."

Betonen Sie die Freiwilligkeit Achten Sie darauf, dass die Schritte, die Sie vorschlagen, im Interesse Ihres Gesprächspartners sind und von ihm freiwillig unternommen werden, um Druck oder Manipulation zu vermeiden.

Beispiel „Ich schlage vor, dass Sie diese Idee in Erwägung ziehen, wenn Sie glauben, dass sie für Sie sinnvoll ist."

Wie die gezielte Erinnerung an Kundenäußerungen die Verkaufszyklen verkürzt und den Verkaufserfolg steigert

In einem meiner Vertriebsoptimierungsprojekte begleitete ich ein Team von Verkäufern, die sich über lange Verkaufszyklen beklagten. Oft verging viel Zeit zwischen der Angebotslegung und der finalen Entscheidung des Kunden. Besonders frustrierend war für sie, dass selbst potenzielle Kunden, die zunächst starkes Kaufinteresse signalisiert hatten, sich später zurückzogen oder letztlich nicht kauften.

Ich bat die Verkäufer, zurückzudenken und zu erläutern, woran sie eine unmittelbar bevorstehende Kaufentscheidung erkannt hatten. Dabei zeigte sich ein eindeutiges Muster: Viele dieser Kunden hatten während des Gesprächs den individuellen Nutzen des Produktes oder klare Vorteile einer Kaufentscheidung formuliert. Sie äußerten etwa, dass das Produkt ihre Prozesse erleichtern oder ihnen Wettbewerbsvorteile verschaffen würde. Diese Aussagen gingen jedoch im weiteren Verkaufsprozess oft verloren.

Die Lösung, die wir entwickelten, sah folgendermaßen aus: Unser Ansatz bestand darin, genau diese positiven Aussagen gezielt zu nutzen. Anstatt am Ende des Gesprächs direkt auf eine Kaufentscheidung zu drängen, sollten die Verkäufer den Kunden behutsam an ihre eigenen Überlegungen erinnern. Doch anstatt zu sagen: „Sie haben gesagt, dass ...", wählten wir eine subtilere, kundenorientierte Formulierung: „Ich habe Ihre Ausführungen so verstanden, dass ..."

Diese Formulierung rief die eigenen Worte des Kunden ins Bewusstsein, ohne ihn in die Defensive zu drängen (Abschn. 5.3). Der Kunde konnte dem zustimmen, ohne sich unter Druck gesetzt zu fühlen.

Zusätzlich führten wir eine weitere Maßnahme ein: eine gezielte Nachfassstrategie. Wenn ein Kunde nach einem vielversprechenden Gespräch dennoch nicht kaufte, nahmen die Verkäufer erneut Kontakt auf. Diesmal erinnerten sie den Kunden bewusst an die Argumente, die er selbst genannt hatte.

Diese einfache, aber wirkungsvolle Technik führte dazu, dass ein spürbar höherer Anteil der Kunden sich schließlich für den Kauf entschied. Die Kunden fühlten sich verstanden und ernst genommen, während die Verkäufer davon profitierten, dass Kaufentscheidungen schneller und konsequenter getroffen wurden.

Dieses Beispiel zeigte, wie der Ein-Mann-Ein-Wort-Effekt im Vertrieb genutzt werden konnte. Indem Verkäufer Kunden an ihre eigenen Überzeugungen erinnerten – ohne Druck auszuüben – stieg die Wahrscheinlichkeit, dass diese ihren eigenen Worten treu blieben und sich letztlich für den Kauf entschieden.

Die in diesem Beispiel geschilderte Taktik ist nicht nur im Vertrieb wirksam. Es lässt sich auf viele andere Situationen übertragen, in denen es darum geht, Menschen zu einer bewussten Entscheidung zu führen. Die bewusste Erinnerung an frühere Äußerungen hilft, Motivation und Engagement aufrechtzuerhalten. Der Ein-Mann-Ein-Wort-Effekt verstärkt das Gefühl der Verantwortung und bewegt Menschen dazu, ihren eigenen Worten und Überzeugungen treu zu bleiben.

5.14 Gegenseitigkeit: Das Prinzip des Gebens und Nehmens

Das Prinzip der Gegenseitigkeit ist tief in der menschlichen Natur verwurzelt und bildet eine fundamentale Grundlage für soziale Interaktionen und Zusammenarbeit. Menschen fühlen sich verpflichtet, Gefälligkeiten zu erwidern – sei es durch eine Geste, ein Geschenk oder einen Gefallen. Diese Neigung stärkt zwischenmenschliche Beziehungen, fördert Vertrauen und schafft nachhaltige Verbindungen.

Die Regel der Gegenseitigkeit hat sich evolutionär entwickelt, um Kooperation und gegenseitige Unterstützung zu fördern. Indem Ressourcen wie Nahrung, Fürsorge oder Wissen geteilt wurden, entstand ein stabileres soziales Gefüge. Diese Mechanismen ermöglichen es, in Vorleistung zu gehen und darauf zu vertrauen, dass die Hilfe nicht vergeblich war. Im Alltag zeigt sich Gegenseitigkeit in kleinen Gesten: Eine Einladung wird mit einer Gegeneinladung beantwortet, ein Geschenk wird erwidert, und eine Hilfestellung führt oft dazu, dass die unterstützte Person später ebenfalls Hilfe anbietet. Diese alltäglichen Beispiele verdeutlichen, wie tief das Prinzip der Gegenseitigkeit in unserem Verhalten verankert ist.

Die Verpflichtung zur Gegenseitigkeit beeinflusst nicht nur unser Verhalten, sondern auch unsere Entscheidungen. Dieses Prinzip findet in vielen Bereichen Anwendung:

- Marketing und Verkauf: Kostenlose Proben oder kleine Gaben können die Wahrscheinlichkeit erhöhen, dass Kunden ein Produkt kaufen. Diese „Gaben" müssen nicht zwangsläufig physische Werbegeschenke sein. Auch immaterielle Werte wie gute Ideen, anregende Fragen oder alternative Perspektiven können einen ähnlichen Effekt haben. Sie schaffen eine positive Beziehung und fördern das Vertrauen, was den Kunden dazu anregen kann, eine Kaufentscheidung zu treffen.
- Politik: Politische Zugeständnisse oder Vorteile können als subtile Form von Gegenseitigkeit eingesetzt werden, um Unterstützung zu gewinnen.
- Verhandlungen: Durch gegenseitige Zugeständnisse wird das Gefühl geschaffen, ebenfalls nachgeben zu müssen.

Praktische Empfehlungen zur Nutzung der Gegenseitigkeit
Beim Inspirieren spielt Gegenseitigkeit eine entscheidende Rolle, da sie nicht nur Vertrauen schafft, sondern auch den Austausch von Ideen und Perspektiven fördert. Wenn Sie einer Person unaufgefordert Unterstützung anbieten oder auch nur ihre Leistung anerkennen, öffnen Sie die Tür zu einem offenen und produktiven Dialog. Diese Gesten signalisieren, dass Sie den Erfolg und die Bedürfnisse der anderen Person ernst nehmen, was sie wiederum motiviert, sich ebenfalls für Ihre Anliegen zu öffnen und aktiv einzubringen.

Ein inspirierendes Gespräch wird durch Gegenseitigkeit oft dynamischer und kreativer. Indem Sie Ihrem Gegenüber die Möglichkeit geben, sich aktiv einzubringen – sei es durch das Teilen von Ideen, das Stellen von Fragen oder das Einbringen eigener Vorschläge – entsteht eine Atmosphäre des gegenseitigen Respekts und der Wertschätzung. Diese Offenheit schafft Raum für innovative Lösungsansätze und stärkt die Bereitschaft, gemeinsam neue Wege zu gehen.

Beispiel Sie sprechen mit einem Teammitglied über eine Herausforderung im Projekt. Statt direkt Lösungsvorschläge zu präsentieren, könnten Sie sagen: „Ich habe gesehen, wie erfolgreich Sie die letzte Hürde gemeistert haben. Gibt es vielleicht eine Herangehensweise, die Ihnen dabei besonders geholfen hat und die wir jetzt nutzen könnten?" Indem Sie Ihre Anerkennung ausdrücken und gleichzeitig um Input bitten, schaffen Sie eine Atmosphäre des gegenseitigen Wohlwollens, in der nicht nur Vertrauen, sondern auch Kreativität wächst.

Das Prinzip der Gegenseitigkeit entfaltet auch in Verhandlungen und Verkaufsgesprächen eine beeindruckende Wirkung. Indem man gezielt kleine Gefälligkeiten oder Zugeständnisse anbietet, schafft man eine positive Atmosphäre. Diese Gesten fördern ein Entgegenkommen und erhöhen die Bereitschaft der anderen Partei, auf Vorschläge einzugehen oder gemeinsame Lösungen zu finden.

In Verhandlungen kann Gegenseitigkeit beispielsweise genutzt werden, indem eine Seite bewusst ein Zugeständnis macht, das die Gegenseite motiviert, ebenfalls ein Entgegenkommen zu zeigen. Sie stärkt die kooperative Haltung und erleichtert die gemeinsame Lösungsfindung.

Beispiel Ein potenzieller Kunde zeigt Interesse an Ihrem Produkt, ist jedoch unsicher wegen den Kosten. Anstatt nur den Preis zu verteidigen, könnten Sie ein kleines, aber für den Kunden wertvolles Extra anbieten: „Ich verstehe, dass Sie noch zögern. Wie wäre es, wenn ich Ihnen zusätzlich eine kostenlose Schulung für Ihr Team anbiete, damit Sie das Produkt optimal nutzen können?" Diese Geste zeigt nicht nur Ihre Bereitschaft zur Unterstützung, sondern löst auch das Gefühl der Gegenseitigkeit aus, wodurch der Kunde eher bereit ist, sich auf das Angebot einzulassen.

Beispiel Stellen Sie sich vor, Sie verhandeln mit einem Geschäftspartner über ein langfristiges Projekt. Um die Verhandlung voranzubringen, sagen Sie: „Wir könnten uns vorstellen, in der Anfangsphase mehr Ressourcen einzubringen, um die Umsetzung zu beschleunigen. Könnten Sie im Gegenzug zusätzliche Daten zur Verfügung stellen, die uns helfen, den Prozess effizienter zu gestalten?" Dieses Angebot eines ersten Zugeständnisses ermutigt den Geschäftspartner, seinerseits ebenfalls entgegenzukommen.

Die bewusste und ethische Nutzung des Prinzips der Gegenseitigkeit stärkt Beziehungen und sorgt dafür, dass Verhandlungen und Verkaufsgespräche auf einer positiven und lösungsorientierten Basis verlaufen. Es geht darum, gegenseitiges Verständnis und Kooperation zu fördern – nicht durch Manipulation, sondern durch authentische Wertschätzung und Unterstützung.

Schaffen Sie Mehrwert in Ihren Beziehungen Sorgen Sie dafür, dass Ihre Interaktionen stets einen erkennbaren Nutzen für Ihr Gegenüber bieten – sei es durch nützliche Informationen, neue Perspektiven oder anregende Fragen.

Beispiel: Sie sprechen mit einem potenziellen Kunden, der unsicher ist, ob er in eine neue Technologie investieren soll. Sie fragen: „Welche Chancen könnten sich für Sie ergeben, wenn Sie Ihren Wettbewerbern in diesem Bereich einen Schritt voraus wären?"

Diese Frage lenkt den Fokus auf die Vorteile einer Entscheidung und regt den Kunden dazu an, mögliche Chancen selbst zu erkennen. Gleichzeitig zeigt sie, dass Sie sich mit seinen Herausforderungen auseinandersetzen und einen Mehrwert in Form von Perspektivenwechsel bieten.

Bringen Sie Anerkennung und Wertschätzung ein Stellen Sie sicher, dass Ihre Anerkennung aufrichtig ist und sich auf konkrete Leistungen oder Erfolge bezieht. Dies vermittelt Wertschätzung und stärkt das Vertrauen.

Beispiel Während eines Gesprächs mit einem Teammitglied sagen Sie: „Ich habe bemerkt, wie engagiert Sie sich in den letzten Wochen für dieses Projekt eingesetzt haben, besonders bei der Lösung der komplexen technischen Herausforderung. Ihr Beitrag hat wirklich den Unterschied gemacht und uns geholfen, den Zeitplan einzuhalten." Diese gezielte Anerkennung hebt nicht nur die Leistung hervor, sondern macht auch klar, warum sie geschätzt wird. Das stärkt das Vertrauen und motiviert das Teammitglied, weiterhin engagiert zu handeln.

Bieten Sie passende Unterstützung an Berücksichtigen Sie die Bedürfnisse und Interessen der Person. Eine gut durchdachte Unterstützung zeigt Wertschätzung und bleibt im Gedächtnis.

Beispiel Sie bemerken, dass ein Kollege unsicher ist, ob er eine neue Aufgabe annehmen soll. Sie sagen: „Ich habe ein paar Ressourcen und Kontakte zusammengestellt, die Ihnen den Einstieg erleichtern könnten. Damit werden Sie die Aufgabe sicher erfolgreich meistern." Durch die Weitergabe von relevanten Informationen oder Kontakten zeigen Sie Unterstützung und Interesse an ihrem Erfolg. Dies verstärkt die Beziehung und schafft eine positive Grundlage, die sie dazu beiträgt, dass sie über ihre Entscheidung nachdenkt und die Herausforderung annimmt.

Bauen Sie langfristige Beziehungen auf Planen Sie Ihre Unterstützung so, dass sie langfristige Auswirkungen hat, und zeigen Sie ein echtes Interesse an dem Erfolg Ihres Gesprächspartners.

Beispiel In einem Gespräch mit einem neuen Teammitglied, das sich mit seiner Rolle noch unsicher fühlt, sagen Sie: „Ich möchte sicherstellen, dass Sie sich bei uns gut aufgehoben fühlen. Deshalb schlage ich vor, dass wir uns regelmäßig zusammensetzen, um über Ihre Fortschritte und mögliche Herausforderungen zu sprechen. Ich habe auch einen Kollegen, der schon länger in einer ähnlichen Rolle arbeitet – ich stelle Sie gerne vor. Er kann Ihnen wertvolle Einblicke geben und langfristig ein guter Ansprechpartner sein." Dieses Angebot zeigt nicht nur kurzfristige Unterstützung, sondern auch ein echtes Interesse daran, das Teammitglied nachhaltig zu fördern. Es schafft eine Basis für Vertrauen und zeigt, dass die Unterstützung auf langfristige Zusammenarbeit abzielt. Dies stärkt die Beziehung und legt den Grundstein für eine positive, motivierende Dynamik.

Durch die bewusste Anwendung des Prinzips der Gegenseitigkeit können Sie Vertrauen aufbauen und jenen Einfluss gewinnen, der notwendig ist, um Menschen zu inspirieren. Authentische Gesten und echte Unterstützung schaffen positive Beziehungen, die nicht nur kurzfristig wirken, sondern auch langfristig Bestand haben. Indem Sie auf die Bedürfnisse Ihres Gegenübers eingehen und Mehrwert bieten, fördern Sie eine Atmosphäre des gegenseitigen Respekts und der Zusammenarbeit.

> **Mit Gegenseitigkeit frühzeitig ins Gespräch kommen und auf Augenhöhe mit Kunden agieren**
>
> In gesättigten Märkten, in denen Kunden ihre Beschaffungsentscheidungen zunehmend eigenständig und ohne direkten Austausch mit Verkäufern treffen, wird es immer schwieriger, frühzeitig mit potenziellen Käufern ins Gespräch zu kommen. Entscheider stehen unter erheblichem Zeitdruck und verfügen über eine Fülle an Informationen aus dem Internet, wodurch sie oft das Gefühl haben, keinen zusätzlichen Austausch mit Verkäufern zu benötigen. In vielen Fällen erfolgt ein persönlicher Kontakt mit dem Vertrieb erst in einer späten Phase des Beschaffungsprozesses – zu einem Zeitpunkt, an dem die Entscheidungsfindung bereits weitgehend abgeschlossen ist und wertvolle Einflussmöglichkeiten für den Verkauf ungenutzt geblieben sind.
>
> In meinen Projekten zur Vertriebsoptimierung entwickle ich mit den Verkaufsteams meiner Mandanten gezielte Taktiken, um bereits früh im Entscheidungsprozess präsent zu sein. Ein zentraler Ansatz dabei ist die Gegenseitigkeitsheuristik: Wenn ein Kunde einen spürbaren Mehrwert aus einem Gespräch zieht, steigt seine Bereitschaft, Zeit zu investieren – und damit auch die Wahrscheinlichkeit, dass er sich für das Unternehmen als Anbieter öffnet.
>
> Dieser Mehrwert muss von Anfang an klar erkennbar sein. Es geht nicht darum, den Kunden sofort zu überzeugen, sondern ihm einen echten Nutzen zu bieten: wertvolle Informationen oder Erkenntnisse, die nicht ohne Weiteres im Internet zu

finden sind, anregende Fragestellungen, praxisrelevante Studienergebnisse oder branchenspezifische Einblicke. Diese Taktik verändert die Dynamik des Gesprächs. Der Kunde nimmt den Verkäufer nicht mehr als bloßen Anbieter wahr, der seine Zeit beansprucht, ohne ihm etwas zurückzugeben, sondern als wertvollen Gesprächspartner, der ihn mit exklusiven Informationen und neuen Perspektiven in seiner Entscheidungsfindung unterstützt.

Die Erfahrung zeigt: Sobald ein Kunde das Gefühl hat, dass ein Gespräch ihm unmittelbar weiterhilft, entsteht ein großes Interesse – er ist offener für weitere Interaktionen. Dadurch kann der Vertrieb sich in einer frühen Phase als relevanten, gerngesehenen Ansprechpartner etablieren und spätere Verkaufschancen frühzeitig erkennen und souverän nutzen. Dafür ist es notwendig, die eigene Einstellung zum Verkauf zu ändern: Es geht nicht darum, etwas zu verkaufen, sondern darum, dem Kunden als Berater zur Seite zu stehen und ihn dabei zu unterstützen, die für ihn beste Entscheidung zu treffen.

Diese Einstellung bringt einen entscheidenden Vorteil für den Verkäufer: Er kann viel selbstbewusster auftreten, da er sich nicht als Bittsteller, sondern als kompetenter Partner sieht. Gleichzeitig fällt es ihm leichter, mit möglichen Ablehnungen umzugehen, weil er sich nicht als bloßen Verkäufer, sondern als Berater wahrnehmen kann. Und nicht zuletzt erlebt er eine größere Freude an seiner Tätigkeit. Denn anstatt sich zu klassischen Verkaufsgesprächen zu zwingen, führt er sinnvolle, wertschätzende Dialoge auf Augenhöhe, schafft Mehrwert und arbeitet darauf hin, sein Gegenüber zu inspirieren.

5.15 Soziale Bestätigung: Die Kraft des kollektiven Verhaltens

5 Kognitive Stolpersteine und ihre Wirkung auf Inspiration

Soziale Bestätigung beschreibt die Tendenz, Meinungen und Verhaltensweisen anderer zu beobachten und zu übernehmen, besonders in unsicheren Situationen. Menschen orientieren sich daran, was andere tun, und empfinden Handlungen als angemessen, wenn viele sie ausführen. Diese Orientierung hilft oft, Fehler zu vermeiden und Risiken besser einzuschätzen.

Je mehr Menschen eine Idee unterstützen, desto wahrscheinlicher wird sie als richtig wahrgenommen. Besonders in unsicheren Situationen neigen Menschen dazu, sich der Mehrheit anzuschließen und lassen sich stärker von Gruppen beeinflussen, mit denen sie sich identifizieren können. Studien wie jene des Politikwissenschaftlers Robert O'Connor zeigen, dass soziale Bestätigung sogar tief verwurzelte Verhaltensweisen verändern kann: Ein einziges Mal das richtige Verhalten anderer zu beobachten, hatte bei Schulkindern nachhaltige positive Effekte (O'Connor, 1972). In O'Connors Studie wurde festgestellt, dass Kinder, die einmal positives Verhalten von Gleichaltrigen beobachteten, ihr eigenes Verhalten langfristig verbesserten. Diese Ergebnisse unterstreichen die Kraft sozialer Bestätigung als wirksames Mittel zur Förderung positiver Verhaltensänderungen.

Soziale Bestätigung spielt eine zentrale Rolle bei der Etablierung sozialer Normen. In Unternehmen und Gruppen beeinflussen Führungskräfte und Mitglieder durch ihr Verhalten die Erwartungen und Regeln der Gemeinschaft. Menschen passen sich diesen Normen an, um Zugehörigkeit und Akzeptanz zu erfahren.

Die Wirkung der sozialen Bestätigung ist besonders stark, wenn Entscheidungen als risikobehaftet wahrgenommen werden. Referenzen, Empfehlungen oder Erzählungen über erfolgreiche Beispiele helfen, Ängste zu mindern und Vertrauen zu schaffen.

Praktische Empfehlungen zur Nutzung der sozialen Bestätigung
Soziale Bestätigung ist ein wertvolles Instrument, um Ängste ab- und Vertrauen aufzubauen. Menschen fühlen sich sicherer, wenn sie wissen, dass andere bereits ähnliche Schritte unternommen haben und davon profitieren konnten. Referenzen, Empfehlungen und Geschichten von Menschen in vergleichbaren Situationen wirken besonders überzeugend und schaffen eine positive Dynamik.

Durch den gezielten Einsatz von Beispielen und Erzählungen können Sie nicht nur Vertrauen stärken, sondern auch die Motivation fördern. Zeigen Sie, wie andere Menschen von ähnlichen Entscheidungen oder Handlungen profitiert haben, und betonen Sie den positiven Ausblick, den diese Schritte mit sich bringen. Das hilft Ihrem Gegenüber, sich die Vorteile der Entscheidung klarer vorzustellen und sie in Betracht zu ziehen.

Setzen Sie Referenzen ein Nutzen Sie Beispiele von Menschen oder Unternehmen, die in einer ähnlichen Situation wie Ihr Gegenüber waren und erfolgreich gehandelt haben.

Beispiel „Ein Kunde aus Ihrer Branche stand vor einer ähnlichen Herausforderung. Er entschied sich, den Markt durch eine gezielte Online-Strategie zu erweitern, und konnte seinen Umsatz in sechs Monaten um 20 % steigern. Wenn Sie möchten, kann ich den Kontakt zu ihm herstellen, damit Sie direkt über seine Erfahrungen sprechen können."

Binden Sie glaubwürdige Experten oder Vorbilder ein Ziehen Sie Meinungen oder Empfehlungen von Experten, die als vertrauenswürdige Quelle gelten, heran.

Beispiel „Die Empfehlungen von Branchenführern zeigen, dass Unternehmen, die auf diese Technologie setzen, schneller wachsen und ihre Effizienz steigern."

Setzen Sie Story-Telling ein Identifizieren Sie mögliche Bedenken und bieten Sie positive Beispiele an. Verpacken Sie Ihre Beispiele in eine emotionale Geschichte, die Identifikation schafft und die Botschaft verdeutlicht (Abschn. 7.4).

Beispiel „Viele Unternehmer hatten zunächst Bedenken, in diese neue Technologie zu investieren, da sie sich ähnlich wie Sie über die langfristigen Vorteile unsicher waren. Nachdem sie die Technologie jedoch getestet und erste Erfolge erzielt hatten – etwa eine spürbare Effizienzsteigerung und positive Rückmeldungen von Kunden –, freuten sie sich darüber, den Schritt gewagt zu haben. Sie berichteten sogar, dass ihre Erwartungen übertroffen wurden."

Heben Sie Gemeinsamkeiten hervor Zeigen Sie auf, wie Ihre Beispiele mit der Situation Ihres Gegenübers übereinstimmen. Das vertieft das Vertrauen und die Bereitschaft, ähnliche Schritte zu unternehmen.

Beispiel „Das Unternehmen, das ich erwähnte, hat eine ähnliche Unternehmensgröße und ist in Ihrer Branche tätig. Ihre Entscheidung könnte ebenso erfolgreich sein."

5.16 Priorisierung und Dringlichkeit: Wichtige Entscheidungen rechtzeitig angehen

Menschen neigen dazu, Aufgaben und Themen, die aktuell ihre Aufmerksamkeit erregen, als dringender und wichtiger wahrzunehmen, als sie objektiv betrachtet sind. Diese Tendenz führt oft dazu, dass kurzfristige Dringlichkeiten Priorität erhalten, während langfristige, strategisch wichtige Ziele vernachlässigt werden. Dringende operative Aufgaben zu erledigen, bietet unmittelbare Erfolgserlebnisse. Wichtige Aufgaben, die erst in der Zukunft zu Ergebnissen führen, werden hingegen oft aufgeschoben – ein Verhalten, das langfristigen Erfolg gefährden kann.

Die „Assoziationsmaschine" in unserem Denken (Abschn. 2.6) verstärkt die Tendenz, sichtbare oder auffällige Informationen zu bevorzugen. Alles, was emotional aufgeladen ist, visuell ins Auge sticht oder durch häufige Wiederholung präsent bleibt, aktiviert unser intuitives Denksystem und beeinflusst, was wir als dringlich empfinden. Dies kann dazu führen, dass wir Entscheidungen auf Basis kurzfristiger Dringlichkeiten treffen, während wichtige, aber derzeit weniger auffällige Aspekte in den Hintergrund treten.

Jede Entscheidung bringt den Verzicht auf andere Möglichkeiten mit sich, da unsere Zeit und Ressourcen begrenzt sind. Wenn wir uns zu stark auf kurzfristige Aspekte konzentrieren, riskieren wir, wertvolle langfristige Chancen zu übersehen. Das Verhalten, Informationen oder Ereignisse, die unsere Aufmerksamkeit erregen, als bedeutender wahrzunehmen, hat evolutionsgeschichtliche Wurzeln. In der frühen Menschheitsgeschichte war es überlebenswichtig, schnell auf auffällige Reize wie verdächtige Bewegungen oder Geräusche zu reagieren. Diese Mechanismen halfen unseren Vorfahren, Bedrohungen zu erkennen und Ressourcen effizient zu nutzen. Heute jedoch können diese Mechanismen in bestimmten Situationen zu einer Verzerrung der Wahrnehmung führen, bei der wir die Wichtigkeit sichtbarer oder auffälliger Informationen überschätzen und andere, strategisch wichtigere Aspekte vernachlässigen.

Praktische Empfehlungen für den Umgang mit der Priorisierung und Dringlichkeit
Bevor Menschen sich auf eine Veränderung einlassen, möchten sie zunächst verstehen, warum diese notwendig ist – und vor allem, weshalb sie genau jetzt erfolgen sollte. Andernfalls neigen sie dazu, den Entschluss hinauszuzögern. Je länger eine Veränderung aufgeschoben wird, desto unwahrscheinlicher wird ihre tatsächliche Umsetzung. Das liegt unter anderem daran, dass sich mit der Zeit die Wahrnehmung der Situation wandelt, neue Prioritäten entstehen oder die dafür benötigten Ressourcen bereits anders gebunden werden.

Um Menschen zu inspirieren, ist es entscheidend, ein Gefühl von Dringlichkeit zu erzeugen, ohne dabei zu viel Druck auszuüben. Zu starker Druck kann Reaktanz auslösen – einen Widerstand gegen wahrgenommene Einschränkungen der Freiheit (Brehm & Brehm, 1981). Stattdessen sollten Sie die Aufmerksamkeit auf die positiven Ergebnisse und langfristigen Vorteile der gewünschten Entscheidung oder Handlung lenken. Dadurch wird das Thema als bedeutungsvoller und relevanter wahrgenommen.

Beispiel „Stellen Sie sich vor, wie sich Ihr Unternehmen entwickeln könnte, wenn Sie diese Entscheidung jetzt treffen. In zwei Jahren könnten Sie an einem Punkt sein, an dem Sie Ihre Konkurrenten deutlich hinter sich gelassen haben."

Durch solche Verknüpfungen wird die Aufmerksamkeit auf die langfristigen Ergebnisse gelenkt, und die Assoziationsmaschine arbeitet für Sie, indem sie positive Verbindungen aktiviert, ins Bewusstsein rückt und weiter festigt.

5 Kognitive Stolpersteine und ihre Wirkung auf Inspiration

Lenken Sie den Fokus auf langfristige Ziele Stellen Sie dar, wie die vorgeschlagene Entscheidung oder Handlung zur Erreichung der übergeordneten Ziele der Person beiträgt.

Beispiel „Wenn Sie diesen Schritt jetzt gehen, könnten Sie Ihre langfristigen Ziele viel schneller erreichen. Wie würde sich das auf Ihre zukünftigen Möglichkeiten auswirken?"

Heben Sie den aktuellen Handlungsbedarf hervor Verdeutlichen Sie, warum jetzt der richtige Zeitpunkt ist, eine Entscheidung zu treffen, ohne Druck auszuüben.

Beispiel „Dieser Markttrend ist gerade im Aufschwung. Wenn Sie jetzt einsteigen, könnten Sie sich einen klaren Wettbewerbsvorteil sichern."

Machen Sie die Opportunitätskosten bewusst Zeigen Sie auf, welche konkreten Kosten oder Nachteile durch ein Aufschieben der Entscheidung entstehen könnten, um die Dringlichkeit zu unterstreichen.

Beispiel „Wenn Sie die Einführung dieser Lösung um ein weiteres Quartal verschieben, zahlen Sie nicht nur weiterhin für ineffiziente Abläufe, sondern verzichten auch auf die Vorteile kürzerer Lieferzeiten, die Ihre Lagerhaltungskosten deutlich senken könnten. Welche Auswirkungen würde das auf Ihr Jahresergebnis und Ihre Wettbewerbsfähigkeit haben?"

Fördern Sie Reflexion Helfen Sie Ihrem Gesprächspartner, seine eigenen Prioritäten zu erkennen und ihre Aufmerksamkeit auf langfristig wichtige Ziele zu lenken.

Beispiel „Was sind Ihre langfristigen Ziele, und wie könnte diese Entscheidung Sie Ihren Zielen näherbringen?"

Durch diese Ansätze helfen Sie Ihrem Gegenüber, kurzfristige Dringlichkeiten und langfristige Prioritäten besser auszubalancieren und Entscheidungen zu treffen, die nachhaltigen Erfolg fördern.

Engpässe identifizieren, Dringlichkeit schaffen und Unternehmensstrategien umsetzen

In meinen Projekten zur Entwicklung von umsetzungsorientierten Unternehmensstrategien analysiere ich gemeinsam mit meinen Mandanten eine Vielzahl von Faktoren: die Unterscheidungsmerkmale, die strategische Ausgangssituation und aktuelle Positionierung, die verfügbaren Ressourcen und Wettbewerbsvorteile, die Marktdynamik und die Wettbewerbssituation. Darüber hinaus spielen auch die Firmengeschichte, Werte und Ziele der Firmeninhaber eine entscheidende Rolle. Erst auf dieser Basis entwickle ich eine stimmige Marktpositionierung und die Maßnahmen zur Umsetzung.

Ich habe in vielen dieser Projekte gelernt, dass nicht die Umsetzung der Maßnahmen zur Verwirklichung der Strategie die größte Hürde darstellt, sondern oft interne Engpässe, die eine schnelle und erfolgreiche Umsetzung blockieren oder sogar unmöglich machen. Diese Engpässe werden in der täglichen Arbeit meist als unveränderliche Rahmenbedingungen akzeptiert – doch in Wahrheit sind sie oft der entscheidende Faktor für Erfolg oder Stagnation. Beispiele für solche Engpässe sind:

Ein zu breites Produktangebot
Ein Unternehmen, das zu viele verschiedene Produkte anbietet, verliert oft an Skalierbarkeit und Effizienz. Jedes zusätzliche Produkt bedeutet höheren Entwicklungsaufwand, komplexere Produktions- und Logistikprozesse, schwierigeres Marketing und Vertrieb.

Fehlende Produktstandards
Wenn ein Unternehmen seine Produkte nicht standardisiert, entsteht eine technische Fragmentierung, die das Wachstum massiv behindert. Jede Kundenlösung wird individuell entwickelt, Service und Wartung und Produktpflege sind aufwendig. Die Skalierbarkeit wird erschwert.

Kein aktiver Vertrieb
Viele Unternehmen verlassen sich auf eingehende Kundenanfragen, anstatt aktiv ihre Zielgruppe zu adressieren. Das führt dazu, dass sie fremdgesteuert arbeiten, statt ihr Geschäft gezielt zu entwickeln. Das Unternehmen passt sich ständig den Anforderungen einzelner Kunden an. Wachstum ist schwer planbar, da keine aktive Marktbearbeitung erfolgt.

Fehlende oder falsche PR-Maßnahmen
Ein Unternehmen kann fachlich hervorragend aufgestellt sein, aber dennoch Schwierigkeiten haben, qualifizierte Mitarbeiter zu gewinnen oder zu halten – insbesondere, wenn es als Arbeitgeber nicht sichtbar oder nicht attraktiv genug wahrgenommen wird.

Anstatt sofort Maßnahmen zur Umsetzung der neuen Strategie zu ergreifen, verfolge ich einen systematischen Engpass-Ansatz: Bevor wir Ressourcen in Marketing, Vertrieb, Produktion oder Produktentwicklung investieren, identifizieren wir zunächst den limitierenden Faktor, der die größte Hebelwirkung auf die gedeihliche Weiterentwicklung des Unternehmens hat.

5 Kognitive Stolpersteine und ihre Wirkung auf Inspiration 131

> Oft zeigt sich dabei, dass Unternehmen zwar erkennen, was sie langfristig erreichen wollen, aber den eigentlichen Engpass nicht als wichtig genug wahrnehmen. Hier ist es entscheidend, die Dringlichkeit aufzuzeigen, ohne Druck auszuüben.
>
> - Ich stelle gezielt Fragen, um den Fokus auf langfristige Ziele zu lenken:
>   „Was bedeutet es für Ihr Unternehmen, wenn Sie in zwei Jahren noch immer mit diesem Engpass kämpfen?"
> - Ich mache die Opportunitätskosten bewusst:
>   „Welche Aufträge oder Marktchancen entgehen Ihnen, weil Sie aktuell nicht aktiv steuern können, wohin sich Ihr Geschäft entwickelt?"
> - Ich betone den aktuellen Handlungsbedarf:
>   „Wenn wir jetzt nicht ansetzen, wird dieser Engpass weiterhin Ressourcen binden und Ihre strategischen Ziele verzögern. Was wäre eine pragmatische erste Maßnahme?"
>
> Durch diesen Ansatz gelingt es, nicht nur langfristige Prioritäten in den Vordergrund zu rücken, sondern auch die Notwendigkeit sofortiger Maßnahmen zu verdeutlichen. Anstatt über Monate an einer theoretischen Strategie zu feilen, die dann in der Schublade verschwindet, identifizieren und beseitigen wir zuerst die internen Blockaden, sodass die Strategie nicht nur entwickelt, sondern auch umgesetzt wird.

Dieses Beispiel zeigt, wie wichtig es ist, die Balance zwischen langfristiger Strategie und dringender Maßnahmen zu finden. Dringlichkeit entsteht nicht durch Druck, sondern durch eine klare, nachvollziehbare Verbindung zwischen aktuellen Herausforderungen und zukünftigen Chancen. Die Erkenntnisse aus diesem Beispiel lassen sich auf viele andere Situationen übertragen, in denen es darum geht, Menschen zu inspirieren.

Menschen werden eher handeln, wenn sie verstehen, welche konkreten Engpässe sie aufhalten und warum jetzt der richtige Zeitpunkt ist, diese zu lösen. Oft scheitert die Umsetzung daran, dass kurzfristige Dringlichkeiten den Blick auf die wirklich wichtigen, strategischen Prioritäten verstellen. Wer es schafft, Dringlichkeit für langfristig bedeutsame Entscheidungen zu erzeugen, ohne Druck aufzubauen, lenkt die Aufmerksamkeit gezielt auf das Wesentliche – und steigert so die Wahrscheinlichkeit, dass Inspiration zur tatsächlichen Umsetzung führt.

5.17 Die Unklarheitsaversion: Die Bedeutung klarer Botschaften

Menschen empfinden Unbehagen, wenn sie auf unklare oder schwer verständliche Informationen stoßen. Diese Unklarheitsaversion führt dazu, dass sie klarere, wenn auch möglicherweise weniger vorteilhafte Alternativen bevorzugen. So wird die Entscheidung oft danach getroffen, welche Alternative am klarsten und am verständlichsten erscheint, und nicht unbedingt danach, welche am vorteilhaftesten ist.

Ein Beispiel hierfür ist die Wahl eines Restaurants. Ein Tourist steht vor zwei Optionen: Ein Restaurant bietet eine umfangreiche Speisekarte mit exotischen Gerichten, die schwer zu überblicken ist, während das andere eine überschaubare Auswahl bekannter Speisen bietet. Obwohl das erste Restaurant möglicherweise bessere Qualität oder außergewöhnliche Gerichte bietet, entscheidet sich der Tourist für das zweite Restaurant, weil ihm die Entscheidung einfacher erscheint. Die vertraute Klarheit übertrifft die unsicher erscheinende Attraktivität der exotischen Gerichte.

Ähnlich kann es sich bei der Mitarbeitersuche verhalten: Ein Bewerber entscheidet sich gegen ein Unternehmen, dessen Jobbeschreibung mit Fachjargon und uneindeutigen Anforderungen formuliert ist, obwohl die Stelle ideal für seine Fähigkeiten wäre. Stattdessen bewirbt er sich bei einem Unternehmen, das die Anforderungen in einfacher und verständlicher Sprache beschreibt. Hier dominiert die klare Botschaft das Entscheidungsverhalten, selbst wenn die erste Stelle besser geeignet wäre.

Diese Beispiele verdeutlichen, wie stark Unklarheit und Komplexität die Entscheidungsfindung beeinflussen. Sie zeigen zugleich, wie entscheidend es ist, in der Kommunikation klare und präzise Botschaften zu vermitteln. Klare, einfach verständliche Botschaften spielen auch im Verkauf eine sehr wichtige Rolle (Konrath, 2010). Durch Transparenz und Verständlichkeit lassen sich Unsicherheiten reduzieren und die Bereitschaft zur positiven Entscheidung erhöhen.

Praktische Empfehlungen zur Vermeidung von Unklarheitsaversion
Wenn Sie jemanden inspirieren möchten, ist es entscheidend, Ihre Botschaften so klar, präzise und nachvollziehbar wie möglich zu formulieren. Komplexität oder Unklarheit in Ihrer Kommunikation könnte nicht nur die Aufmerksamkeit der Person mindern, sondern auch Zweifel an der Relevanz oder Durchführbarkeit Ihrer Vorschläge wecken.

Vermeiden Sie vage oder mehrdeutige Aussagen. Verwenden Sie stattdessen konkrete Argumente und Beispiele, die eine klare Richtung aufzeigen. Je besser Ihr Gesprächspartner versteht, was Sie sagen und welche Vorteile Ihre Vorschläge bieten, desto eher wird er sich inspiriert fühlen.

Eine zu komplizierte Sprache kann das Gegenteil bewirken: Fachjargon, verschachtelte Sätze und komplexe Formulierungen verstärken das Gefühl von Unklarheit und können dazu führen, dass die Person Ihre Botschaft nicht vollständig aufnimmt. Klare, einfache Sprache und prägnante Worte hingegen machen Ihre Ideen zugänglicher. Verwenden Sie anschauliche Beispiele, die die Inhalte greifbar machen und dabei helfen, die Informationen besser zu verinnerlichen.

Strukturieren Sie Ihre Botschaft klar Achten Sie darauf, Ihre Argumente logisch aufzubauen, damit Ihr Gesprächspartner leicht folgen kann. Verwenden Sie dabei klare und präzise Formulierungen, die nicht nur sachlich überzeugen, sondern auch emotionale Resonanz erzeugen (James, 2011).

Beispiel Statt zu sagen:
„Unsere Software bietet viele Funktionen zur Optimierung Ihrer Abläufe."
könnten Sie es klarer, präziser und mit einer emotionalen Komponente formulieren:
„Mit unserer Software reduzieren Sie den Zeitaufwand für wiederkehrende Aufgaben um bis zu 40 %. Das bedeutet für Sie: weniger Stress, schnellere Prozesse und mehr Zeit für das Wesentliche."

Vermeiden Sie Fachjargon Vermeiden Sie Fachjargon und formulieren Sie Ihre Aussagen so, dass sie für Ihr Gegenüber leicht verständlich sind. Verwenden Sie einfache, allgemein bekannte Begriffe, um sicherzustellen, dass Ihre Botschaft klar ankommt.

Beispiel Statt „Die Implementierung dieser Strategie führt zu einer signifikanten Optimierung der Ressourcennutzung" könnten Sie sagen: „Mit dieser Methode können Sie viel Geld und Zeit sparen."

Beispiel Statt: „Unsere KI-gestützte Predictive-Analytics-Plattform nutzt Machine-Learning-Algorithmen zur Optimierung Ihrer Geschäftsprozesse." könnten Sie es verständlicher ausdrücken: „Unsere Software analysiert Ihre Daten und hilft Ihnen, fundierte Entscheidungen zu treffen, bevor Probleme entstehen."

Nutzen Sie konkrete Beispiele Zeigen Sie, wie Ihre Vorschläge in die Praxis umgesetzt werden können, um sie greifbarer zu machen.

Beispiel „Ein anderer Kunde hat dieses Verfahren eingesetzt und konnte dadurch seine Lieferzeit um 30 % reduzieren."

Erklären Sie mögliche Missverständnisse Wenn bestimmte Begriffe oder Konzepte missverstanden werden könnten, klären Sie diese direkt auf.

Beispiel „Mit dem Begriff ‚Prozessoptimierung' meine ich, dass wir Ihren Ablauf so anpassen, dass Sie weniger Zeit für wiederkehrende Aufgaben benötigen."

Bereiten Sie sich auf Fragen vor Antizipieren Sie mögliche Unsicherheiten und seien Sie bereit, diese zu adressieren.

Beispiel „Vielleicht fragen Sie sich, ob diese Methode auch in Ihrer Branche funktioniert. Tatsächlich wurde sie bereits in ähnlichen Unternehmen erfolgreich angewendet."

Indem Sie die Unklarheitsaversion der Person berücksichtigen und gezielt darauf eingehen, schaffen Sie eine Grundlage für offene Gespräche, Vertrauen und die Bereitschaft, sich auf Ihre Ideen einzulassen.

5.18 Von Barrieren zu Brücken: Den Weg zur Inspiration ebnen

Im Kapitel „Kognitive Stolpersteine" haben Sie sich mit den häufigsten kognitiven Verzerrungen auseinandergesetzt, die Inspiration erschweren können. Dabei haben Sie nicht nur erfahren, wie diese Verzerrungen entstehen und wirken, sondern auch konkrete Empfehlungen und Beispiele kennengelernt, um ihnen zu begegnen. Möglicherweise haben Sie sich währenddessen gefragt, wie Sie Gespräche trotz dieser Stolpersteine inspirierend und effektiv gestalten können. Sie haben gesehen, dass unsere Wahrnehmung oft durch unbewusste Filter gefärbt ist und wie bereits kleine Veränderungen in Ihrem Kommunikationsstil große Wirkung entfalten, wenn Sie sich achtsam und offen auf Ihr Gegenüber einlassen.

Einige Beispiele dafür, wie kognitive Verzerrungen nicht nur umgangen, sondern gezielt für inspirierende Gesprächsführung eingesetzt werden können, werden wir zusätzlich in Abschn. 7.10 sehen. Dort wird noch deutlicher, wie wir diese psychologischen Effekte nicht als Hindernis, sondern als Hebel nutzen können – mit dem Ziel, Offenheit zu fördern, Perspektiven zu erweitern und Veränderung zu ermöglichen.

Inspiration umfasst mehr als nur das Überwinden von Hindernissen. Sie lebt von bewusst gewählten Herangehensweisen, die Vertrauen schaffen, echtes Interesse wecken und eine positive Dynamik aufbauen. Genau diesen Themen widmen wir uns im nächsten Kapitel: Dort entdecken Sie praxiserprobte Taktiken, mit denen Sie noch gezielter und einfühlsamer inspirieren können – auch dann, wenn sich subtile Widerstände oder Bedenken zeigen.

So schlagen wir gemeinsam die Brücke von den oftmals verborgenen Barrieren hin zu einer inspirierenden Kommunikation, die Verständnis und Offenheit fördert. Begleiten Sie mich weiter und erfahren Sie, wie Sie Vertrauen aufbauen, Ihr Gegenüber aktiv in den Dialog einbinden und dadurch den Weg zur Inspiration ebnen.

Literatur

Baumeister, R. F., Bratslavsky, E., Finkenauer, C., & Vohs, K. D. (2001). Bad is stronger than good. *Review of General Psychology, 5*(4), 323–370.

Blount, J. (2017). *Sales EQ – How ultra-high performers leverage sales-specific emotional intelligence to close the complex deal.* Wiley.

Bolkan, S., & Andersen, P. A. (2009). Image induction and social influence: Explication and initial tests. *Basic and Applied Social Psychology, 31*(4), 317–324.

Brehm, S., & Brehm, J. (1981). *Psychological reactance: A theory of freedom and control*. Academic Press.

Dan, A. (2010). *Denken hilft zwar, nützt aber nichts: Warum wir immer wieder unvernünftige Entscheidungen treffen*. Droemer.

Elsberg, D. (1961). Risk, ambiguity, and the savage axioms. *The Quarterly Journal of Economics, 75*(4), 643–669.

Greenwald, A. G., Carnqt, C. G., Beach, R., & Young, B. (1987). Increasing voting behavior by asking people if they expect to vote. *American Psychological Association, 72*(2), 315–318.

James, G. (2011). *How to say it: Business to business selling: power words and strategies from the world's top sales experts*. Prentice Hall Press.

Kahneman, D. (2012). *Schnelles Denken, langsames Denken*. Penguin.

Kahneman, D., & Tversky, A. (1979). Prospect theory: An analysis of decision under risk. *Econometrica, 47*(2), 263–292.

Klein, G. (2003). *The power of intuition: How to use your gut feelings to make better decisions at work*. Doubleday.

Konrath, J. (2010). *SNAP selling – Speed up sales and win more business with today's frazzled customers*. Penguin.

Miller, D. T., & Ross, M. (1975). Self-serving biases in the attribution of causality: Fact or fiction? *Psychological Bulletin, 82*(2), 213–225.

Mortensen, K. (2004). *Maximum influence: The 12 universal laws of power persuasion*. AMACOM Division of American Management Association International.

O'Connor, R. D. (1972). Relative efficacy of modeling, shaping, and the combined procedures for modification of social withdrawal. *Journal of Abnormal Psychology, 79*(3), 327–334.

Pieters, R., & Zeelenberg, M. (2007). A theory of regret regulation. *Journal of Consumer Psychology, 17*(1), 3–8.

Weinberg, M. (2012). *New sales. Simplified.: The essential handbook for prospecting and new business development*. AMACOM.

Westermann, R. (1989). Festinger's theory of cognitive dissonance. In H. Westmeyer (Hrsg.), *Psychological theories from a structuralist point of view* (Recent research in psychology). Springer.

6
Türen öffnen mit psychologischen Taktiken

„Inspiration gelingt, wenn wir Räume schaffen, in denen Vertrauen und Selbstbestimmung gedeihen können."

In diesem Kapitel erfahren Sie, wie Sie taktisch gezielt Türen öffnen – für Dialog, Zusammenarbeit und gemeinsame Erfolge. Jede der vorgestellten Ansätze basiert auf tief verwurzelten psychologischen Prinzipien und menschlichen Verhaltensmustern. Von der Voraktivierung über den Chamäleon-Effekt bis hin zur Bedeutung von Vertrauen und Neugier: Dieses Kapitel zeigt Ihnen, wie Sie einige der wirkungsvollsten psychologischen Taktiken ehrlich, authentisch und zielführend einsetzen können, um Menschen zu erreichen und nachhaltig zu inspirieren.

Diese Taktiken habe ich in meiner eigenen Beratungspraxis in zahlreichen Situationen angewendet und kontinuierlich weiterentwickelt. Aus der Vielzahl möglicher Vorgehensweisen habe ich diejenigen ausgewählt, die sich in der Praxis als besonders effektiv erwiesen haben. Durch meine Arbeit mit Unternehmern, Führungskräften und Verkaufsteams habe ich immer wieder erlebt, wie gezielte, scheinbar kleine Maßnahmen große Veränderungen bewirken. Lassen Sie uns gemeinsam einen Schritt weitergehen in der Welt der Inspiration und entdecken, wie Sie diese Ansätze in Ihrer Kommunikation und Führungsarbeit nutzen können, um neue Möglichkeiten zu schaffen und echte Verbindungen aufzubauen.

6.1 Vertrauen: Die Grundlage jeder erfolgreichen Interaktion

Vertrauen ist die Überzeugung, sich auf eine Person, eine Gruppe oder ein System verlassen zu können. Es basiert auf der Annahme, dass die andere Seite zuverlässig, aufrichtig und wohlwollend handelt. Diese Überzeugung bildet die zentrale Säule, wenn es darum geht, Menschen zu inspirieren. Vertrauen reduziert Unsicherheiten und ermöglicht eine tiefere, stabilere Verbindung, die für ein konstruktives Miteinander unerlässlich ist.

Vertrauen entsteht langsam und entwickelt sich über eine gewisse Zeit, kann jedoch durch Täuschung, Unaufrichtigkeit oder das Nichteinhalten von Versprechen schnell zerstört werden. Eine vertrauensvolle Beziehung basiert darauf, dass die andere Person an unsere Integrität und unsere Kompetenzen glaubt. Ohne die Erfüllung dieser Voraussetzung werden unsere Empfehlungen nur schwer ernst genommen.

Vertrauen ist nicht nur entscheidend, wenn es darum geht, Menschen zu führen. Jeb Blount (2010), renommierter Vertriebsexperte und Bestsellerautor, zeigt in „People Buy You: The Real Secret to What Matters Most in Business", dass nachhaltiger Geschäftserfolg maßgeblich von der Fähigkeit abhängt, vertrauensvolle und authentische Beziehungen zu Kunden aufzubauen: „Menschen kaufen nicht nur, was wir anbieten – sie kaufen, von wem sie es kaufen". Dies verdeutlicht, wie entscheidend Vertrauenswürdigkeit, Sympathie und ein tiefes Verständnis für die Probleme der Kunden sind.

Der Schlüssel zum Vertrauensaufbau liegt darin, Informationen aufrichtig und transparent zu teilen und die Interessen des Gegenübers in den Mittelpunkt zu stellen, anstatt vorrangig eigene Prioritäten zu verfolgen. Nur so schaffen wir die Basis für eine authentische Verbindung, die Vertrauen aufbaut und unsere Botschaften glaubwürdig macht.

Offenheit und Transparenz sind entscheidende Faktoren beim Vertrauen. Auch Risiken oder Nachteile sollten klar angesprochen und im Verhältnis zu den Vorteilen abgewogen werden. Diese Transparenz zeigt, dass wir ehrlich und verantwortungsvoll handeln. Werden negative Aspekte verschwiegen, während der Gesprächspartner sie wahrnimmt, kann dies als Unehrlichkeit empfunden werden und das Vertrauen nachhaltig schädigen.

Vertrauen im Kontext der Inspiration
In der Beratung oder inspirierenden Gesprächen ist es essenziell, dass Worte, Handlungen und nonverbale Signale als stimmig wahrgenommen werden. Authentizität entsteht, wenn Ihre Botschaft durch ein echtes, konsistentes Verhalten unterstützt wird. Daher sollten Ihre Handlungen und Worte aufrichtig miteinander im Einklang stehen. Durch Transparenz, Offenheit und das Ernstnehmen der Perspektive des Gegenübers schaffen Sie die Grundlage für eine langfristige Vertrauensbasis. Doch wie zeigt sich Vertrauenswürdigkeit konkret? Sie setzt sich aus mehreren Dimensionen zusammen, die von Kompetenz und Entscheidungsverhalten bis hin zu Loyalität und Diskretion reichen. Jede dieser Eigenschaften spielt eine wichtige Rolle, um das Vertrauen zu stärken und nachhaltig zu erhalten.

Betrachten wir diese Dimensionen genauer: Kompetenz und ein konsistentes Entscheidungsverhalten sind maßgeblich, um als glaubwürdig wahrgenommen zu werden. Integrität und Fairness signalisieren Respekt für ethische Grundsätze und das Wohlergehen des Gegenübers. Ebenso fördern Beständigkeit, Vorhersehbarkeit und Verlässlichkeit eine stabile Vertrauensbasis, da sie Sicherheit und Berechenbarkeit vermitteln.

Auch Offenheit, konstruktive Absicht und eine angemessene Selbsteinschätzung tragen entscheidend dazu bei, dass Ihre Worte und Handlungen authentisch wirken. Diese Eigenschaften ermöglichen es, auch schwierige Themen ehrlich anzusprechen und die Perspektiven anderer ernst zu nehmen.

Indem Sie an diesen Aspekten der Vertrauenswürdigkeit arbeiten, stärken Sie die Zuversicht Ihres Gegenübers in Ihre Aussagen und Absichten. Vertrauen wird dadurch zum Schlüssel, um Inspiration zu ermöglichen.

Stellen Sie sich vor, Sie führen ein Beratungsgespräch mit einem Unternehmer, der seine Firmenstrategie neu ausrichten möchte. Im Gespräch wird deutlich, dass die Einführung neuer Maßnahmen, wie der Aufbau zusätzlicher Ressourcen oder die Einstellung weiterer qualifizierter Mitarbeiter, notwendig ist, um langfristig erfolgreicher zu agieren. Gleichzeitig wird klar, dass diese Maßnahmen zu einem kurzfristigen Anstieg der Lohnkosten führen können, was möglicherweise einen vorübergehenden Rückgang der Gewinne mit sich bringt.

Sie entscheiden sich, dieses Risiko offen anzusprechen: „Um die geplanten Maßnahmen umzusetzen, werden Sie kurzfristig mehr in Personal investieren müssen. Das wird Ihre Lohnkosten erhöhen und könnte die Gewinne in den kommenden Monaten belasten. Allerdings zeigt unsere Erfahrung, dass diese Investition notwendig ist, um die Grundlage für nachhaltiges Wachstum zu schaffen."

Indem Sie diese Herausforderungen ehrlich ansprechen, anstatt das egoistische Ziel einer Projektakquise zu verfolgen, stärken Sie Ihre Glaubwürdigkeit. Der Unternehmer spürt, dass Sie nicht versuchen, ihm eine rein positive Perspektive und damit ein Projekt zu verkaufen, sondern seine Interessen ernsthaft im Blick haben. Ihre Kompetenz zeigt sich in der klaren Analyse und der nachvollziehbaren Verbindung zwischen den kurzfristigen Kosten und den langfristigen Vorteilen. Ihre Offenheit und konstruktive Absicht schaffen Vertrauen, da Sie nichts verschweigen, sondern die Gesamtsituation analysieren und ehrlich darstellen.

Dieses Beispiel verdeutlicht, wie die Dimensionen der Vertrauenswürdigkeit – wie Kompetenz, Offenheit und konstruktive Absicht – in der Praxis zusammenwirken, um eine tragfähige Beziehung aufzubauen und Inspiration zu fördern.

Menschen spüren auch sehr genau, ob das, was gesagt wird, mit dem Verhalten und den nonverbalen Signalen übereinstimmt. Diese Übereinstimmung schafft Authentizität und stärkt die Glaubwürdigkeit. Wenn Körpersprache und verbale Botschaften jedoch nicht übereinstimmen, entstehen subtile Widersprüche, die manchmal sogar unbewusst Misstrauen hervorrufen. Zum Beispiel kann eine unsichere Körpersprache, die nicht zur optimistischen Botschaft passt, Zweifel an der Aufrichtigkeit wecken. Nonverbale Signale wie Mimik, Gestik und Körperhaltung sind deshalb entscheidend, um Vertrauen aufzubauen. Mikromimik, also winzige, oft unbewusste Gesichtsausdrücke, spiegeln wahre Emotionen und Gedanken wider und sind häufig die ersten Hinweise auf innere Konflikte. Unser Gehirn ist mit sogenannten Spiegelneuronen ausgestattet, die es uns ermöglichen, diese Signale intuitiv zu erkennen und zu deuten (Gallese et al., 1996). Wenn die verbalen Aussagen mit der nonverbalen Kommunikation nicht übereinstimmen, kann dies durch Mikromimik spürbar werden, was oft zu Zweifeln an der Integrität der Person führt. Das bedeutet, dass wir nicht nur auf die Worte achten sollten, sondern auch auf unsere Körpersprache und deren stimmige Darstellung unserer tatsächlichen Gefühle und Absichten.

6.2 Sympathie: Der Schlüssel zu Offenheit und Zustimmung

Menschen sind empfänglicher für den Einfluss von Personen, die sie sympathisch finden und mit denen sie eine positive Verbindung haben (McCroskey et al., 1975). Sympathie und Wertschätzung spielen eine zentrale Rolle dabei, wie offen wir für die Meinungen und Vorschläge anderer sind. Wenn wir eine soziale Bindung spüren, fällt es uns schwerer, Anfragen abzulehnen, und wir sind eher bereit, den Rat einer Person zu befolgen, die uns sympathisch ist.

Praktische Empfehlungen für den Umgang mit Sympathie im Kontext der Inspiration

Sympathie kann in inspirierenden Gesprächen bewusst gefördert werden, ohne dabei manipulativ zu wirken. Hier sind einige bewährte Ansätze, die Ihnen helfen, authentische Verbindungen aufzubauen:

Betonen Sie Gemeinsamkeiten Finden Sie Gemeinsamkeiten in Interessen, Erfahrungen, Werten oder Zielen. Damit schaffen Sie eine natürliche Basis für gegenseitige Sympathie und stärken das Gefühl der Verbundenheit.

Hören Sie aktiv zu Zeigen Sie echtes Interesse an den Gedanken und Gefühlen Ihres Gegenübers. Wiederholen Sie wichtige Punkte, um zu zeigen, dass Sie aufmerksam sind, und gehen Sie respektvoll auf seine Bedürfnisse ein.

Zeigen Sie Kooperation Arbeiten Sie gemeinsam an einer Aufgabe oder einem Ziel. Diese Zusammenarbeit stärkt das Gefühl der Zugehörigkeit und schafft eine positive Bindung.

Loben Sie aufrichtig Machen Sie ehrliche Komplimente. Zum Beispiel könnten Sie nicht nur die Leistung, sondern auch die dahinterstehende Einstellung oder den Einsatz würdigen.

Senden Sie positive nonverbale Signale Achten Sie auf eine offene und einladende Körpersprache. Ein Lächeln, ein offener Blick und eine entspannte Haltung verstärken den positiven Eindruck.

Schaffen Sie positive Assoziationen Verbinden Sie Ihre Botschaft oder Handlung mit positiven Emotionen oder Werten, die Ihr Gegenüber schätzt.

Fördern Sie Vertrautheit Schaffen Sie Gelegenheiten für regelmäßige Begegnungen oder Zusammenarbeit. Durch häufige Interaktionen wird Sympathie auf natürliche Weise gestärkt.

Indem Sie diese Taktiken bewusst einsetzen, fördern Sie nicht nur Sympathie, sondern schaffen eine Umgebung, in der Ihr Gegenüber offen und inspiriert auf Ihre Vorschläge reagieren kann.

6.3 Autorität: Vertrauen in Wissen und Kompetenz

Menschen neigen dazu, den Meinungen oder Ratschlägen von Personen in Autoritätspositionen mehr Gewicht beizumessen. Dies liegt daran, dass Autorität oft mit Kompetenz, Glaubwürdigkeit und Wissen gleichgesetzt wird. Diese Wahrnehmung, die in der Psychologie als Autoritätsverzerrung bezeichnet wird, beeinflusst Entscheidungsprozesse erheblich. Sie kann sowohl zu positiven als auch zu problematischen Ergebnissen führen, je nachdem, ob die Autoritätsperson tatsächlich vertrauenswürdig, kompetent und wohlwollend ist.

Das berühmte Milgram-Experiment des Psychologieprofessors Stanley Milgram (1963) veranschaulicht eindrucksvoll, wie stark der Einfluss von Autorität sein kann. In diesem Experiment folgten Teilnehmer den Anweisungen eines als Wissenschaftler auftretenden Versuchsleiters, auch wenn diese Anweisungen im Widerspruch zu ihren eigenen moralischen Überzeugungen standen. Das Experiment zeigt, dass Menschen bereit sind, Anweisungen von Autoritätspersonen zu folgen, selbst wenn sie Schaden anrichten, solange die Autoritätsperson als glaubwürdig und kompetent wahrgenommen wird.

Menschen hinterfragen oft nicht kritisch, was sie von Autoritäten hören, und riskieren so, eigene Urteile zu vernachlässigen. Titel, Positionen oder Rollen können dabei den Eindruck von Glaubwürdigkeit erzeugen. Dieses blinde Vertrauen birgt die Gefahr von Fehlentscheidungen und unreflektierten Handlungen.

Praktische Empfehlungen für den Umgang mit Autorität im Kontext der Inspiration

Autorität hat nicht nur soziale oder hierarchische Wurzeln, sondern basiert auch auf wahrgenommener Expertise (Reinhard et al., 2013). Menschen vertrauen Expertenmeinungen oft stärker, da sie spezifisches Wissen und Erfahrung in einem Fachgebiet symbolisieren. Dies verleiht der Expertise eine besondere Glaubwürdigkeit, die das Vertrauen und die Bereitschaft, den Ratschlägen zu folgen, erheblich steigert.

In inspirierenden Gesprächen spielt Autorität eine doppelte Rolle. Einerseits kann die eigene Expertise oder Erfahrung dazu beitragen, Vertrauen und Glaubwürdigkeit aufzubauen. Andererseits ist es wichtig, dass Ihr Gegenüber dazu ermutigt wird, die eigenen Überlegungen ernst zu nehmen und nicht blind einer Autorität zu folgen.

Um Ihre Autorität ethisch und inspirierend einzusetzen, können folgende Ansätze helfen:

Zeigen Sie echte Expertise Denken Sie sich in die Situation Ihres Gesprächspartners ein und bieten Sie Ideen und Fragen an, die für Ihren Gesprächspartner einen möglichst großen Nutzen darstellen. Demonstrieren Sie Ihre Fachkenntnis auf eine Weise, die ihm hilft, neue Perspektiven zu gewinnen und informierte Entscheidungen zu treffen.

Ermutigen Sie zur Reflexion Stellen Sie Fragen wie: „Wie schätzen Sie selbst diese Situation ein?" oder „Welche Erfahrungen haben Sie bisher gemacht?", um das Gegenüber anzuregen, eigene Überlegungen anzustellen.

Fördern Sie kritisches Denken Fragen wie: „Welche weiteren Informationen könnten bei Ihrer Entscheidung helfen?" oder „Gibt es alternative Meinungen, die Sie berücksichtigen möchten?" unterstützen ein ausgewogenes Urteil.

Bieten Sie ergänzende Perspektiven Präsentieren Sie Ihre Ansichten nicht als absolute Wahrheit, sondern als zusätzliche Anregung, die die Person in ihren Entscheidungsprozess integrieren kann.

Respektieren Sie bestehende Überzeugungen Erkennen Sie die guten Gründe an, die Ihr Gesprächspartner bisher für seine Überzeugungen hatte, und nutzen Sie diese als Grundlage, um gemeinsam neue Lösungen zu entwickeln.

Diese Ansätze helfen Ihnen, Ihre eigene Autorität respektvoll und inspirierend einzusetzen, während Sie gleichzeitig die Selbstbestimmtheit und das kritische Denken Ihres Gegenübers fördern.

6.4 Neugier: Eine treibende Kraft für Engagement und Inspiration

Neugier ist eine der stärksten Triebfedern, die Menschen dazu bewegt, sich mit neuen Ideen oder Perspektiven auseinanderzusetzen. Sie fungiert als natürlicher Antrieb, der Interesse und Motivation steigert und den Wunsch weckt, Wissenslücken zu schließen. Eine neugierige Person ist nicht nur aufnahmebereit, sondern aktiv daran interessiert, sich mit neuen Informationen und Möglichkeiten zu beschäftigen.

Neugier fördert das Engagement und die aktive Beteiligung in Gesprächen sowie Entscheidungsprozessen. Menschen, die neugierig sind, hinterfragen bestehende Annahmen, suchen nach kreativen Lösungen und sind offener für innovative Ansätze. Dieser Zustand unterstützt nicht nur das Verständnis und Lernen, sondern steigert auch die Bereitschaft, sich länger mit einem Thema zu beschäftigen und es gründlich zu durchdenken.

Praktische Empfehlungen für den Umgang mit Neugier im Kontext der Inspiration

Im Rahmen der Methode *Wirksam Inspirieren* spielt Neugier eine zentrale Rolle. Die Methode zielt darauf ab, durch gezielt eingesetzte kognitive Effekte das intuitive Denken (Denksystem 1) zu aktivieren und in einen Austausch sowie ein dynamisches Wechselspiel mit dem analytischen Denken (Denksystem 2) zu bringen. Neugier dient dabei als Schlüsselreiz, um diesen Denkprozess in Gang zu setzen und aufrechtzuerhalten.

Es ist wichtig, Neugier auf eine Weise zu wecken, die ehrlich und glaubwürdig ist. Übertriebene Versprechungen oder irreführende Andeutungen können Vertrauen zerstören. Stattdessen sollte der Fokus darauf liegen, relevante Informationen oder spannende Entdeckungen anzubieten, die das Interesse Ihres Gegenübers fördern.

Neugier entsteht, wenn Menschen das Gefühl haben, dass ihnen wichtige Informationen fehlen oder sie eine spannende Entdeckung machen könnten. Um Neugier zu wecken, sollten Sie:

Bauen Sie Spannung auf Vermitteln Sie, dass es etwas Neues oder Unerwartetes zu entdecken gibt, das einen klaren Mehrwert bietet.

Machen Sie Andeutungen Geben Sie kleine Hinweise oder Einblicke, die die Vorstellungskraft anregen. Zum Beispiel: „Ich habe eine Lösung gesehen, die für andere Unternehmen Ihrer Branche äußerst wirkungsvoll war. Lassen Sie uns beim nächsten Termin darüber sprechen."

Betonen Sie Relevanz Beziehen Sie sich auf die spezifischen Interessen oder Herausforderungen Ihres Gegenübers, um die Neugier gezielt auf relevante Themen zu lenken.

Ein praktisches Beispiel aus der Kaltakquise, also dem Erstkontakt mit potenziellen Kunden ohne vorherige Beziehung, zeigt, wie Neugier gezielt eingesetzt werden kann, um das Interesse des potenziellen Kunden zu wecken und ihn für eine mögliche Lösung zu öffnen.

Wie Neugier und Storytelling den Verkaufsprozess fördern

In einem meiner Projekte zur Vertriebsoptimierung stand ich vor der Aufgabe, einem Verkaufsteam dabei zu helfen, ihre Gesprächsführung effektiver zu gestalten. Ein besonderer Fokus lag darauf, wie man in einem ersten Gespräch das Interesse potenzieller Kunden weckt und gleichzeitig Vertrauen aufbaut.

Ein Verkäufer aus dem Team sollte ein Gespräch mit einem potenziellen Kunden aus der Fertigungsbranche führen. Gemeinsam entwickelten wir einen Ansatz, der sich gezielt auf Neugier und Storytelling stützte. Der Verkäufer begann das Gespräch mit folgendem Einstieg:

„Unsere Firma ist spezialisiert auf Softwarelösungen, die unseren Kunden erhebliche Produktivitätssteigerungen in der Fertigung bringen. Immer mehr Firmen aus Ihrem Bereich arbeiten mit uns zusammen, weil sie sich über unnötig hohe Produktionskosten ärgern. Mithilfe unserer Lösungen sehen sie, dass diese Kosten durch einfache Maßnahmen vermeidbar sind. Sie berichten, dass diese gezielten, aufeinander abgestimmten, kleinen Anpassungen nicht nur die Kosten gesenkt, sondern auch die Lieferzeiten deutlich verbessert haben. Ich würde Ihnen gerne kurz erklären, warum das gerade in Ihrer Situation interessant sein könnte."

Dieser Ansatz entfaltete eine bemerkenswerte Wirkung. Der potenzielle Kunde zeigte sich nicht nur interessiert, sondern ging aktiv auf die Details ein und signalisierte seine Bereitschaft, die Lösung weiter zu prüfen. Besonders hervorzuheben ist, dass dieser Ansatz nicht nur in diesem Gespräch, sondern in vielen ähnlichen Situationen erfolgreich eingesetzt wurde. Die wiederholten positiven Ergebnisse verdeutlichen, dass das Wecken der Neugier durch Storytelling eine effektive und inspirierende Methode darstellt, um den Verkaufserfolg zu verbessern.

Die gezielte Andeutung eines lösbaren Problems – „unnötig hohe und vermeidbare Produktionskosten" – spricht den Kunden auf einer emotionalen Ebene an, insbesondere wenn er sich über solche ineffizienten Prozesse ärgert. Diese Emotion verstärkt sein Interesse und öffnet ihn für mögliche Lösungen. Der Hinweis auf „immer mehr Firmen aus Ihrem Bereich" nutzt den Effekt der sozialen Bestätigung, was Vertrauen aufbaut und die Aufmerksamkeit des potenziellen Kunden stärkt.

Besonders wirkungsvoll ist die narrative Form, in der die Botschaft vermittelt wird, kombiniert mit dem gezielten Einsatz des Wortes „weil". Studien zeigen, dass Begründungen, selbst wenn sie einfach gehalten sind, die Überzeugungskraft von Aussagen deutlich erhöhen. Wenn der Kunde hört, dass die Produktionskosten gesenkt werden konnten, weil gezielte, aufeinander abgestimmte kleine Anpassungen vorgenommen wurden, entsteht eine zusätzliche Motivation, mehr über die vorgeschlagene Lösung zu erfahren.

Diese Herangehensweise aktiviert das intuitive Denken des Kunden und schafft die Grundlage für eine fundierte analytische Bewertung der vorgeschlagenen Lösung.

Derartige Konzepte, wie im Beispiel „Wie Neugier und Storytelling den Verkaufsprozess fördern" gezeigt, sind nicht auf den Verkauf beschränkt. Neugier, soziale Bestätigung und die Vermeidung der Negativitätsverzerrung können in einer Vielzahl von Kontexten genutzt werden, um Aufmerksamkeit zu gewinnen, Engagement zu fördern und inspirierende Gespräche zu führen.

In Präsentationen Während einer Präsentation kann Neugier genutzt werden, um das Publikum aktiv einzubinden. Anstatt direkt in die Inhalte einzusteigen, könnten Sie mit einer Frage oder einer Andeutung beginnen, wie: „Haben Sie sich jemals gefragt, warum erfolgreiche Unternehmen, die in Ihrer Branche führend sind, auf diese eine Strategie setzen?" Dies weckt das Interesse, motiviert die Zuhörer zum Nachdenken und öffnet sie für die folgenden Inhalte.

In Teamgesprächen In einem Teammeeting kann Neugier dazu beitragen, eine offene und lösungsorientierte Diskussion zu fördern. Ein Teamleiter könnte beispielsweise sagen: „Ich habe beobachtet, dass einige unserer Wettbewerber eine spannende Methode nutzen, um ihre Effizienz zu steigern. Ich bin neugierig, welche Ansätze wir in unserem Team entwickeln können, um ähnlich erfolgreich zu sein." Diese Formulierung regt an, bestehende Prozesse zu hinterfragen und neue Ideen einzubringen, ohne dass es belehrend wirkt.

In der Kundenbetreuung und Beratung In einem Beratungsgespräch weckt ein Berater Neugier, indem er konkrete Beispiele anderer Kunden einbringt: „Ein Kunde aus Ihrer Branche hat kürzlich eine einfache, aber wirkungsvolle Anpassung vorgenommen. Die Ergebnisse waren beeindruckend. Ich würde gerne sehen, wie wir etwas Ähnliches auf Ihre Situation übertragen könnten." Solche Andeutungen lassen Raum für eigene Überlegungen und schaffen gleichzeitig Vertrauen durch die soziale Bestätigung der erzielten Erfolge.

Neugier funktioniert, weil sie eine intrinsische Motivation anspricht. Menschen fühlen sich von Natur aus angezogen, Wissenslücken zu schließen und Neues zu entdecken. Kombiniert mit subtilen, unterstützenden psychologischen Effekten wie sozialer Bestätigung und einer positiven, lösungsorientierten Ansprache wird Neugier zu einem kraftvollen Werkzeug, das weit über den Verkauf hinaus inspirierend wirkt.

6.5 Begrenzte Gelegenheit: Ein überzeugender Grund, jetzt zu handeln

Das Gefühl, etwas zu verpassen, kann das Verhalten von Menschen stark beeinflussen. Wenn Menschen davon ausgehen, dass eine Gelegenheit oder ein Angebot nur für kurze Zeit oder in begrenzter Menge verfügbar ist, sind sie oft bereit, schneller zu handeln – manchmal schneller, als ihnen lieb ist. Man denke nur an den kuriosen Ansturm auf das Toilettenpapier zu Beginn der COVID-19-Pandemie: Kaum jemand wusste genau warum, aber niemand wollte zu spät dran sein. Diese Dringlichkeit führt dazu, dass Entscheidungen getroffen werden, die unter anderen Umständen möglicherweise hinausgezögert würden (Mortensen, 2004). Dieses Prinzip ist in der Fachliteratur als „Verknappung" (Scarcity) bekannt, doch anstatt von (künstlicher) Verknappung zu sprechen, verwende ich im Zusammenhang mit Inspirieren den Begriff „begrenzte Gelegenheiten", um die ethische Verantwortung im Umgang mit diesem psychologischen Effekt zu betonen.

Die Vorstellung, eine Möglichkeit zu verpassen, löst bei vielen Menschen das Bedürfnis aus, schnell zu handeln, um das Gefühl der Reue zu vermeiden (Miller & Taylor, 2012). Diese Dynamik wird verstärkt, wenn Menschen den Eindruck haben, dass ihre Auswahlmöglichkeiten eingeschränkt werden. Diese Bedrohung der Autonomie kann intensive emotionale und kognitive Reaktionen auslösen, die dazu führen, dass Entscheidungen getroffen werden, um das Gefühl von Kontrolle zurückzugewinnen.

Indem Sie eine zeitlich begrenzte Gelegenheit offen und nachvollziehbar kommunizieren, schaffen Sie für Ihr Gegenüber einen plausiblen Anlass, zügig zu handeln – ganz ohne künstlichen oder manipulativen Druck. Ein anschauliches Beispiel ist die Immobilienbranche, in der Makler potenzielle Käufer häufig darauf hinweisen, dass bereits andere Interessenten existieren. Der Hinweis, dass die Wohnung bei längerer Wartezeit nicht mehr verfügbar sein könnte, vermittelt ein klares Zeitfenster, das viele als Handlungsgrund empfinden. Für einen ethisch korrekten Umgang mit diesem Effekt ist es jedoch entscheidend, dass die Angaben wahrheitsgemäß sind. Wird die zeitliche Begrenzung transparent und wahrheitsgemäß erläutert, erkennen potenzielle Käufer, dass sie durch zügiges Handeln tatsächlich einen Vorteil haben.

Die Wirkung begrenzter Gelegenheiten zeigt sich auch in anderen Bereichen, etwa beim Ergreifen beruflicher Chancen oder bei der Teilnahme an besonderen Veranstaltungen. Menschen interpretieren ein limitiertes Angebot häufig als Qualitätsmerkmal. Was nur vorübergehend verfügbar ist, wirkt begehrenswerter und wertvoller. Die klare, authentische Darstellung solch einer begrenzten Gelegenheit erhöht die Dringlichkeit, verbessert die Entscheidungsqualität und stärkt zugleich das Vertrauen, da die Person erkennt, warum gerade jetzt gehandelt werden sollte.

Praktische Empfehlungen für den Umgang mit begrenzter Gelegenheit im Kontext der Inspiration

Begrenzte Gelegenheiten können eine starke motivierende Kraft entfalten. Sie bergen jedoch die Gefahr, manipulativ zu wirken. Daher ist Transparenz entscheidend, um begrenzte Gelegenheiten ethisch korrekt einzusetzen.

Kommunizieren Sie die Chancen ethisch korrekt und authentisch Bevor Sie eine Gelegenheit als begrenzt darstellen, sollten Sie sich fragen, ob sie tatsächlich eine wertvolle Chance für Ihr Gegenüber darstellt. Ethisch zu inspirieren, bedeutet, echte Gelegenheiten klar, nachvollziehbar und ohne künstlichen Druck oder Manipulation darzustellen. Zwei zentrale Fragen helfen dabei:

- Würde die Person, die Sie inspirieren möchten, tatsächlich eine wertvolle Chance verpassen, wenn sie nicht handelt?
- Wie können Sie begrenzte Gelegenheiten kommunizieren, dass sie als sinnvoll und authentisch wahrgenommen werden und nicht als manipulatives Druckmittel?

Machen Sie die reale Verfügbarkeit der Gelegenheit nachvollziehbar Erläutern Sie, warum die Gelegenheit begrenzt ist und welchen realen Hintergrund diese Einschränkung hat. So wird deutlich, dass es sich um eine echte Chance handelt und nicht um einen künstlich herbeigeführten Zeit- oder Entscheidungsdruck.

> **Begrenzte Gelegenheiten ethisch und transparent einsetzen**
>
> Ein Beispiel aus meiner Beratungspraxis zeigt, wie das Prinzip der begrenzten Gelegenheit auf ethische und transparente Weise eingesetzt werden kann, um Kaufentscheidungen zu fördern und gleichzeitig das Vertrauen der Kunden zu bewahren.
>
> Ein Unternehmer aus dem produzierenden Sektor arbeitete mit mir zusammen, um Unterstützung bei der Verkaufsoptimierung zu erhalten. Seine Firma stellt kundenindividuell konfigurierte Investitionsgüter her – hochwertige Maschinen, die häufig eine bedeutende Investition für die Käufer darstellen. In der damaligen Situation hatte der Unternehmer bereits mehreren Kaufinteressenten Angebote für ähnlich konfigurierte Maschinen gemacht. Allerdings zögerten die Kunden aufgrund konjunktureller Unsicherheiten mit der Bestellung, was den Verkaufsprozess erheblich verlängerte und die Produktionsplanung erschwerte.
>
> Gemeinsam analysierten wir die Situation und suchten nach einer Lösung, die den Entscheidungsprozess der Kunden unterstützen und gleichzeitig ihre Interessen respektieren würde. Dabei kam das Prinzip der begrenzten Gelegenheit ins Spiel – jedoch auf eine ethische und transparente Weise.
>
> Ich schlug vor, die Kunden erneut zu kontaktieren und auf eine besondere Gelegenheit hinzuweisen: Aufgrund von mehreren erwarteten Bestellungen von ähnlich konfigurierten Maschinen könnten die Fertigungskosten durch Stückzahleffekte gesenkt werden. Diese Kosteneinsparungen würden es ermöglichen, einen attraktiven Preisnachlass zu gewähren – allerdings nur, wenn die Bestellungen bis zu einem bestimmten Datum eingingen. Dieser Hinweis betonte die echte Möglichkeit, von einer Kostensenkung zu profitieren, und schuf gleichzeitig ein klar definiertes Zeitfenster für die Kaufentscheidung.
>
> Dieses Beispiel verdeutlicht, wie das Prinzip der begrenzten Gelegenheit auf eine Weise eingesetzt werden kann, die andere nicht manipuliert, sondern echte Vorteile bietet.

6.6 Labeling: Die Selbstverstärkende Wirkung positiver Etikettierung

Positives Labeling bezeichnet die bewusste Kennzeichnung von Verhaltensweisen, Fähigkeiten oder Eigenschaften auf eine konstruktive Art und Weise. Diese Form der Anerkennung kann das Selbstwertgefühl erheblich steigern, das Selbstbild stärken und das Verhalten der betroffenen Person nachhaltig beeinflussen. Wenn jemand als „talentiert", „engagiert" oder „hilfsbereit" beschrieben wird, entsteht oft der Wunsch, dieser Bezeichnung gerecht zu werden.

Menschen akzeptieren positive Etikettierungen meist bereitwillig, da diese als Anerkennung wahrgenommen werden. Gleichzeitig verspüren sie einen starken Wunsch, den beschriebenen Eigenschaften und Verhaltensweisen gerecht zu werden, wenn diese gut gewählt sind. Dadurch wird nicht nur das Selbstbewusstsein gestärkt, sondern auch die Motivation, weiterhin in die genannte Richtung zu wachsen und sich zu engagieren.

Positives Labeling kann erwünschte Verhaltensweisen gezielt verstärken, indem es die Selbstwahrnehmung der betroffenen Person positiv beeinflusst. Beispielsweise fühlen sich Kinder, die von ihren Eltern als „pflichtbewusst" bezeichnet werden, motiviert, diese Eigenschaft weiter auszuleben. Das Prinzip funktioniert auch im beruflichen oder sozialen Kontext, indem Anerkennung und Lob für Stärken und positive Eigenschaften dazu beitragen, die Motivation und das Engagement einer Person zu steigern.

Praktische Empfehlungen für den Umgang mit Labeling im Kontext der Inspiration

Die Art und Weise, wie Menschen sich selbst wahrnehmen, beeinflusst ihr Verhalten maßgeblich. Wenn Sie eine Person inspirieren möchten, kann gezieltes Labeling ein wirkungsvolles Werkzeug sein, um ihr Selbstbild zu stärken und sie zur Weiterentwicklung zu ermutigen.

Heben Sie Stärken hervor Durch die Betonung ihrer positiven Eigenschaften und bisherigen Erfolge können Sie die Person, die Sie inspirieren möchten, ermutigen, sich auf Veränderungen einzulassen und aktiv an ihrer Entwicklung zu arbeiten. Indem Sie Stärken wie z. B. Resilienz, Offenheit oder Beharrlichkeit betonen, fördern Sie nicht nur das Selbstbewusstsein, sondern auch die Bereitschaft, Herausforderungen anzunehmen und an ihren Zielen zu arbeiten.

Bleiben Sie authentisch und ehrlich Eine positive Etikettierung sollte immer auf realen Eigenschaften oder Verhaltensweisen basieren, die Sie bei der Person tatsächlich beobachtet haben. Übertriebene oder ungerechtfertigte Etikettierungen können das Vertrauen untergraben, wenn sie als manipulativ wahrgenommen werden. Ziel ist es, durch aufrichtige Anerkennung eine Basis für nachhaltige Veränderung zu schaffen, die sowohl die Bedürfnisse der Person als auch den Kontext der Situation berücksichtigt.

Geben Sie gezieltes Feedback Stellen Sie sich vor, Sie beraten eine Person, die an einem herausfordernden Projekt arbeitet. Sie könnten sagen: „Mir fällt auf, wie strukturiert und lösungsorientiert Sie an diese Aufgabe herangehen. Diese Fähigkeiten sind wirklich beeindruckend und zeigen, dass Sie eine klare Stärke darin haben, auch komplexe Herausforderungen erfolgreich zu bewältigen." Durch diese Etikettierung fühlt sich die Person bestärkt und motiviert, ihr Engagement weiterzuführen und ihre Fähigkeiten auszubauen.

Fördern Sie den Selbstverstärkungseffekt der Selbstwahrnehmung Wenn Menschen eine bestimmte positive Eigenschaft bei sich erkennen – oder wenn sie durch wertschätzendes Feedback darauf aufmerksam gemacht werden – steigt die Wahrscheinlichkeit, dass sie sich entsprechend verhalten (Abschn. 5.4). Wer sich beispielsweise als beharrlich und strukturiert wahrnimmt, wird in zukünftigen Situationen mit größerer Konsequenz an Aufgaben arbeiten und sich selbst darin bestätigen. So entsteht ein positiver Kreislauf: Die durch Labeling aktivierte Selbstwahrnehmung verstärkt das Verhalten, das wiederum die eigene Identität festigt.

Positives Labeling kann Menschen dazu ermutigen, an sich selbst zu glauben und sich weiterzuentwickeln. Mit dieser Taktik können Sie nicht nur das Vertrauen und die Motivation Ihres Gesprächspartners stärken, sondern auch eine nachhaltige Veränderung anstoßen. Durch authentische Anerkennung und gezielte Etikettierung seiner positiven Eigenschaften geben Sie ihm klare Orientierungspunkte, die ihm helfen, seine Ziele zu erreichen und seine Potenziale voll auszuschöpfen.

6.7 Impfen: Überzeugungen stärken und schützen

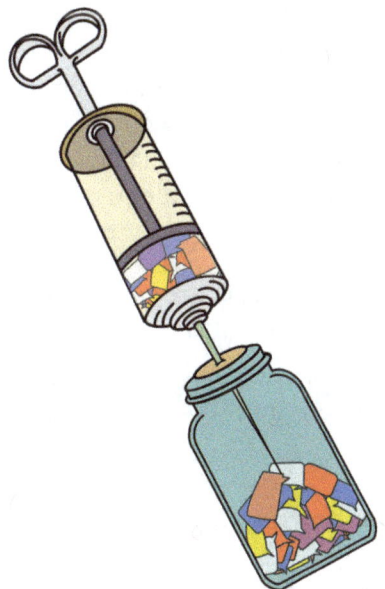

Das Impf-Prinzip, auch bekannt als Inoculation, wurde in den 1960er-Jahren von William J. McGuire entwickelt und beschreibt, wie die Überzeugungen von Menschen vor Beeinflussungsversuchen geschützt werden können (McGuire & Papageorgis, 1961). Es funktioniert ähnlich wie eine medizinische Impfung: So wie abgeschwächte Viren den Körper dazu anregen, Abwehrkräfte zu entwickeln, stärkt die Konfrontation mit leichten Gegenargumenten die kognitiven Verteidigungsmechanismen.

Durch die aktive Auseinandersetzung mit Argumenten, die sie widerlegen können, entwickeln Menschen eigene Gegenargumente und lernen, ihre Überzeugungen bewusster zu verteidigen. Dieser Prozess stabilisiert Überzeugungen und rüstet sie gegen spätere, stärkere Angriffe. Gleichzeitig stärkt die Übung der Verteidigung langfristig die Widerstandsfähigkeit und fördert eine tiefere emotionale Bindung an diese Überzeugungen.

Praktische Empfehlungen für den Einsatz von Impfen im Kontext der Inspiration
Das Impf-Prinzip kann auf vielfältige Weise eingesetzt werden, um Überzeugungen sowie Einstellungen gezielt zu stärken und vor Beeinflussungsversuchen zu schützen. Dabei ist es entscheidend, praktische Ansätze mit einfühlsamer Kommunikation zu verbinden, um den gewünschten Effekt zu erreichen, ohne Widerstände zu provozieren. Im Folgenden einige Beispiele, die zeigen, wie dieses Prinzip wirksam angewendet werden kann:

Verkauf Ein Maschinenbauunternehmen bereitet seine Verkäufer darauf vor, potenzielle Schwächen der Produkte proaktiv anzusprechen. Zum Beispiel: „Unsere Maschinen haben weniger Zusatzfunktionen, zeichnen sich jedoch durch Zuverlässigkeit und bewährte Qualität aus." Indem potenzielle Schwächen offen thematisiert werden, bleibt die Argumentation des Wettbewerbs weniger wirksam.

Mitarbeiterbindung Ein Unternehmen, dessen Mitarbeiter durch hohe Gehälter der Konkurrenz angelockt werden, setzt auf eine Kampagne, die die Vorteile der Unternehmenskultur und der Entwicklungsmöglichkeiten betont. So werden kritische Argumente entkräftet, während die Bindung der Mitarbeiter gestärkt wird.

Krisenkommunikation Unternehmen, die in der Kritik stehen, bereiten ihre Teams im Vorfeld auf negative Berichterstattung vor. Mit gezieltem Training lernen Führungskräfte und Mitarbeiter, auf kritische Fragen souverän zu reagieren und den Fokus auf Lösungen und Verbesserungen zu lenken.

Einstellungen, die schneller und einfacher abrufbar sind, erweisen sich als stabiler und widerstandsfähiger gegenüber gegenteiligen Überzeugungsversuchen oder Angriffen (Pfau et al., 2003). Setzen Sie die folgenden Anweisungen um, um die die Zugänglichkeit von erwünschten Einstellungen zu erhöhen:

Verknüpfen Sie Informationen mit Emotionen Nutzen Sie emotionale Elemente, um Ihre Botschaften stärker im Gedächtnis zu verankern. Erzählen Sie Geschichten oder verwenden Sie Bilder, die positive oder negative Resonanz auslösen.

Fördern Sie kognitive Konsistenz Strukturieren Sie Ihre Botschaften so, dass sie logisch und kohärent zu den bestehenden Überzeugungen des Gesprächspartners passen, um deren Aktivierung zu erleichtern.

Schaffen Sie einen passenden Kontext Vermitteln Sie Informationen so, dass sie später leichter abrufbar sind. Üben Sie Argumente oder Szenarien in einer Umgebung, die der echten Situation möglichst nahekommt.

Bauen Sie gezielte Assoziationen auf Verknüpfen Sie die gewünschten Informationen mit bekannten Konzepten, Schlagworten oder Routinen, die leicht erinnert werden können.

Formulieren Sie Botschaften klar und prägnant Verwenden Sie einfache und prägnante Aussagen, die den Kern Ihrer Botschaft verständlich und einprägsam vermitteln.

Binden Sie Ihr Gegenüber aktiv ein Regen Sie Diskussionen an, stellen Sie Fragen oder lassen Sie Ihr Gegenüber eigene Argumente oder Beispiele finden. Die aktive Verarbeitung stärkt die Verankerung der Informationen.

Wiederholen Sie wichtige Informationen Wiederholen Sie Kernbotschaften mehrfach, um die Verbindung im Gedächtnis zu stärken und sicherzustellen, dass diese schneller aktiviert werden können.

Besonders bei emotional sensiblen Themen oder tief verwurzelten Überzeugungen ist ein einfühlsames Vorgehen essenziell. Beginnen Sie Gespräche mit Empathie und Verständnis, indem Sie die Emotionen Ihres Gesprächspartners anerkennen und respektieren. Verwenden Sie vorsichtige, nicht konfrontative Formulierungen und stellen Sie offene, wertfreie Fragen, um die Perspektive der Person zu verstehen.

Heben Sie Gemeinsamkeiten hervor, bevor Sie auf Unterschiede eingehen, um eine vertrauensvolle Gesprächsbasis zu schaffen. Üben Sie keinen Druck aus und lassen Sie der Person Raum, sich zu äußern. Falls das Gespräch zu emotional wird, wechseln Sie bei Bedarf das Thema, um weiterhin einen konstruktiven Austausch zu gewährleisten. Diese Herangehensweise hilft, Widerstände abzubauen und die Person aktiv in den Prozess einzubinden.

Ein anschauliches Beispiel aus dem Verkauf zeigt, wie eine transparente Kommunikation und die gezielte Vorbereitung auf potenzielle Einwände durch das Impf-Prinzip nicht nur Überzeugungen festigen, sondern auch das Vertrauen und die Loyalität der Kunden stärken können.

Preiswettbewerb mit Transparenz begegnen

Einer meiner Mandanten, ein mittelständisches Unternehmen, das Spezialmaschinen unter anderem für Automobilzulieferer herstellt, sah sich einer großen Herausforderung gegenüber: Wettbewerber lockten potenzielle Kunden mit günstigeren, jedoch technisch weniger ausgereiften Produkten. Das Verkaufsteam des Unternehmens stand zunehmend vor Kundeneinwänden, die sich auf die höheren Anschaffungskosten ihrer Maschinen bezogen.

Um diesem Problem zu begegnen, entwickelten wir eine proaktive Strategie, die auf dem Impf-Prinzip basierte. Die zentrale Taktik bestand darin, mit einem klar definierten Gesprächsleitfaden den Fokus der Kunden von den höheren Anschaffungskosten auf die langfristigen Lebenszykluskosten zu lenken. Dabei wurden potenzielle Kunden proaktiv auf die Vorteile hingewiesen, die die Maschinen über ihre gesamte Nutzungsdauer bieten, während der Einwand der Anschaffungskosten offen angesprochen wurde.

Die Verkäufer eröffneten ihre Gespräche mit einer vorbereiteten Aussage, die den potenziellen Einwand direkt aufgriff:

„Viele Unternehmen in Ihrer Branche entscheiden sich für unsere Maschinen, weil sie langfristig durch die niedrigeren Betriebskosten und die höhere Zuverlässigkeit erhebliche Einsparungen erzielen. Diese Einsparungen gleichen nicht nur den höheren Anschaffungspreis gegenüber den Maschinen unserer Mitbewerber bei weitem aus, sondern bieten zusätzlich ganz klare Vorteile. Lassen Sie uns gemeinsam kurz beleuchten, wie genau diese Vorteile auch für Ihr Unternehmen aussehen könnten."

Daraufhin lenkten sie die Aufmerksamkeit gezielt auf vier entscheidende Punkte der Lebenszykluskosten, die situativ von den Verkäufern eingesetzt wurden:

- Zuverlässigkeit und Langlebigkeit:
„Unsere Maschinen sind so konstruiert, dass sie in der Regel eine Lebensdauer von mindestens 20 Jahren haben – deutlich länger als der Branchendurchschnitt. Diese außergewöhnliche Haltbarkeit bietet Ihnen langfristige finanzielle Vorteile, da Sie deutlich weniger häufig Ersatzkäufe tätigen müssen."
- Geringere Wartungskosten:
„Durch unsere bewährte Technik und die Qualität der Bauteile reduzieren sich die Wartungskosten erheblich. Viele Kunden berichten, dass sie dadurch jährlich Tausende Euro sparen."
- Minimierung von Stillstandkosten:
„Unsere Maschinen sind darauf ausgelegt, maximale Betriebszeiten zu gewährleisten und die Ausfallzeiten auf ein absolutes Minimum zu reduzieren. Das spart Ihnen nicht nur Geld, sondern gibt Ihnen auch Planungssicherheit."
- Produktivität und Effizienz:
„Unsere Maschinen sind auf höchste Effizienz optimiert. Die höhere Produktionsgeschwindigkeit und die präzise Verarbeitung ermöglichen es Ihnen, mehr Aufträge in kürzerer Zeit abzuwickeln, den Ausschuss zu minimieren und dadurch Ihre Gewinnspanne zu erhöhen."

Im weiteren Verkaufsgespräch wurden die potenziellen Kunden gefragt:
„Würde eine Maschine, die diese Voraussetzungen nicht erfüllt, aber in ihrer Anschaffung etwas weniger kostet, für Sie infrage kommen? Und wenn nein, warum nicht?"

> Die Kunden reflektierten aktiv, weshalb sie günstigere, aber weniger geeignete Alternativen ablehnten. Dieser Prozess stärkte ihre Bindung an die präsentierte Lösung und immunisierte sie gegen die Argumente der Wettbewerber.
>
> Durch diesen Ansatz waren die Kunden nicht nur besser gegen die Argumente der Wettbewerber gewappnet, sondern fühlten sich auch in ihrer Entscheidung bestärkt. Sie verstanden die Gründe für ihre Wahl und erkannten die Vorteile der präsentierten Lösung klarer. Gleichzeitig wurde die Beziehung zum Anbieter gefestigt, da die Kommunikation als ehrlich und lösungsorientiert wahrgenommen wurde.
>
> Dieses Beispiel zeigt, wie das Impf-Prinzip in Gesprächen genutzt werden kann, um nicht nur überzeugende Argumente zu vermitteln, sondern auch das Vertrauen des Gesprächspartners zu stärken.

6.8 Voraktivierung: Den Denkprozess gezielt anregen

Die Erfahrung oder sogar die bloße Vorstellung bestimmter Reize oder Informationen kann unsere Wahrnehmung und unser Verhalten beeinflussen – und zwar häufig, ohne dass wir es merken. Das Konzept der Voraktivierung, auch als Priming bekannt, besagt, dass die erste Idee oder Information, mit der wir in Kontakt kommen, unsere Reaktion auf nachfolgende Informationen prägt. Durch einen vorausgehenden Reiz werden spezifische Assoziationen oder Erfahrungen im Gedächtnis aktiviert, die als Ausgangspunkt für den folgenden Denkprozess dienen und unbewusst unsere Gedanken, Entscheidungen und Handlungen beeinflussen (Kahneman, 2012).

Zahlreiche wissenschaftliche Experimente belegen den Effekt von Voraktivierung. Beispielsweise führte ein Experiment dazu, dass Teilnehmer unbewusst langsamer gingen, nachdem sie Sätze mit Begriffen gebildet hatten, die mit hohem Alter assoziiert wurden. Diese Effekte sind im aktuellen Stand der Wissenschaft gut dokumentiert (Kahneman, 2012).

Ein Beispiel für Voraktivierung im Alltag ist die Reaktion auf einen Horrorfilm. Nach dem Film reagieren wir empfindlicher auf Geräusche oder Lichtveränderungen, besonders in der Dunkelheit. Unser Gehirn wurde durch den Film auf mögliche Bedrohungen sensibilisiert und bewertet harmlose Reize durch die Linse der Furcht. Ein weiteres Beispiel ist der Gedanke an eine große, gelbe Zitrone: Schon die Vorstellung kann einen sauren Geschmack oder Speichelfluss auslösen, als ob wir tatsächlich Zitronensaft trinken würden.

Voraktivierung entsteht im intuitiven System unseres Denkens und bleibt uns oft verborgen (Kahneman, 2012). Sie stellt die Annahme infrage, dass wir ausschließlich bewusste und autonome Urheber unserer Entscheidungen sind. Wendet man die Voraktivierung gezielt an, bieten sich wertvolle Möglichkeiten, um das intuitive System anzuregen und hilfreiche Assoziationen bei der Gesprächsperson zu wecken.

Im Verkauf wird Voraktivierung häufig genutzt, um Kaufentscheidungen zu erleichtern. Indem Verkäufer positive Assoziationen oder Erwartungen in den Köpfen der Kunden wecken, schaffen sie eine mentale Vorab-Bewertung des Produkts oder der Dienstleistung. Zum Beispiel könnte ein Verkäufer sagen: „Stellen Sie sich vor, wie viel Zeit und Aufwand Sie sparen könnten, wenn Sie dieses Produkt in Ihrem Alltag einsetzen würden." Solche Aussagen aktivieren in der Vorstellung des Kunden Bilder und Gefühle, die den Wunsch nach dem Produkt stärken und eine Entscheidung begünstigen.

Praktische Empfehlungen für den Umgang mit der Voraktivierung im Kontext der Inspiration
Voraktivierung ist ein kraftvolles Konzept, um Gespräche gezielt zu lenken und positive Entscheidungen zu fördern. Indem Sie Assoziationen subtil aktivieren, können Sie die Denkprozesse Ihres Gesprächspartners unterstützen, ohne ihn zu manipulieren.

Setzen Sie gezielte Impulse ein Nutzen Sie Begriffe, Bilder oder Erzählungen, die bei Ihrem Gegenüber hilfreiche Assoziationen wecken. Berücksichtigen Sie dabei seine Werte, Wünsche und Ziele, aber auch Sorgen, Ängste, Glaubenssätze und Motivationsfaktoren – so lenken Sie seine Gedanken in eine neue, inspirierende Richtung.

Lenken Sie Aufmerksamkeit auf gewünschte Aspekte Bevor eine Entscheidung ansteht, betonen Sie gezielt die Faktoren, die die Wahrnehmung in eine vorteilhafte Richtung lenken – beispielsweise Chancen, Effizienz, Sicherheit oder Zukunftsperspektiven.

Nutzen Sie bildhafte Sprache und Vorstellungen Formulierungen wie „Stellen Sie sich vor ..." oder „Denken Sie an eine Situation, in der ..." aktivieren mentale Bilder und erleichtern eine positive Bewertung der Idee oder Entscheidung.

Vermeiden Sie Manipulation durch bewusstes Framing Voraktivierung soll inspirieren, nicht täuschen. Achten Sie darauf, dass die geweckten Assoziationen realistisch sind und keine verzerrte Wahrnehmung erzeugen.

Nutzen Sie Voraktivierung zur Überwindung von Widerständen Indem Sie frühzeitig positive Erfahrungen oder Erwartungen aktivieren, können Sie Ihrem Gegenüber helfen, Veränderung als Chance statt als Bedrohung zu sehen.

Ein Beispiel aus der Unternehmensführung zeigt, wie Voraktivierung gezielt genutzt werden kann, um Veränderungen erfolgreich einzuleiten und Mitarbeiter positiv auf anstehende Prozesse einzustimmen. Durch die bewusste Aktivierung relevanter Assoziationen und die Schaffung einer unterstützenden Umgebung lassen sich nicht nur Akzeptanz und Engagement fördern, sondern auch potenzielle Widerstände proaktiv abbauen.

> **Erhöhung der Akzeptanz einer neuen Software**
>
> Ein mittelständisches Unternehmen, das einem meiner Mandanten gehört, stand vor der Herausforderung, eine neue Software einzuführen, um wichtige Geschäftsprozesse wie Logistik und Produktion effizient zu planen und zu steuern. Viele Mitarbeiter äußerten Vorbehalte, da sie sich an die bestehende Lösung gewöhnt hatten und skeptisch gegenüber Veränderungen waren. Um den Übergang zu erleichtern, empfahl ich der Geschäftsleitung, Voraktivierung gezielt einzusetzen, um positive Assoziationen zur neuen Lösung zu schaffen.
>
> Im Vorfeld der Einführung wurde eine interne Kommunikationskampagne gestartet, um die Mitarbeiter mit den Vorteilen der neuen Softwarelösung vertraut zu machen und sie dafür zu gewinnen. Die Mitarbeiter wurden in Workshops gebeten, sich zu überlegen, wie viel Zeit und Aufwand sie in ihrer täglichen Arbeit einsparen könnten, wenn repetitive Aufgaben automatisiert wären.
>
> Die Geschäftsführung lud Mitarbeiter einer befreundeten Firma ein, die die Software bereits erfolgreich nutzten. Sie berichteten, wie die Einführung der neuen Lösung ihre Arbeit erleichtert hatte, und betonten konkrete Vorteile wie weniger Fehler und eine bessere Zusammenarbeit im Team.
>
> Um die Akzeptanz weiter zu fördern, wurden die Mitarbeiter aktiv in die Erstellung der Anforderungen für die Anpassung der Software eingebunden. Durch diese Einbeziehung entstanden positive Assoziationen im Kontext der Zusammenarbeit, da ihre Meinungen und Erfahrungen berücksichtigt wurden. Gleichzeitig vermittelte dies die Wahrnehmung, ein wichtiger Teil des Veränderungsprozesses zu sein, was nicht nur die Akzeptanz, sondern auch die Motivation und das Engagement der Mitarbeiter spürbar stärkt.
>
> Durch diese gezielte Voraktivierung änderte sich die Wahrnehmung der Mitarbeiter. Skepsis wurde durch Neugier ersetzt, und die Einführung der neuen Softwarelösung verlief reibungslos. Die positiven Assoziationen, die vorab geschaffen wurden, hatten die emotionale und kognitive Basis gelegt, auf der die Akzeptanz für die Veränderung aufgebaut werden konnte.

Das Beispiel „Erhöhung der Akzeptanz einer neuen Software" zeigt, wie Voraktivierung in der Unternehmensführung eingesetzt wird, um Veränderungen vorzubereiten. Indem gezielt positive Assoziationen geschaffen werden, lassen sich Barrieren abbauen und die Bereitschaft für neue Ideen oder Prozesse fördern. Die Methode unterstützt nicht nur den Veränderungsprozess, sondern stärkt auch das Vertrauen und die Motivation der Mitarbeiter.

6.9 Ankereffekt: Orientierung durch die erste Information

Menschen lassen sich bei Schätzungen und Entscheidungen häufig von einer anfänglichen Zahl oder Information leiten, die ihnen als Orientierung dient – dem sogenannten „Anker." Selbst wenn dieser Anker zufällig, unbegründet oder völlig zusammenhangslos ist, beeinflusst er unser Urteil oft überraschend stark.

Daniel Kahneman verdeutlichte den Ankereffekt in einem Experiment, bei dem Teilnehmer den Prozentsatz afrikanischer Staaten unter den Mitgliedstaaten der Vereinten Nationen schätzen sollten (Kahneman, 2012). Zuvor drehten die Teilnehmer ein Glücksrad, das einmal zufällig auf einer niedrigen und einmal auf einer hohen Zahl landete. Diejenigen, bei denen das Glücksrad eine höhere Zahl angezeigt hatte, schätzten den Prozentsatz höher ein, während Teilnehmer mit einer niedrigen Zahl niedrigere Werte nannten.

Dieses Experiment zeigt, dass selbst irrelevante Zahlen unsere Urteile beeinflussen können. Der Ankerwert, in diesem Fall die zufällige Zahl des Glücksrads, lenkte die Schätzungen der Teilnehmer unbewusst in seine Richtung.

Obwohl der Ankereffekt häufig manipulativ genutzt wird – etwa in politischen Debatten, durch übertriebene „Vorher"-Preise im Einzelhandel oder in geschickt formulierten Umfragen – kann er auch ethisch und unterstützend eingesetzt werden. Im Verkauf oder in der Beratung kann ein bewusst gewählter Anker dazu dienen, Orientierung zu geben, Entscheidungen zu erleichtern und positive Assoziationen zu fördern.

Ein Autohändler nutzt beispielsweise gezielt den Ankereffekt, indem er zunächst ein Premium-Modell mit zahlreichen Extras präsentiert, bevor er ein günstigeres Modell zeigt, das immer noch viele Vorteile bietet. Dieser Vergleich hilft dem Kunden, seine Prioritäten besser zu verstehen und den Wert des günstigeren Modells bewusster einzuordnen.

Ein ähnlicher Ansatz findet sich in einem Möbelgeschäft: Eine komplett eingerichtete Zimmerausstellung wird genutzt, um die Summe der Preise der Einzelstücke dem Angebot eines Paketpreises gegenüberzustellen. Der Ankerwert der Summe der Einzelpreise verdeutlicht den wahrgenommenen Wert des Pakets und erleichtert den Kunden eine fundierte Entscheidung.

Praktische Empfehlungen für den Umgang mit dem Ankereffekt im Kontext der Inspiration
Wenn Sie den Ankereffekt bewusst und ethisch nutzen möchten, um Ihren Gesprächspartner zu inspirieren, können folgende Ansätze hilfreich sein:

Setzen Sie realistische und motivierende Ziele Wählen Sie Ankerwerte, die motivieren und eine positive Richtung vorgeben. Beispielsweise könnten Sie im Gespräch über gesunde Gewohnheiten darauf hinweisen, dass „10 min tägliche Bewegung" einen spürbaren Unterschied machen.

Stärken Sie das Selbstvertrauen Setzen Sie den Anker so ein, dass er Ihren Gesprächspartner in seiner Fähigkeit bestärkt, Entscheidungen zu treffen. Ein

Anker wie „Schon eine Stunde ehrenamtliche Arbeit pro Woche macht einen großen Unterschied" kann das Gefühl der Wirksamkeit und des eigenen positiven Beitrags fördern.

Geben Sie Orientierung zur Zielerreichung Ankerwerte sollten Ihrem Gesprächspartner helfen, sich klarer auf seine Ziele auszurichten. Ein Beispiel könnte der Hinweis sein, „5 % des Einkommens sparen" als praktikable und sinnvolle Vorgabe für das Erreichen eines Sparziels zu betrachten.

Passen Sie den Ankerwert an die Situation und Bedürfnisse an.

Beispielsweise kann der Vorschlag, „an einem Tag in der Woche vegetarisch zu essen", ein einfacher und relevanter Einstieg für eine Person sein, die einen nachhaltigeren Lebensstil anstrebt.

Formulieren Sie den Anker ohne Druck Der Anker sollte ohne Zwang oder Manipulation präsentiert werden. Beispielsweise in einem Gespräch mit einem Unternehmer, den Sie zur strategischen Unternehmensführung bewegen wollen, könnten Sie vorschlagen: „Wie wäre es, wenn Sie sich zunächst einmal eine Stunde pro Woche Zeit nehmen, um sich in Ruhe mit Ihrer langfristigen Firmenstrategie zu beschäftigen?" Dieser Ansatz vermittelt dem Unternehmer, dass der Einstieg überschaubar ist, und zeigt, wie bereits eine kleine, regelmäßig eingeplante Maßnahme positive Auswirkungen auf die strategische Ausrichtung des Unternehmens haben kann – ohne übermäßigen Druck oder hohe Anfangsinvestitionen an Zeit und Energie.

Der Ankereffekt kann große Wirkung entfalten, um Orientierung zu geben und Entscheidungen positiv zu beeinflussen. Indem Sie bewusst und ethisch mit Ankern arbeiten, können Sie Inspiration fördern, ohne zu manipulieren. Dies erfordert einen klaren Fokus auf die Bedürfnisse und Ziele der Person sowie eine transparente Kommunikation.

6.10 Chamäleon-Effekt: Die leise Dynamik der Anpassung

Der Chamäleon-Effekt beschreibt das Phänomen, dass Menschen unbewusst das Verhalten, die Körpersprache oder die Sprechweise ihrer Gesprächspartner, die sie sympathisch finden, nachahmen. Diese unbewusste Anpassung, unterstützt durch die Aktivität der Spiegelneuronen, stärkt soziale Bindungen und schafft Harmonie in der Interaktion (Chartrand & Bargh, 1999).

Die Entdeckung der Spiegelneuronen durch den Neurophysiologen Giacomo Rizzolatti und sein Team an der Universität Parma revolutionierte das Verständnis für diese automatische Nachahmung. Spiegelneuronen ermöglichen es, die Handlungen und Absichten anderer zu verstehen, indem sie diese „spiegeln" (Gallese et al., 1996). Diese neuronalen Mechanismen machen die soziale Nachahmung zu einem tief verankerten Prozess, der nicht nur Empathie und Vertrauen fördert, sondern auch den sozialen Austausch erleichtert.

Personen passen sich oft unbewusst in Gestik, Mimik oder Körperhaltung an ihr Gegenüber an. Diese Synchronität signalisiert Harmonie, Verständnis und Verbundenheit. Studien zeigen, dass Menschen, die ähnliche nonverbale Signale teilen, ein stärkeres Gefühl der Sympathie und des Vertrauens entwickeln (LaFrance, 1979).

Praktische Empfehlungen für den Einsatz vom Chamäleon-Effekt im Kontext der Inspiration
Der Chamäleon-Effekt ist nicht nur ein unbewusster Mechanismus; er kann auch bewusst eingesetzt werden, um Beziehungen zu stärken und positive Interaktionen zu fördern. Indem Sie sich nonverbalen und verbalen Hinweisen Ihres Gegenübers anpassen, können Sie ein Gefühl von Empathie und Verständnis vermitteln, ohne manipulativ zu wirken. Das kann eine wirkungsvolle Methode sein, um Vertrauen, Sympathie und eine positive Atmosphäre zu schaffen. Entscheidend ist dabei, dass die Anpassung an das Verhalten des Gegenübers respektvoll und authentisch geschieht.

Um den Chamäleon-Effekt bewusst und ethisch richtig in Gesprächen zu nutzen, können die folgenden Ansätze hilfreich sein:

Bewahren Sie Ihre Authentizität Bleiben Sie bei Ihren Anpassungen authentisch und transparent. Ihre Handlungen sollten nicht den Eindruck erwecken, dass Sie sich verstellen oder manipulativ handeln.

Passen Sie Ihr Verhalten feinfühlig an Achten Sie auf Mimik, Körperhaltung und Bewegungen Ihres Gegenübers und passen Sie sich respektvoll an. Dies schafft ein Gefühl von Harmonie und kann die Beziehung vertiefen (McCroskey et al., 1975).

Spiegeln Sie emotionale Signale Reagieren Sie empathisch auf die Emotionen Ihres Gegenübers, zum Beispiel durch ein zustimmendes Nicken, ein Lächeln oder einen ernsten Gesichtsausdruck. Achten Sie dabei immer auf die Angemessenheit der Reaktion in Bezug auf die Situation, um die Verbundenheit zu verstärken und zu zeigen, dass Sie die Gefühle der anderen Person ernst nehmen.

Nutzen Sie ähnliche Sprachmuster Passen Sie Ihre Wortwahl sowie Ihr Sprechtempo und Ihre Tonlage an die des Gesprächspartners an, um eine verbale Verbindung aufzubauen. Achten Sie darauf, dies authentisch und respektvoll umzusetzen.

Heben Sie Gemeinsamkeiten hervor Finden Sie echte Gemeinsamkeiten oder Interessen und sprechen Sie diese an. Menschen fühlen sich stärker verbunden, wenn sie Ähnlichkeiten wahrnehmen, z. B. durch geteilte Erfahrungen oder Werte.

Passen Sie sich respektvoll an Achten Sie darauf, dass Ihre Anpassungen an das Verhalten des Gegenübers unaufdringlich bleiben.

Der Chamäleon-Effekt zeigt, wie eng soziale Nachahmung mit Empathie und Vertrauen verknüpft ist. Indem Sie sich bewusst, respektvoll und authentisch an Ihr Gegenüber anpassen, können Sie Beziehungen stärken, Verständigung fördern und eine positive Grundlage für Inspiration schaffen.

6.11 Aufmerksamkeit: Den Fokus gezielt lenken

Die Aufmerksamkeit Ihres Gesprächspartners ist ein zentraler Faktor, wenn es darum geht, ihn zu inspirieren und für neue Ideen oder Perspektiven zu gewinnen. Aufmerksamkeit lenkt nicht nur den Fokus auf bestimmte Informationen, sondern beeinflusst auch, wie diese wahrgenommen, verarbeitet und interpretiert werden. Die gezielte Lenkung der Aufmerksamkeit kann helfen, Menschen verantwortungsvoll durch Entscheidungsprozesse zu begleiten und dabei die wichtigsten Botschaften in den Vordergrund zu stellen.

Ein wesentlicher Aspekt ist die Aufmerksamkeitsheuristik, die beschreibt, wie auffällige, emotionale oder leicht zugängliche Informationen unsere Wahrnehmung dominieren. Diese selektive Wahrnehmung kann unsere Entscheidungen beeinflussen und uns dazu bringen, bestimmte Informationen überzubewerten, während andere vernachlässigt werden. Das berühmte Gorilla-Experiment von Christopher Chabris und Daniel Simons (2023) zeigt eindrucksvoll, wie sehr unser Fokus unsere Wahrnehmung steuert. In dem Experiment wird den Teilnehmern ein kurzes Video gezeigt. In diesem Video spielen zwei Teams Basketball:

Ein Team trägt weiße T-Shirts, das andere schwarze T-Shirts. Die Teilnehmer erhalten die Aufgabe, die Anzahl der Ballwechsel des weißen Teams zu zählen.

Ungefähr in der Mitte des Videos läuft eine Person im Gorillakostüm quer über das Spielfeld. Sie bleibt sogar kurz in der Mitte stehen, schlägt sich auffällig mehrmals auf die Brust und verlässt dann das Bild.

Nach dem Ansehen des Videos werden die Teilnehmer gefragt, ob ihnen etwas Ungewöhnliches aufgefallen sei. Obwohl ein Gorilla mitten durch das Bild läuft, fällt er bemerkenswerterweise vielen Menschen nicht auf, da ihre Aufmerksamkeit anderweitig gebunden ist.

Das Experiment zeigt eindrucksvoll, wie stark unsere Aufmerksamkeit durch eine fokussierte Aufgabe gebunden werden kann – in diesem Fall das Zählen der Ballwechsel. Dieses Phänomen wird als Unaufmerksamkeitsblindheit bezeichnet: Menschen nehmen Informationen, die außerhalb ihres aktuellen Fokus liegen, nicht wahr, selbst wenn diese offensichtlich sind.

Praktische Empfehlungen für den Umgang mit Aufmerksamkeit im Kontext der Inspiration
Um Aufmerksamkeit gezielt und ethisch zu lenken, können Sie die folgenden Ansätze berücksichtigen:

Beginnen Sie mit einem starken Einstieg Der erste Eindruck zählt. Stellen Sie sicher, dass Sie Ihre Botschaft zu Beginn des Gesprächs oder der Präsentation klar und ansprechend vermitteln, um die Aufmerksamkeit Ihres Gegenübers zu gewinnen. Die zuerst präsentierten Informationen ziehen oft die größte Aufmerksamkeit auf sich und werden dadurch besonders intensiv verarbeitet. Sie beeinflussen den weiteren Denkprozess maßgeblich (Asch, 1946). Hier, am Beginn des Gesprächs oder der Kommunikation per E-Mail, Beitrag im Blog, Posting oder anderen Kanälen, entscheidet sich, ob Ihr Gegenüber aufmerksam Ihren Ausführungen folgen wird. Die zentrale Frage, die sich Ihr Gegenüber dabei stellt, lautet: What's in it for me? (Was habe ich davon?). Wenn Sie diese Frage früh und überzeugend beantworten, erhöhen Sie die Bereitschaft Ihres Gegenübers, sich mit Ihrer Botschaft auseinanderzusetzen.

Heben Sie wesentliche Botschaften hervor Überlegen Sie, welche Informationen aus der Sicht Ihres Gesprächspartners besonders wichtig sind, und lenken Sie den Fokus auf sie. Nutzen Sie eine klare Sprache und überzeugende Beispiele, um die Aufmerksamkeit des Gegenübers zu binden (Konrath, 2005).

Stellen Sie gezielte Fragen Stellen Sie offene Fragen, die das Gegenüber dazu ermutigen, über neue Perspektiven oder Chancen nachzudenken. Dies kann die Aufmerksamkeit auf ungenutzte Möglichkeiten lenken.

Nutzen Sie eine emotionale Ansprache Authentische und empathische Kommunikation, die auch Emotionen enthält, kann die Aufmerksamkeit verstärken und eine tiefere Verbindung schaffen. Beispiel: „Ich verstehe, wie wichtig Ihnen dieses Projekt ist, und wie ärgerlich sein Scheitern für Sie wäre."

Setzen Sie visuelle und narrative Elemente ein Verwenden Sie Bilder, Geschichten, Statistiken oder Analogien, um abstrakte Ideen greifbarer zu machen und die Aufmerksamkeit aufrechtzuerhalten.

Bringen Sie positive Beispiele Zeigen Sie inspirierende Szenarien oder Erfolgsgeschichten, die die Vorstellungskraft anregen und die Botschaft verdeutlichen.

Minimieren Sie Ablenkungen Sorgen Sie für einen ruhigen und fokussierten Rahmen, um die Aufmerksamkeit nicht von äußeren Faktoren beeinträchtigen zu lassen.

Die Lenkung der Aufmerksamkeit ist ein wichtiger Schlüssel, um Menschen für neue Perspektiven und Ideen zu öffnen.

Aufmerksamkeit und Gedanken potenzieller Kunden gezielt lenken

Ein Unternehmen, das individuelle, kundenspezifische Softwarelösungen zur Prozessoptimierung entwickelt, stand vor der Herausforderung, die Verkaufszahlen deutlich zu steigern.

Um dies zu erreichen, wurde die Verkaufsmethode des Unternehmens strategisch überarbeitet und jeder Schritt gezielt neugestaltet, um die Erfolgswahrscheinlichkeit zu maximieren. Dazu gehörte unter anderem die Entwicklung eines detaillierten Gesprächsleitfadens, der in mehreren praxisnahen Trainingsrunden direkt on the job verfeinert wurde.

Der Verkaufsberater begann die Präsentation mit einer fesselnden Frage, die eine interessante und unerwartete Statistik enthielt: „Wussten Sie, dass vergleichbare Unternehmen, die ihre Prozesse digitalisiert haben, ihre Effizienz um bis zu 20 % steigern konnten?" Diese Frage weckte sofort das Interesse des potenziellen Käufers und regte ihn dazu an, über die Möglichkeiten nachzudenken, die Digitalisierung auch seinem eigenen Unternehmen bieten könnte.

Daraufhin folgte ein konkretes, reales Fallbeispiel: Eine Firma aus der Branche des potenziellen Käufers konnte ihre Produktionskosten erheblich senken, indem sie eine vergleichbare Softwarelösung implementierte. Der Verkaufsberater unterstützte die Geschichte mit Informationen über die umgesetzte Softwarelösung und visuellen Darstellungen der Einsparungen, wodurch die Zahlen greifbarer und überzeugender wurden. Das ließ die Vorteile der Lösung lebendig werden und schuf eine emotionale Verbindung zur Zielgruppe.

Der Verkaufsberater vermied es, sich in irrelevante Details zu verlieren, die das Interesse der Kunden hätten ablenken können. Stattdessen blieb er fokussiert auf die Kernaussage: „Wie die Lösung konkret dabei hilft, Kosten zu senken, die Effizienz zu steigern und langfristige Vorteile zu erzielen." Diese klare, zielgerichtete Kommunikation sorgte dafür, dass die Kunden nicht nur die Fakten verstanden, sondern auch eine Vorstellung davon entwickelten, wie die Lösung ihre eigenen Herausforderungen bewältigen könnte.

Indem der Verkaufsberater die Aufmerksamkeit kontinuierlich auf das Wesentliche lenkte, erhöhte er die Wahrscheinlichkeit, dass die potenziellen Kunden nicht nur informiert, sondern auch inspiriert wurden, eine Entscheidung zu treffen.

Im weiteren Verlauf des Gesprächs lenkte der Verkaufsberater die Aufmerksamkeit der Käufer mit wohlüberlegten Fragen auf die wesentlichen Aspekte, die für eine positive Kaufentscheidung wichtig waren. So schuf er gute Voraussetzungen dafür, dass das analytische Denken der potenziellen Käufer aktiviert blieb und er die beste Entscheidung für sich treffen konnte.

Dieses Beispiel zeigt, wie Sie durch klare, emotionale und gezielte Kommunikation sicherstellen können, dass Ihre Botschaft wahrgenommen und nachhaltig erinnert wird.

6.12 Gelassenheit: Die Kunst der Selbstbeherrschung

Viele Menschen reagieren empfindlich auf übermäßigen Druck oder allzu offensichtliche Überzeugungsversuche – vor allem dann, wenn sie den Eindruck haben, dass ihre Zustimmung oder Entscheidung möglichst schnell oder verzweifelt erzwungen werden soll. Eine ruhige, selbstbewusste Haltung ist daher die beste Grundlage für eine gelungene Inspiration und Überzeugung. Diese Haltung vermittelt Respekt für die Autonomie des Gesprächspartners und zeigt zugleich, dass die dargelegten Argumente und Vorschläge fundiert sind – unabhängig davon, wie das Gespräch letztlich ausgeht.

Praktische Empfehlungen für den Umgang mit Gleichgültigkeit im Kontext der Inspiration
Eine entspannte Einstellung stärkt Ihre Glaubwürdigkeit, da sie signalisiert, dass Sie an einem echten Dialog interessiert sind und keine Notwendigkeit verspüren, Zustimmung um jeden Preis zu erzielen. Druck erzeugt oft Gegendruck, während Gelassenheit und Klarheit eine Atmosphäre schaffen, in der

Ihr Gegenüber offener für neue Perspektiven ist. Indem Sie betonen, dass die Entscheidung des Gegenübers respektiert wird, schaffen Sie ein unterstützendes Umfeld, das Vertrauen und Offenheit fördert.

Nehmen Sie eine Haltung der Gelassenheit ein Vermeiden Sie es, den Eindruck zu erwecken, dass Sie dringend auf Zustimmung angewiesen sind. Eine entspannte, souveräne Haltung zeigt, dass Ihre Argumente unabhängig vom Ausgang des Gesprächs Bestand haben. Authentische Gelassenheit entsteht, wenn Sie nicht nur so tun, sondern wirklich darauf vorbereitet sind, ein Gespräch ergebnisoffen zu führen.

Zeigen Sie Respekt und Flexibilität Machen Sie es zu Ihrer Einstellung, die Entscheidungsfreiheit Ihres Gesprächspartners zu respektieren. Das hilft Ihnen, flexibel und gelassen auf seine Bedürfnisse und Überzeugungen einzugehen, ohne dabei Ihre eigene Position aufzugeben. Wenn Sie Ihre Argumente so anpassen können, dass sie den Bedürfnissen des Gegenübers besser gerecht werden, zeigen Sie nicht nur Verständnis, sondern erhöhen auch die Wahrscheinlichkeit, dass Ihre Perspektive beachtet wird.

Vermitteln Sie Selbstsicherheit durch Sachlichkeit Treffen Sie klare Aussagen, die Ihre Überzeugungen widerspiegeln, ohne dabei aggressiv oder zu fordernd zu wirken. Selbstbewusste und sachliche Kommunikation zeigt, dass Sie hinter Ihrer Meinung stehen, unabhängig davon, wie die andere Person reagiert.

Bieten Sie Optionen an, ohne Druck auszuüben Stellen Sie Möglichkeiten und Optionen vor, die ohne Zwang oder Druck präsentiert werden. Diese Herangehensweise ermöglicht es der anderen Person, selbstständig eine Entscheidung zu treffen, was das Gefühl von Autonomie stärkt und oft zu positiveren Ergebnissen führt.

Zeigen Sie Bereitschaft, loszulassen Seien Sie bereit, das Gespräch zu beenden, wenn es nicht in die gewünschte Richtung verläuft. Diese Bereitschaft signalisiert Selbstsicherheit und vermittelt, dass Sie nicht auf Zustimmung angewiesen sind, sondern einen respektvollen und offenen Austausch anstreben.

Ein Beispiel aus meiner Beratungspraxis zeigt, wie Transparenz und Gelassenheit in einem Verkaufsgespräch effektiv eingesetzt werden können, um Vertrauen aufzubauen und die Grundlage für eine offene und ehrliche Kommunikation zu schaffen.

> **Mit Gelassenheit und Transparenz zum Verkaufserfolg**
>
> In meinen Projekten auf dem Gebiet der Verkaufsoptimierung empfehle ich den Verkaufsmitarbeitern meiner Mandanten, die Gelegenheit gleich zu Beginn des Verkaufsgesprächs zu nutzen, dem potenziellen Käufer eine gewisse Gelassenheit zu signalisieren.
>
> Zu Beginn eines Gesprächs mit einem potenziellen Kunden sagt der Verkaufsberater:
>
> „Mein Ziel in diesem Gespräch ist es, gemeinsam mit Ihnen den möglichen Nutzen einer Zusammenarbeit für beide Seiten – Ihr Unternehmen und meinen Arbeitgeber – auszuarbeiten. Wir sollen am Ende unseres Gesprächs entscheiden können, ob es im gegenseitigen Interesse liegt, weiterführende Gespräche zu führen. Es ist mir wichtig, dass unsere Lösung genau zu Ihren Anforderungen passt und Ihr Unternehmen einen echten Mehrwert daraus ziehen kann."
>
> Diese offene Kommunikation entspricht den Anforderungen meiner Methode hinsichtlich ethischer Kommunikation und schafft eine entspannte Atmosphäre, in der sich der Kunde respektiert und ernst genommen fühlt. Indem der Verkaufsberater ein gemeinsames Ziel betont – das Erkunden eines beidseitigen Nutzens – wird deutlich, dass er nicht zwanghaft auf einen schnellen Abschluss angewiesen ist. Stattdessen rückt der Dialog in den Mittelpunkt, was sowohl die Glaubwürdigkeit als auch die Gesprächsbereitschaft stärkt. Durch das Hervorheben „weiterführender Gespräche" anstelle einer sofortigen Kaufentscheidung wird zudem Druck vermieden. Damit unterstreicht der Berater die Entscheidungsfreiheit des Gegenübers, selbst zu bestimmen, ob und in welcher Form weitere Gespräche stattfinden.
>
> Der Verkaufsberater zeigt Gelassenheit, ohne dabei distanziert zu wirken, und signalisiert gleichzeitig Flexibilität und Respekt für die Entscheidungsfreiheit des Kunden. Dies schafft nicht nur eine vertrauensvolle Basis, sondern erhöht auch die Wahrscheinlichkeit, dass der potenzielle Kunde offen für weitere Gespräche bleibt.

Gelassenheit im positiven Sinne ist eine Mischung aus Selbstsicherheit und Respekt. Sie schafft eine Atmosphäre, in der Menschen sich nicht unter Druck gesetzt fühlen, sondern frei und offen auf neue Perspektiven eingehen können. Indem Sie diesen Ansatz praktizieren, fördern Sie nicht nur Vertrauen, sondern auch langfristig stabile und konstruktive Beziehungen.

Das folgende Beispiel zeigt, wie Sie in kritischen Gesprächssituationen mit Bewusstsein und kleinen Techniken Ruhe und Gelassenheit bewahren können.

> **Gelassenheit in Umgang mit Einwänden im Verkauf**
>
> Einwände im Verkauf können kritisch für den Abschluss sein – besonders dann, wenn der Verkäufer die Nerven verliert. Das Gehirn greift in solchen Momenten oft automatisch auf Flucht- oder Angriffsreaktionen zurück, die die Situation eskalieren oder den Deal gefährden können (Blount, 2018). Dasselbe gilt für Gespräche, in denen wir unser Gegenüber inspirieren wollen. Auch hier kann eine

unüberlegte Reaktion dazu führen, dass der Gesprächspartner sich zurückzieht oder in eine Abwehrhaltung geht.

Es ist entscheidend, dass Sie gelassen bleiben und Ihr bewusstes Denken die Kontrolle über die Situation behält. Hierfür hat sich in meinen Projekten auf dem Gebiet der Verkaufsoptimierung ein strukturierter Ansatz bewährt:

1. Antworten Sie nicht sofort
Unterdrücken Sie bewusst den Sprechdrang. Diese kurze Pause schafft Raum für reflektiertes Denken.

2. Atmen Sie tief, aber unauffällig ein- und aus
Das bewusste Atmen beruhigt und hilft, sich zu sammeln.

3. Verwenden Sie einen auswendig gelernten Satz
Dieser sollte dem Kunden signalisieren, dass er verstanden wird, ohne dass er mit Gegenreaktionen rechnen muss. Beispiele hierfür sind:

- „Das ist ein sehr wichtiges Thema."
- „Selbstverständlich ist es wichtig, die Kosten und Nutzen im Blick zu behalten."
- „Ich kann gut nachvollziehen, warum Ihnen diese Frage wichtig ist."

Solche Aussagen verschaffen Zeit, um die Situation aus der Vogelperspektive zu analysieren – oder, wie William Ury (1991), Anthropologe und Experte für Verhandlungsführung, in seinem Buch Getting Past No: Negotiating in Difficult Situations schreibt: „Gehen Sie auf den Balkon", um Abstand zu gewinnen, frische Luft einzuatmen und gelassen zu bleiben.

Gleichzeitig sorgt diese Reaktion oft für einen positiven Überraschungseffekt beim Gegenüber. Wer einen Einwand äußert, rechnet in der Regel mit einer Gegenargumentation oder gar einer Verteidigungshaltung. Wenn stattdessen zunächst Verständnis signalisiert wird, nimmt das den Druck aus der Situation und kann eine offenere Gesprächsatmosphäre schaffen.

Wichtig: Vermeiden Sie an dieser Stelle unbedingt das Wort „aber", da es die zuvor gezeigte Zustimmung sofort relativiert und beim Kunden Widerstand auslösen kann.

4. Machen Sie eine kurze Sprechpause
Indem Sie sich bewusst einprägen, an dieser Stelle eine Sprechpause einzulegen, vermeiden Sie, dass Ihnen unbewusst das Wort „aber" entweicht. Eine kurze Pause gibt Ihnen zudem die Möglichkeit, sich zu sammeln und Ihre nächste Aussage gezielt zu formulieren.

Zusätzlich signalisiert die Sprechpause Ihrem Gegenüber, dass Sie seine Worte ernst nehmen und dass jetzt etwas Wichtiges folgen wird. Diese Technik verstärkt Ihre Wirkung und schafft einen Moment der Aufmerksamkeit, in dem Ihr Kunde offen für Ihre Argumentation ist.

5. Überprüfen Sie den Gesprächsverlauf
Analysieren Sie in dieser Zeit, an welcher Stelle des Gesprächsleitfadens (Kap. 7) es Ihnen nicht gelungen ist, das zentrale Denken des Kunden mitzunehmen. Setzen Sie dort gezielt an.

6. Nutzen Sie Reframing
Sollte der Kunde z. B. den hohen Preis thematisieren, sprechen Sie stattdessen von einer „Investition". Damit entschärfen Sie den Einwand und nehmen ihm seinen Giftzahn:

- „Vor einer solchen Investition sollten wir genau überlegen, welche unnötigen Ausgaben und Opportunitätskosten dadurch vermieden werden."
- „Lassen Sie uns gemeinsam die Einsparungen und zusätzlichen Gewinne betrachten, um sicherzustellen, dass Sie eine fundierte Entscheidung treffen können."

Der Schlüssel liegt darin, Gelassenheit zu bewahren, die Perspektive des Gegenübers einzunehmen und die Situation aus seiner Sicht zu analysieren. Dies stärkt die Beziehung und erhöht die Wahrscheinlichkeit, eine nachhaltige Lösung zu finden.

6.13 Von der Beteiligung zur Verantwortung: Der Weg zu nachhaltigem Engagement

Der Wunsch, einbezogen zu sein, ist ein zentraler Antrieb für Engagement und Motivation. Menschen möchten Teil von etwas Größerem sein, das nicht nur ihren Fähigkeiten entspricht, sondern ihnen das Gefühl vermittelt, einen positiven Beitrag zu leisten. Dabei geht dieses Bedürfnis nach Beteiligung über die bloße Zuweisung von Aufgaben hinaus: Eine emotionale Verbundenheit entsteht insbesondere dann, wenn Menschen aktiv in Entscheidungen eingebunden werden und ihre Beiträge sichtbar wertgeschätzt sind. Sobald jemand die Möglichkeit erhält, sich aktiv an einem Vorhaben zu beteiligen, steigen sowohl die Identifikation mit dem Projekt als auch die Motivation, Verantwortung zu übernehmen und es voranzutreiben.

Diese Einbindung führt nicht nur zu einem Gefühl der Wertschätzung, sondern ebnet auch den Weg zu „Ownership" – der Übernahme von Verantwortung und der aktiven Mitgestaltung von Vorhaben. Ownership geht noch einen Schritt weiter und bedeutet, dass eine Person eine treibende Kraft bei der Umsetzung eines Ziels ist. Dies äußert sich in einem hohen Maß an persönlichem Engagement: Die Person äußert ihre Bereitschaft, Verantwortung für die Ergebnisse zu tragen und kontinuierlich an deren Erreichung zu arbeiten.

Praktische Empfehlungen für den Einsatz von Mitwirkung im Kontext der Inspiration
Ein bewährter Ansatz, Menschen schrittweise zu größeren Entscheidungen und Ownership zu führen, besteht darin, sie zunächst zu kleineren, überschaubaren Schritten zu ermutigen. Jede Form von Engagement – sei es ein aktiver Beitrag während eines Brainstormings, die Übernahme einer überschaubaren Aufgabe oder das Einbringen einer Idee – stärkt das Gefühl der Eigenverantwortung und fördert die Bereitschaft, Ownership zu übernehmen.

Anthony Iannarino (2017), ein führender Vertriebscoach, Redner und Autor, beschreibt in seinem Buch „The Lost Art of Closing – Winning the Ten Commitments that Drive Sales", wie erfolgreiche Verkäufer systematisch kleine, aufeinander aufbauende Zusagen vom Kunden einholen, um Vertrauen aufzubauen und die Grundlage für eine langfristige Zusammenarbeit zu schaffen. Sein Ansatz betont, dass ein erfolgreicher Abschluss nicht das Ergebnis eines einmaligen Gesprächs ist, sondern aus einer Reihe von „Micro-Commitments" besteht, die es dem Kunden ermöglichen, sich schrittweise und mit wachsendem Vertrauen auf die Entscheidung einzulassen.

Dieser Ansatz ist nicht nur auf den Vertrieb beschränkt, sondern hat auch eine übertragbare Bedeutung für das Inspirieren von Menschen in anderen Kontexten. Die Idee, jemanden schrittweise zu größeren Entscheidungen zu führen, indem man zunächst kleinere, überschaubare Verpflichtungen schafft, unterstützt nicht nur das Gefühl von Sicherheit, sondern fördert auch das Engagement und die Bereitschaft, Verantwortung zu übernehmen. Mit jeder Zusage oder Handlung, sei es eine Idee oder eine Aufgabe, entwickelt die inspirierte Person ein stärkeres Maß an Eigeninitiative und Verbindlichkeit. Dies ist ein zentraler Baustein der Methode *Wirksam Inspirieren*.

Um Entscheidungen bzw. Übernahme von Verantwortung gezielt und authentisch zu fördern, können die folgenden Ansätze hilfreich sein:

Laden Sie zur Mitwirkung ein Schaffen Sie Raum für Ideen und Vorschläge und ermutigen Sie zur aktiven Beteiligung. Dies stärkt das Gefühl, wertgeschätzt zu werden.

Formulieren Sie gemeinsame Zielsetzungen Arbeiten Sie gemeinsam an klar definierten Zielen, die sowohl den Interessen Ihres Gesprächspartners als auch den Projektanforderungen dienen.

Binden Sie die Teammitglieder in die Entscheidungsprozesse ein Beziehen Sie Ihren Gesprächspartner in wichtige Entscheidungen ein, um ihm zu zeigen, dass seine Meinung und sein Wissen einen echten Einfluss auf den Fortschritt haben.

Bauen Sie kleine Schritte ein Vereinbaren Sie kleine, überschaubare Aufgaben, die das Engagement nach und nach steigern und den Übergang zu Ownership erleichtern.

Übertragen Sie Verantwortung Übergeben Sie klar definierte Rollen und Verantwortlichkeiten, die den Stärken der Person entsprechen. Das fördert das Vertrauen und die Identifikation mit dem Projekt.

Schaffen Sie greifbare Ergebnisse Entwickeln Sie gemeinsam sichtbare Ergebnisse, die den Fortschritt verdeutlichen und die Relevanz der Zusammenarbeit unterstreichen.

Feiern Sie Fortschritte Würdigen Sie gemeinsam erreichte Etappen und den Beitrag Ihres Gegenübers zur Zielerreichung. Dies steigert die Motivation und vertieft das Engagement für das gemeinsame Ziel.

Erklären Sie Entscheidungen transparent Falls eine Idee, die Ihr Gesprächspartner eingebracht hat, nicht umgesetzt werden kann, erläutern Sie die Gründe klar, respektvoll und wertschätzend. Dies zeigt, dass die Beiträge geschätzt werden, auch wenn sie nicht realisiert werden können.

Verkaufserfolg durch aktive Einbindung der Kunden in den Verkaufsprozess

Gemeinsam mit einem meiner Mandanten aus der produzierenden Industrie, dessen Unternehmen über eine innovative Fertigungstechnologie mit klaren Vorteilen in der Herstellung bestimmter Bauteile verfügt, optimierten wir den Verkaufsprozess, um die Verkaufszahlen zu steigern. Dabei nutzten wir die Taktik der Einbeziehung, indem wir den potenziellen Kunden in einem frühen Prozessschritt vorschlugen, gemeinsam mit uns ihre Konstruktionszeichnungen zu analysieren, um das Effizienzsteigerungspotenzial der Fertigungstechnologie meines Mandanten zu evaluieren.

Die Kunden nahmen dieses Angebot gerne an, da sie einen klaren Nutzen in diesem gemeinsamen Schritt sahen: eine fundierte Entscheidungsgrundlage. Durch die Analyse konnten sie den direkten Mehrwert der Technologie erkennen und nachvollziehen, wie sich ihre eigenen Prozesse optimieren ließen.

Die aktive Mitwirkung der Kunden verstärkte das Gefühl, Teil eines gemeinsamen Prozesses zu sein. Dies baute nicht nur Vertrauen auf, sondern erhöhte auch ihr Engagement. Das Ergebnis war ein doppelter Erfolg: Die Kunden erhielten eine klare Entscheidungsgrundlage, die auf ihren eigenen Daten basierte, und die Zusammenarbeit legte den Grundstein für erfolgreiche Geschäftsabschlüsse. Die Strategie zeigte, wie die aktive Einbindung potenzieller Kunden in den Verkaufsprozess nicht nur Vertrauen schafft, sondern auch den Weg für langfristige Partnerschaften ebnet.

Ownership basiert auf einer komplexen Kombination aus kognitiven, emotionalen und sozialen Mechanismen. Indem Sie Menschen die Möglichkeit geben, Verantwortung zu übernehmen und aktiv an einem Prozess mitzuwirken, stärken Sie nicht nur ihr Engagement, sondern auch ihr Vertrauen in ihre eigenen Fähigkeiten. Gleichzeitig fördern Sie ein Gefühl der Zugehörigkeit und des Stolzes, das langfristig die Motivation und den Erfolg steigert.

6.14 Trittsteine: Schritt für Schritt zum Ziel

Große Ziele können häufig einschüchternd wirken und Unsicherheit hervorrufen. Trittsteine, also kleine, greifbare Schritte auf dem Weg zum Endziel, bieten ein wirkungsvolles Mittel, um Menschen zu ermutigen und sie dabei zu unterstützen, langfristige Ziele zu erreichen. Sie helfen, eine klare Struktur zu schaffen, und machen dadurch den Veränderungsprozess besser überschaubar. Jeder Schritt nach vorne, lässt den folgenden Schritt einfacher erscheinen (Blount, 2018).

Trittsteine sind nicht nur Orientierungspunkte, sondern auch Meilensteine, die Vertrauen aufbauen und das Selbstbewusstsein stärken. Jeder abgeschlossene Schritt zeigt, dass Fortschritte möglich sind, und fördert die Motivation, den nächsten Schritt anzugehen. Anstatt von der Komplexität des Gesamtziels überwältigt zu sein, können Menschen sich auf den unmittelbar bevorstehenden Schritt konzentrieren, wodurch der Prozess greifbarer und weniger einschüchternd wird.

Die schrittweise Annäherung reduziert Unsicherheiten und Widerstände. Eine klare Planbarkeit und Messbarkeit der Fortschritte geben Sicherheit und stärken das Vertrauen in den Gesamtprozess. Zudem macht die Sichtbarkeit von Ergebnissen den Fortschritt real und greifbar, was die emotionale Bindung an das Ziel vertieft. John P. Kotter (1996) hebt in Leading Change hervor, wie wichtig es ist, komplexe Veränderungen in umsetzbare Schritte zu unterteilen, um sowohl praktische als auch emotionale Unterstützung für den Veränderungsprozess zu bieten.

Es gibt jedoch Situationen, in denen große Unsicherheiten keine vollständige Planung zulassen. Für solche Fälle empfehlen Chip und Dan Heath (2010) in ihrem Buch *Switch*, einer Standardlektüre für alle, die sich mit Veränderungsprozessen beschäftigen, eine ansprechende und erstrebenswerte Vision für den Veränderungsprozess zu entwickeln. Eine klare Richtung sowie das Aufzeigen eines ersten Schrittes schaffen Orientierung und motivieren dazu, trotz Unsicherheiten den Wandel in Angriff zu nehmen.

Praktische Empfehlungen für den Einsatz von Trittsteinen im Kontext der Inspiration
Um Trittsteine effektiv einzusetzen, können Sie die folgenden Ansätze berücksichtigen:

Definieren Sie ein attraktives Ziel Beginnen Sie mit einer klaren Vision des Endziels. Kommunizieren Sie dieses Ziel überzeugend, damit Ihr Gesprächspartner versteht, worauf die einzelnen Schritte hinarbeiten.

Klare Etappen definieren Zerlegen Sie den Weg zum Ziel in überschaubare, konkrete Schritte. Jeder Schritt sollte erreichbar sein und als Grundlage für den nächsten dienen.

Berücksichtigen Sie die Herausforderungen Gehen Sie auf potenzielle Bedenken oder Hürden ein, die auf dem Weg auftreten könnten. Planen Sie Schritte, die gezielt diese Herausforderungen aufgreifen.

Machen Sie Fortschritte sichtbar Feiern Sie auch die kleinen Erfolge entlang des Weges und machen Sie die Fortschritte durch messbare Ergebnisse sichtbar. Dies stärkt das Selbstbewusstsein und hält die Motivation aufrecht.

Kommunizieren Sie die Bedeutung jedes Schritts Verdeutlichen Sie, wie jeder einzelne Schritt zum übergeordneten Ziel beiträgt. Dies gibt der Person das Gefühl, dass ihre Bemühungen sinnvoll und wertvoll sind.

Sorgen Sie für Ermutigung und Feedback Geben Sie regelmäßige, ermutigende Rückmeldungen, um die Motivation Ihres Gesprächspartners zu fördern und ihn durch schwierige Phasen zu begleiten.

Nutzen Sie Beispiele und Erfolgsgeschichten Teilen Sie Geschichten von anderen, die ähnliche Herausforderungen gemeistert haben. Dies inspiriert und zeigt, dass der Erfolg erreichbar ist.

Passen Sie die Schritte individuell an Passen Sie die Trittsteine an die Bedürfnisse, Fähigkeiten und Interessen der Person an, um eine persönliche Verbindung zum Ziel herzustellen.

Trittsteine helfen, große Ziele in kleine, erreichbare Etappen zu unterteilen. Sie machen den Veränderungsprozess greifbarer, reduzieren Unsicherheiten und fördern eine positive Einstellung zur Veränderung.

Die Taktik der Trittsteine in Verhandlungen

Einer meiner Mandanten hatte sich das Ziel gesetzt, den Umsatz zu steigern und bereits umfangreiche Investitionen in die Logistikinfrastruktur seines Unternehmens freigegeben. Als eine der nächsten Maßnahmen suchte er nach einem hoch qualifizierten Verkaufsmitarbeiter für den Außendienst. Die Herausforderung bestand darin, einen Kandidaten zu finden, der sowohl eine technisch-naturwissenschaftliche Ausbildung als auch eine ausgeprägte Eignung für den Verkauf mitbrachte. Schließlich wurde ein vielversprechender Bewerber gefunden, doch seine Gehaltsvorstellungen lagen weit über den Vorstellungen meines Mandanten.

In einem Gespräch mit meinem Mandanten und dem Vertriebsleiter seines Unternehmens schilderten sie mir die Situation und äußerten ihre Befürchtung, dass der Bewerber das Angebot aufgrund der Gehaltsdifferenz ablehnen würde. Mein Mandant war überzeugt, dass der Kandidat absagen würde.

Ich erinnerte beide an die strategische Zielsetzung des Unternehmens, den Umsatz deutlich zu steigern, um das Wachstumsziel zu erreichen und damit die getätigten Investitionen in den kommenden Jahren zu amortisieren. Anschließend stellte ich ihnen eine entscheidende Frage: „Welches Gehalt würden Sie für den Bewerber als gerechtfertigt ansehen, wenn Sie sicher wüssten, dass er die angestrebten Umsatzziele in seiner Verkaufsregion erreicht?" Nach kurzem Überlegen stimmten sie überein, dass die Gehaltsforderung des Bewerbers in diesem Fall angemessen wäre.

Daraufhin empfahl ich ihnen, die Taktik der Trittsteine anzuwenden. Ich schlug vor, dem Bewerber einen Entwicklungsplan anzubieten, bei dem er mit einem zu Beginn verhandelten Grundgehalt starten würde. Dieses sollte durch Verkaufsprovisionen und Bonusregelungen schrittweise ansteigen, abhängig von den Umsatzsteigerungen, die er erreichen würde.

Beim nächsten Gespräch berichteten mir mein Mandant und sein Vertriebsleiter erfreut, dass der Bewerber den Vertrag unterzeichnet hatte. Die Trittstein-Taktik hatte zum Erfolg in der Gehaltsverhandlungen geführt.

Trittsteine sind ein wirksames Mittel, um Menschen zu inspirieren, ihr volles Potenzial auszuschöpfen und ihre Ziele Schritt für Schritt zu erreichen.

6.15 Auswahl gestalten: Balance zwischen Freiheit und Klarheit

Die Wahl von Alternativen ist ein entscheidender Aspekt, wenn es darum geht, Menschen zu inspirieren und zu motivieren. Dabei gilt es, zwei wesentliche psychologische Prinzipien zu berücksichtigen: die Reaktanz-Theorie und das Phänomen der Wahlüberlastung.

Die Reaktanz-Theorie beschreibt, wie stark Menschen ihre Entscheidungsfreiheit verteidigen, wenn diese bedroht wird (Brehm & Brehm, 1981). Sobald eine Option begrenzt wird, nimmt ihr empfundener Wert zu. Ein Beispiel dafür ist die Ankündigung eines begrenzten Angebots, das den Wunsch verstärkt, die Gelegenheit wahrzunehmen. Entscheidend ist hierbei, den Wert der Optionen transparent zu kommunizieren und den Eindruck von künstlichem Druck zu vermeiden, um das Vertrauen zu wahren.

Im Gegensatz zur Reaktanz zeigt das Konzept der Wahlüberlastung, dass eine zu große Anzahl an Möglichkeiten die Entscheidungsfindung erheblich erschweren kann (Iyengar & Lepper, 2000). Wenn Menschen mit einer Vielzahl von Alternativen konfrontiert werden, fühlen sie sich überfordert, was dazu führt, dass sie Entscheidungen hinauszögern oder ganz vermeiden. Diese Überforderung entsteht durch die erhöhte kognitive Belastung, die notwendig ist, um jede Option angemessen zu bewerten und abzuwägen.

Durch die bewusste Reduktion der Auswahl auf wenige, relevante Alternativen lassen sich diese negativen Effekte minimieren. Eine gezielte Auswahl erleichtert nicht nur die Entscheidungsfindung, indem sie die Anzahl der zu bewertenden Optionen verringert, sondern erhöht auch die Wahrscheinlichkeit, dass eine Entscheidung überhaupt getroffen wird. Darüber hinaus kann die Fokussierung auf relevante Alternativen die Zufriedenheit mit der getroffenen Entscheidung steigern, da die Auswahl gezielter und durchdachter erfolgt.

Praktische Empfehlungen für die Gestaltung von Auswahlmöglichkeiten im Kontext der Inspiration
Es ist von großer Bedeutung, dem Gesprächspartner eine Auswahl an Alternativen anzubieten. Eine gut gestaltete Auswahl schafft nicht nur Vertrauen, sondern stärkt auch das Gefühl der Autonomie und Selbstbestimmung. Menschen fühlen sich respektiert und wertgeschätzt, wenn sie zwischen sinnvollen Optionen wählen können, die ihren Anforderungen und Bedürfnissen entsprechen.

Gestalten Sie eine sinnvolle, begrenzte Auswahl Bieten Sie nur die Alternativen an, die wirklich relevant sind. Das reduziert die kognitive Belastung und macht die Entscheidung klarer und zielgerichteter.

Heben Sie den Wert der Alternativen hervor Zeigen Sie den Nutzen und die Bedeutung der Optionen deutlich auf. Transparenz ist entscheidend, um Vertrauen aufzubauen und die Wahlfreiheit zu respektieren.

Fördern Sie die Selbstbestimmung Kommunizieren Sie klar, dass jede Entscheidung der Person überlassen bleibt. Betonen Sie, dass alle Optionen Vor- und Nachteile haben, um Manipulationsverdacht zu vermeiden.

Unterstützen Sie die Entscheidungsfindung Begleiten Sie die Person durch den Prozess, indem Sie Fragen stellen sowie Feedback und Informationen geben. Dies erleichtert nicht nur die Auswahl, sondern stärkt auch das Gefühl von Kontrolle und Sicherheit.

Setzen Sie visuelle Hilfsmittel ein Verwenden Sie Diagramme, Tabellen oder andere visuelle Werkzeuge, um die Optionen übersichtlich darzustellen. Dies macht den Auswahlprozess intuitiver und weniger belastend.

Viele Unternehmen setzen erfolgreich auf die klare Präsentation von Alternativen, wie zum Beispiel bei Software-Lizenzmodellen mit drei Optionen: „Basis", „Standard" und „Premium". Diese Struktur bietet Kunden genügend Wahlfreiheit, ohne sie zu überfordern. Gleichzeitig wird durch die gezielte Beschreibung der jeweiligen Vorteile die Entscheidung erleichtert, sodass die Kunden eine für sie passende Wahl treffen können.

6.16 „Weil": Kleines Wort, große Wirkung

Menschen möchten verstehen, warum sie einer Bitte nachkommen sollen. Ein klar kommunizierter Grund, selbst wenn er trivial erscheint, kann entscheidend dazu beitragen, ob jemand einer Bitte nachkommt oder nicht. In den 1970er-Jahren führte die US-amerikanische Sozialpsychologin Ellen Langer ein bekanntes Experiment durch, um genau diesen Effekt zu untersuchen. Dabei ging es um Personen, die in einer Warteschlange vor einem Kopiergerät warteten. Ein Mitarbeiter von Langer trat an die Wartenden heran und bat darum, vorgelassen zu werden. Das Ziel war, herauszufinden, inwieweit ein kommunizierter Grund die Bereitschaft beeinflusst, den Bittsteller vorzulassen (Langer et al., 1978).

Langer testete drei Varianten:

1. **Ohne Grund:**
„Entschuldigen Sie, ich habe fünf Seiten. Darf ich das Kopiergerät benutzen?"

Ergebnis: Nur etwa 60 % der Wartenden stimmten zu. Ohne jede Begründung blieb die Hilfsbereitschaft eher verhalten.

2. **Mit scheinbarem Grund:**
„Entschuldigen Sie, ich habe fünf Seiten. Darf ich das Kopiergerät benutzen, weil ich einige Kopien machen muss?"

Ergebnis: Rund 93 % der Personen stimmten zu. Obwohl der angegebene Grund trivial war (es ist offensichtlich, warum jemand am Kopierer steht), löste das Wort „weil" eine deutlich höhere Zustimmung aus als zuvor.

3. **Mit plausiblem Grund:**
„Entschuldigen Sie, ich habe fünf Seiten. Darf ich das Kopiergerät benutzen, weil ich es eilig habe?"

Ergebnis: Etwa 94 % stimmten zu. Ein plausibler Grund führte interessanterweise fast zum gleichen Zustimmungswert wie der scheinbar banale Grund.

Diese Ergebnisse zeigen, dass bereits die bloße Angabe eines Grundes, selbst wenn er trivial ist, die Bereitschaft zur Kooperation massiv steigert. Der Unterschied zwischen einer überzeugenden und einer nur scheinbaren Begründung fällt dabei überraschend gering aus. Dies verdeutlicht, dass Menschen auf das Signal „der Bittsteller gibt einen Grund an" reagieren, und nicht zwangsläufig auf die Stichhaltigkeit dieses Grundes.

Die Lehren aus diesem Experiment lassen sich auf zahlreiche Situationen übertragen, in denen es darum geht, Menschen für etwas Neues zu gewinnen. Ein klar formulierter Grund spricht sowohl die rationale als auch die emotionale Ebene an und stärkt das Vertrauen in die Empfehlung. Bereits ein einfaches „weil" kann die Bereitschaft, aktiv zu werden, erheblich erhöhen.

Praktische Empfehlungen für den Einsatz der Begründung im Kontext der Inspiration
Die Angabe eines Grundes – ob nun tiefgreifend oder auch simpel – schafft Klarheit, stärkt das Vertrauen und inspiriert Menschen dazu, Entscheidungen bewusst und motiviert zu treffen. Das Wort „weil" ist damit ein vielseitiges Werkzeug, das, verantwortungsvoll genutzt, nachhaltig dazu beiträgt, Menschen zu bewegen und zu begeistern.

Stellen Sie Relevanz her Achten Sie darauf, dass der angegebene Grund zu den Zielen, Interessen oder Werten der angesprochenen Person passt. Je stärker sie sich mit dem Grund identifizieren kann, desto überzeugender wirkt er auf sie.

Formulieren Sie einfach und klar Ein verständlicher, klar formulierter Grund ist leichter nachzuvollziehen. Komplexe Erklärungen können verwirren, während ein prägnantes „weil" Orientierung bietet.

Bleiben Sie authentisch Vermeiden Sie künstliche oder offensichtlich unwichtige Begründungen. Obwohl das Experiment von Langer zeigt, dass selbst banale Gründe wirken können, führen authentische, sinnvolle Begründungen zu stabileren Entscheidungen.

Verbinden Sie Logik mit Emotion Eine Begründung, die sowohl rational Sinn ergibt als auch emotionale Resonanz erzeugt, hat besonders großen Einfluss. Betonen Sie nicht nur den Nutzen, sondern auch die Bedeutung der Handlung.

6.17 Mit Fragen führen: Der Weg zu Inspiration und Engagement

Fragen sind das Herzstück inspirierender Kommunikation. Sie schaffen Verbindungen, öffnen Türen und sind ein äußerst effektives Werkzeug, um Engagement und Kooperation zu fördern. In der Methode *Wirksam Inspirieren* sind Fragen nicht nur ein Mittel zur Informationsgewinnung, sondern ein wesentlicher Baustein für die Entscheidungsfindung. Die Fähigkeit, die richtigen Fragen zu stellen, eröffnet neue Denkwege, regt zur Reflexion an und unterstützt eine fundierte Entscheidungsfindung. Statt mit Argumenten Widerstand hervorzurufen, ermöglichen Fragen, die Aufmerksamkeit gezielt und wirkungsvoll auf die wesentlichen Aspekte einer Situation zu lenken.

Da Menschen sich nicht gleichzeitig auf mehrere Dinge konzentrieren können (Chabris & Simons, 2023), bieten Fragen eine elegante Möglichkeit, den Fokus auf die relevanten Themen zu richten. Mit der Methode *Wirksam Inspirieren* nutzen wir diese Möglichkeit gezielt, um das analytische Denken des Gesprächspartners zu fördern und ihn entlang des zentralen Wegs des Denkens bei der Entscheidungsfindung zu unterstützen.

Während Argumente die Negativitätsverzerrung hervorrufen können, signalisieren Fragen Interesse und Wertschätzung. Sie vermitteln dem Gegenüber das Gefühl, gehört und ernst genommen zu werden. Wenn Menschen über sich selbst sprechen können, löst dies – vorausgesetzt, es geschieht freiwillig – positive Emotionen aus, da das Unterbewusstsein auf angenehme Weise stimuliert wird (Tamir & Mitchell, 2012).

Darüber hinaus ermöglichen geschickt gestellte Fragen, das Engagement des Gegenübers bei der Lösungsfindung und -bewertung erheblich zu steigern. Indem die Gesprächsteilnehmer aktiv an der Entwicklung von Lösungen beteiligt werden, können sie diese aus ihrer eigenen Perspektive heraus bewerten und sich stärker mit den Ergebnissen identifizieren. Diese Beteiligung fördert eine tiefere Auseinandersetzung mit den Inhalten und erhöht die Bereitschaft, Verantwortung für die Umsetzung zu übernehmen.

Fragen bieten zudem die Möglichkeit, eine stärkere emotionale Bindung zu der erarbeiteten Lösung zu schaffen, da sie nicht als vorgegeben empfunden wird, sondern das Ergebnis eines gemeinsamen Reflexionsprozesses darstellt. Diese Einbindung motiviert den Gesprächspartner, die Rolle des Treibers zu übernehmen, was die Erfolgsaussichten der Umsetzung erheblich stärkt.

Fragen aktivieren auch die sogenannte „Assoziationsmaschine" unseres Gehirns – ein Konzept von Kahneman, das die Fähigkeit beschreibt, durch Assoziationen vorhandene Gedanken, Erfahrungen und Informationen zu verknüpfen. Diese kognitive Eigenschaft spielt eine zentrale Rolle in der Methode *Wirksam Inspirieren*. Wenn wir gezielt Fragen stellen, regen wir die Assoziationsmaschine des Gesprächspartners an. So wird er dazu ermutigt, eigene Verbindungen zwischen der Frage und seiner persönlichen Situation herzustellen. Dies ist besonders wertvoll, da die Antworten aus seinem eigenen Erfahrungsschatz kommen und somit für ihn eine tiefere Bedeutung haben. Diese Art von Fragen nutzt die natürliche Funktionsweise unseres Gehirns, um neue Perspektiven zu eröffnen. Sie helfen dem Gesprächspartner, die Relevanz der angesprochenen Themen zu erkennen und sich mit ihnen zu beschäftigen, ohne dass er sich belehrt oder unter Druck gesetzt fühlt. Durch die Aktivierung der Assoziationsmaschine schaffen Sie eine Umgebung, die kreatives und lösungsorientiertes Denken fördert, was letztlich zu soliden, gemeinsam getragenen Entscheidungen führt.

Praktische Empfehlungen für den Einsatz von Fragen im Kontext der Inspiration
Die erfolgreiche Anwendung von Fragen setzt eine sorgfältige Vorbereitung voraus.

Bereiten Sie sich gründlich vor Bevor Sie ein Gespräch beginnen, ist es entscheidend, sich zunächst mit Ihren eigenen Zielen, Werten und Annahmen auseinanderzusetzen: Welche Aspekte sind Ihnen persönlich besonders wichtig, und welche Überzeugungen stehen hinter Ihren Argumenten? Diese Reflexion hilft Ihnen, Klarheit über Ihre Prioritäten zu gewinnen und Ihre Fragen authentisch und durchdacht zu formulieren.

Berücksichtigen Sie die Perspektive Ihres Gesprächspartners Ebenso wichtig ist es, sich mit den Bedürfnissen und Perspektiven Ihres Gesprächspartners auseinanderzusetzen. Was könnte ihm in der aktuellen Situation wichtig sein? Welche Werte oder Ziele könnten ihn leiten? Indem Sie versuchen, seine Sichtweise zu verstehen, schaffen Sie eine wichtige Voraussetzung, um Ihre Fragen nicht nur auf Ihre eigenen Prioritäten, sondern auch auf die Interessen Ihres Gegenübers auszurichten. Diese doppelte Vorbereitung – auf Ihre eigenen Überzeugungen und auf die Perspektive Ihres Gesprächspartners – legt den Grundstein für ein Gespräch, das nicht nur effektiv, sondern auch empathisch und wertschätzend verläuft.

Fördern Sie ausführliche Antworten durch offene Fragen Offene und reflektierende Fragen sind mächtige Werkzeuge, um sowohl die Perspektive der anderen Person zu verstehen als auch tiefere Einsichten in ihre Gedanken und Gefühle zu gewinnen. Offene Fragen laden dazu ein, ausführlich zu antworten, während reflektierende Fragen gezielt darauf abzielen, die Selbstreflexion der Person anzuregen. Beide Fragetypen spielen eine zentrale Rolle in Gesprächen, die auf gegenseitigem Verständnis und Inspiration basieren.

Offene Fragen ermöglichen es, die Gedankenwelt der anderen Person zu erkunden, ohne sie einzuschränken. Sie beginnen häufig mit „Wie", „Was" oder „Warum" und fördern ausführliche Antworten. Ein Verkäufer könnte beispielsweise fragen: „Was sind die aktuellen Herausforderungen in Ihrer Lieferkette?" Diese Frage ermutigt den potenziellen Kunden, detailliert auf seine Probleme einzugehen, anstatt nur mit „Ja" oder „Nein" zu antworten. Solche Einblicke ermöglichen es, maßgeschneiderte Lösungen anzubieten, die den tatsächlichen Bedürfnissen entsprechen.

Regen Sie zur Selbstreflexion an Reflektierende Fragen laden Ihren Gesprächspartner ein, über seine eigenen Überzeugungen, Werte oder Motivationen nachzudenken. Diese Art von Fragen kann helfen, Blockaden zu lösen oder neue Perspektiven zu eröffnen. Ein Berater könnte fragen: „Was wäre für Sie langfristig der größte Gewinn, wenn Sie diesen Ansatz verfolgen?" Diese Frage regt den Gesprächspartner dazu an, die Vorteile eines bestimmten Vorschlags selbst zu erkennen, anstatt sich auf externe Argumente verlassen zu müssen.

Formulieren Sie Ihre Fragen wertschätzend und respektvoll Fragen sollten stets so formuliert sein, dass sie die andere Person nicht in die Defensive drängen. Ein respektvoller Ton und eine offene Haltung signalisieren Interesse und Wertschätzung. Anstatt zu fragen: „Warum haben Sie bisher keine Maßnahmen ergriffen?", könnte man höflicher formulieren: „Was hat Sie bisher davon abgehalten, diesen Schritt zu gehen?"

Vermeiden Sie Druck und schaffen Sie eine offene Atmosphäre Ihre Fragen sollten Interesse und Neugier signalisieren, ohne den Eindruck von Kontrolle oder Druck zu vermitteln. Es ist entscheidend, dass das Gespräch nicht wie ein Verhör wirkt, sondern als ein offener Austausch wahrgenommen wird. Eine positive und entspannte Atmosphäre beim Gesprächseinstieg legt hierfür die Grundlage, indem sie eine vertrauensvolle Basis schafft.

Machen Sie Ihre Absichten transparent Ein guter Ansatz ist es, das Ziel Ihres Gesprächs offen darzulegen. Erläutern Sie, warum Ihnen das Thema wichtig ist und wie Sie gemeinsam Fortschritte erzielen möchten. Anschließend können Sie höflich und respektvoll fragen, ob Sie aus diesem Grund einige Fragen stellen dürfen. Diese Transparenz schafft Klarheit über Ihre Absichten und signalisiert gleichzeitig Wertschätzung und Respekt für die Zeit und Perspektiven Ihres Gesprächspartners.

Achten Sie auf nonverbale Signale Während des Gesprächs ist es wichtig, nonverbale Signale wie Mimik oder Körpersprache, die auf Unbehagen oder Überforderung hinweisen könnten, aufmerksam zu beobachten. Wenn Sie merken, dass sich Ihr Gegenüber unwohl fühlt, passen Sie Ihre Fragestellung an und geben Sie der Person die Möglichkeit, in ihrem eigenen Tempo und Umfang zu antworten. Vermeiden Sie dabei, zu spezifisch oder drängend zu wirken. Diese achtsame Herangehensweise fördert eine kooperative Kommunikation und erhöht die Wahrscheinlichkeit, dass das Gespräch produktiv und inspirierend verläuft.

Berücksichtigen Sie kulturelle Unterschiede Fragen sind ein universelles Kommunikationsmittel, aber ihre Wahrnehmung und Wirkung können kulturell unterschiedlich ausfallen. In einigen Kulturen wird Direktheit geschätzt, während in anderen ein subtiler, indirekter Ansatz bevorzugt wird. Beispielsweise könnte eine Frage wie: „Warum haben Sie sich für diesen Ansatz entschieden?" in einer stark hierarchisch geprägten Kultur als zu direkt empfunden werden. Eine sanftere Formulierung wie: „Können Sie mir mehr über die Überlegungen hinter diesem Ansatz erzählen?" wäre in diesem Kontext oft angemessener. Diese Sensibilität zeigt nicht nur Respekt, sondern erhöht auch die Wahrscheinlichkeit, dass Ihre Fragen offen und positiv aufgenommen werden.

Deb Calvert (2012) zeigt in „DISCOVER – Questions Get You Connected", wie verschiedene Arten von Fragen gezielt eingesetzt werden können, um Dialoge zu vertiefen – ein Prinzip, das essenziell für wirksame Führung durch Fragen ist.

Die Kunst, mit Fragen zu führen, geht weit über eine Technik hinaus. Sie spiegelt eine Haltung wider. Sie zeigt Respekt, stärkt Beziehungen und eröffnet die Möglichkeit, dass Gespräche eine tiefere Wirkung entfalten. Fragen sind nicht nur ein Werkzeug zur Informationsbeschaffung, sondern auch ein Mittel, um Vertrauen aufzubauen und eine offene, respektvolle Kommunikation zu fördern.

In Kap. 7 beschäftigen wir uns intensiv mit den verschiedenen Arten von Fragen und ihrem gezielten Einsatz in Gesprächen, in denen wir unseren Gesprächspartner inspirieren wollen. Dabei steht nicht nur das Sammeln von Antworten im Mittelpunkt, sondern vor allem die Fähigkeit, die Aufmerksamkeit Ihres Gesprächspartners zu lenken, Menschen zu inspirieren und ihre Perspektiven zu erweitern. Gemeinsam erkunden wir, wie Fragen als kraftvolles Werkzeug dienen können, um Gespräche auf eine neue Ebene zu bringen und transformative Ergebnisse zu ermöglichen.

6.18 Storytelling: Wenn Geschichten bewegen

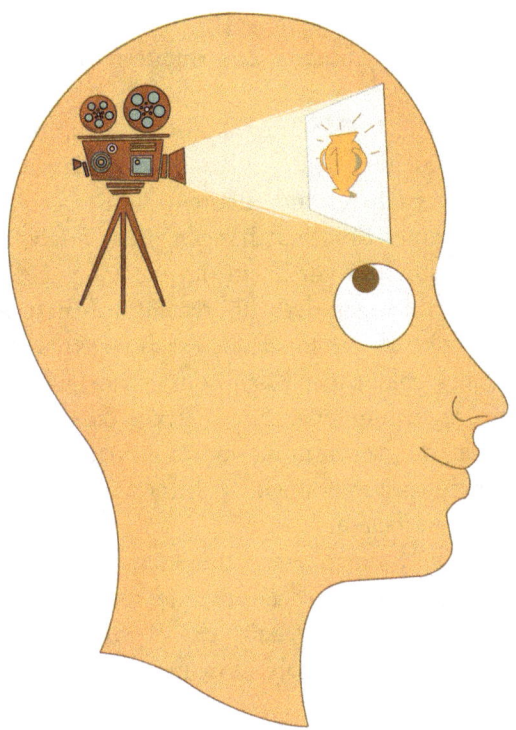

Storytelling ist eine der wirksamsten Methoden, um emotionale und kognitive Resonanz zu erzeugen – und ein zentrales Element der Methode *Wirksam Inspirieren*. Geschichten wecken Emotionen, machen komplexe Zusammenhänge greifbar und eröffnen neue Perspektiven – ohne Druck, ohne Belehrung. In inspirierenden Gesprächen sind gut gewählte Erzählungen deshalb ein besonders kraftvolles Werkzeug: Sie schaffen Vertrauen, überwinden Barrieren und regen zum Nachdenken an.

Besonders hilfreich sind Geschichten, wenn es darum geht, kognitive Verzerrungen wie den Negativitätsbias (Abschn. 5.3) zu überwinden. Wir Menschen neigen dazu, Aussagen – insbesondere wenn sie allgemein oder positiv sind – automatisch infrage zu stellen. Dieser Reflex dient unserem Schutz: Wir wollen uns nicht täuschen lassen, keine falschen Hoffnungen entwickeln, keine Risiken übersehen.

Eine gut erzählte Geschichte kann diese Schutzmechanismen umgehen. Sie spricht nicht nur den Verstand an, sondern auch das emotionale Gedächtnis – jenen Bereich, in dem Erlebtes wirkt, bevor es bewusst reflektiert und kritisch geprüft wird.

Statt mit Argumenten gegen Zweifel zu kämpfen, eröffnen Geschichten einen Zugang, der weniger konfrontativ ist – und gerade deshalb oft mehr bewirkt.

Wissenschaftliche Untersuchungen untermauern diese Wirkung:

- Walter Fisher (1989), ein US-amerikanischer Kommunikationswissenschaftler, betont in seinem „narrativen Paradigma", dass Menschen die Welt durch Narrative verstehen und deuten. Die Glaubwürdigkeit und Überzeugungskraft einer Botschaft hängen nicht nur von ihrer logischen Argumentation ab, sondern vor allem davon, wie gut die Erzählung mit den Werten und Erfahrungen der Zuhörer harmonisiert.
- Jerome Bruner (1990), der einflussreiche Psychologe und Pädagoge zählt zu den bedeutendsten Denkern der Kognitionswissenschaft und Entwicklungspsychologie des 20. Jahrhunderts. Er hob hervor, dass Geschichten nicht nur der Strukturierung und Vermittlung von Wissen dienen. Sie schaffen viel mehr einen Rahmen, der es ermöglicht, Informationen sowohl rational als auch emotional zu verarbeiten.
- Neurowissenschaftliche Studien zeigen, dass Geschichten Gehirnregionen aktivieren, die für Emotionen, Gedächtnis und soziale Interaktion zuständig sind. Sie schaffen ein „inneres Erleben", das es uns erlaubt, die Inhalte einer Erzählung lebendig und realitätsnah wahrzunehmen (Speer et al., 2009).

Eine gut gewählte Erzählung hat den besonderen Effekt, dass der Gesprächspartner Parallelen zu seiner eigenen Situation erkennen kann, ohne dass direkt über ihn gesprochen wird. Diese indirekte Ansprache reduziert potenzielle Abwehrhaltungen und aktiviert gleichzeitig seine Assoziationsmaschine (Abschn. 2.6) – ein Konzept, das Kahneman beschreibt, um die unbewusste Verknüpfung von Ideen und Gedanken zu erklären. Dadurch beginnt der Gesprächspartner unbewusst, Verbindungen zwischen den Elementen der Erzählung und seiner eigenen Situation herzustellen. So werden nicht nur Barrieren überwunden, sondern auch neue Perspektiven und Denkansätze angeregt.

Die Assoziationsmaschine arbeitet dabei auf zwei Ebenen: Zum einen weckt sie emotionale Resonanz, indem sie persönliche Erfahrungen und Werte des Zuhörers ins Bewusstsein ruft. Zum anderen regt sie Denkprozesse an, die es dem Zuhörer ermöglichen, Lösungsansätze oder Perspektiven aus der Erzählung auf seine eigene Situation zu übertragen. Die Geschichte schafft Raum für Reflexion und Inspiration, ohne direkt zu konfrontieren.

Darüber hinaus setzen die in der Erzählung enthaltenen Lösungsmöglichkeiten subtile Denkimpulse, die den Gesprächspartner dazu ermutigen, neue Wege in Betracht zu ziehen oder bestehende Überzeugungen zu hinterfragen. Indem die Erzählung greifbare Beispiele und plausible Ansätze liefert, eröffnet sie gedankliche Spielräume, ohne Druck auszuüben.

Erzählungen sind somit ein doppelt wirkungsvolles Werkzeug: Sie schaffen eine emotionale Verbindung, indem sie Empathie und Vertrautheit vermitteln, und fördern zugleich analytisches Denken durch die gezielte Aktivierung kognitiver Prozesse. Dies macht sie zu einem zentralen Bestandteil der Methode *Wirksam Inspirieren*, wenn es darum geht, Vertrauen und Offenheit zu schaffen und den Gesprächspartner auf positive Weise zu neuen Perspektiven zu bewegen.

Dabei ist es wichtig, keine erfundenen Geschichten zu erzählen, sondern auf tatsächliche Beispiele zurückzugreifen. Authentische Erzählungen sorgen für Glaubwürdigkeit und schaffen eine Verbindung zur Realität des Gesprächspartners. Geschichten wirken auf kognitiver, emotionaler und sozialer Ebene. Während Fakten oft nüchtern wirken, verbinden Geschichten Informationen mit Emotionen, Bildern und persönlichen Erfahrungen. Sie machen Botschaften greifbar und helfen, komplexe Zusammenhänge in einen relevanten Kontext zu setzen.

Eine gute Erzählung erzeugt einen immersiven Zustand, in dem der Zuhörer emotional und kognitiv in die Geschichte eintaucht. Dieses Eintauchen ermöglicht es, Überzeugungen und Einstellungen zu beeinflussen, da die Inhalte weniger kritisch hinterfragt werden und die Perspektive der Hauptfiguren eher übernommen wird (Green & Clark, 2012).

Berichte über erfolgreiche Beispiele in ähnlichen Situationen haben das Potenzial, Menschen zur Nachahmung zu inspirieren und ihnen mögliche Handlungswege aufzuzeigen. Sie schaffen Vertrauen, indem sie auf reale Ereignisse Bezug nehmen und damit signalisieren, dass die vorgeschlagenen Ideen erprobt und realistisch sind. Darüber hinaus können Geschichten emotionale Blockaden lösen, indem sie Hoffnung vermitteln und eine positive Perspektive eröffnen, die hilft, bestehende Barrieren abzubauen.

Um authentische Geschichten zu erzählen, können Sie:

„Aus Ihrem eigenen Erfahrungsschatz schöpfen: Überlegen Sie, welche Herausforderungen und Erfolge aus Ihrer Vergangenheit als Inspiration dienen könnten.

Erfolgsbeispiele aus dem Umfeld des Gesprächspartners aufgreifen: Verweisen Sie auf ähnliche Branchen, Unternehmen oder Projekte.

Über Erfahrungen anderer berichten: Nutzen Sie öffentlich zugängliche Beispiele oder Berichte von Personen mit vergleichbaren Zielen und Herausforderungen."

Eine sorgfältige Recherche bildet die Grundlage für wirkungsvolle Erzählungen. Suchen Sie gezielt nach realen Geschichten, die Ihre Botschaft stützen und gleichzeitig authentisch sind. Achten Sie darauf, Beispiele auszuwählen, die Parallelen zur Situation des Gesprächspartners aufweisen, um eine stärkere Relevanz und Verbindung zu schaffen. Bleiben Sie dabei stets bei den Fakten und vermeiden Sie Übertreibungen, um die Glaubwürdigkeit Ihrer Erzählung zu bewahren.

Um Geschichten gezielt und wirkungsvoll einzusetzen, können folgende Fragen als Leitfaden dienen:

Welche zentrale Botschaft soll die Geschichte vermitteln?
Definieren Sie klar, was die Geschichte ausdrücken soll, und stellen Sie sicher, dass sie für die Situation und die Interessen des Gesprächspartners relevant ist. Die Geschichte sollte inspirieren, überzeugen oder zum Nachdenken anregen.

Wer ist die Hauptfigur?
Wählen Sie eine Hauptfigur, deren Erfahrungen und Erfolge die zentrale Botschaft der Geschichte tragen. Achten Sie darauf, dass der Gesprächspartner sich aufgrund von Ähnlichkeiten und Parallelen mit der Hauptfigur identifizieren kann.

Mit welchen Herausforderungen sieht sich die Hauptfigur konfrontiert?
Diese Herausforderungen sollten die aktuellen Probleme des Gesprächspartners widerspiegeln. So entsteht eine direkte Verbindung zwischen der Geschichte und den realen Anliegen des Gegenübers.

Welche Parallelen gibt es zwischen der Geschichte und den Zielen oder Problemen des Gesprächspartners?
Überprüfen Sie, ob die Geschichte dafür geeignet ist, die spezifischen Herausforderungen oder Ziele des Gesprächspartners anzusprechen, um eine stärkere Verbindung und Relevanz zu schaffen.

Wie können Emotionen und bildhafte Details eingesetzt werden, um die Geschichte lebendig zu gestalten?
Verwenden Sie anschauliche Beschreibungen, bildhafte Sprache und emotionale Elemente, um die Geschichte greifbar, einprägsam und emotional ansprechend zu machen.

Welche Werte und Überzeugungen werden in der Geschichte deutlich?
Überlegen Sie, welche Werte oder Prinzipien in der Geschichte vermittelt werden und wie diese mit den Überzeugungen des Gesprächspartners in Einklang stehen.

Welche Schlussfolgerung kann Ihr Gesprächspartner aus der Geschichte ziehen?
Die Geschichte sollte eine klare Lektion oder Botschaft enthalten, die der Gesprächspartner auf seine eigene Situation übertragen kann.

Wie ist Ihre Empfehlung in die Geschichte eingebaut?
Bauen Sie Ihre Vorschläge oder Ideen subtil in den Verlauf der Geschichte ein, sodass sie sich organisch ergeben und nicht aufgesetzt wirken.

Wie ermutigend ist der Ausblick am Ende der Geschichte?
Schließen Sie die Geschichte mit einem positiven Ausblick, der Optimismus und Handlungsbereitschaft fördert, ab.

Die Beantwortung dieser Fragen hilft Ihnen, Geschichten zu gestalten, die nicht nur die Aufmerksamkeit Ihres Gesprächspartners gewinnen, sondern auch nachhaltig wirken und zur Lösung seiner Anliegen beitragen können.

Wenn Sie eine Geschichte erzählen, achten Sie darauf, diese auf die Bedürfnisse und Perspektiven Ihres Gesprächspartners abzustimmen. Setzen Sie narrative Elemente ein, die ihm ermöglichen, sich mit den Charakteren oder Situationen zu identifizieren. Statt Behauptungen aufzustellen, lassen Sie die Geschichte für sich sprechen. Auf diese Weise erreichen Sie nicht nur die kognitive Ebene, sondern auch die emotionale Tiefe, die notwendig ist, um nachhaltig zu inspirieren.

Durch Storytelling schaffen Sie eine Atmosphäre, die Interesse weckt, Vertrauen aufbaut und gleichzeitig erste Impulse setzt. Dies legt den Grundstein für eine effektive und inspirierende Kommunikation, die weit über bloße Argumentation und Behauptungen hinausgeht.

Gerade wenn Skepsis oder Abwehr im Raum stehen, wirkt eine gut erzählte Geschichte oft stärker als jede Zahl. Im Vertriebs- und Beratungskontext hilft Storytelling dabei, Brücken zu bauen – zwischen Fakten und Gefühl, zwischen Angebot und Entscheidung.

Warum Geschichten besser verkaufen als Pitches

In meiner Arbeit mit Mandanten, die ihren Vertrieb optimieren möchten, empfehle ich, am Beginn eines Verkaufsgesprächs auf einen selbstzentrierten „Elevator Pitch" zu verzichten. Solche Pitches fokussieren sich meist auf das Unternehmen und dessen Produkte, was oft dazu führt, dass sie die Aufmerksamkeit des potenziellen Kunden nicht nachhaltig binden. Statt Interesse zu wecken, wirken sie häufig wie eine Standardpräsentation, die den Verkäufer in die Rolle eines typischen Anbieters versetzt – jemand, der primär seine eigenen Interessen verfolgt und weniger die individuellen Bedürfnisse des Kunden in den Mittelpunkt stellt.

Stattdessen setzen wir auf die Kraft von Erzählungen. Gemeinsam mit meinem Mandanten suchen und formulieren wir authentische Geschichten über bestehende Kunden, die mithilfe der Produkte oder Dienstleistungen meines Mandanten konkrete Herausforderungen gemeistert haben. Diese Geschichten illustrieren nicht nur die erzielten Erfolge, wie Einsparungen oder Produktivitätssteigerungen, sondern heben auch die einzigartigen Stärken der angebotenen Lösungen hervor.

Relevanz und Identifikation sind der Schlüssel. Wir wählen Kundenbeispiele aus, die in Branche, Firmengröße oder Problemstellung möglichst viele Parallelen zum Unternehmen des potenziellen Kunden aufweisen. Diese gezielte Auswahl ermöglicht es dem potenziellen Kunden, sich mit den beschriebenen Situationen und Personen zu identifizieren. Das dargestellte Problem wird so gewählt, dass es mit hoher Wahrscheinlichkeit auch eine Herausforderung für den Gesprächspartner darstellt. In der Erzählung zeigen wir dann, wie die Unterscheidungsmerkmale und Stärken der Produkte oder Dienstleistungen meines Mandanten dazu beigetragen haben, eine überzeugende Lösung zu finden.

Diese Erzähltechnik hat eine dreifache Wirkung:

1. **Emotionale Verbindung**
   Die Geschichte weckt das Interesse des potenziellen Kunden und schafft eine emotionale Bindung, indem sie zeigt, wie reale Probleme durch Ihre Produkte oder Dienstleistungen erfolgreich gelöst wurden. Diese emotionale Verbindung fördert das Vertrauen in das Angebot und macht den Kunden empfänglicher für die präsentierten Lösungsvorschläge.
2. **Denkprozesse aktivieren**
   Durch das Erzählen einer Geschichte werden potenzielle Kunden angeregt, Parallelen zu ihrer eigenen Situation zu ziehen. Dies hilft ihnen, die Relevanz

> der Lösung für ihre spezifischen Bedürfnisse und Herausforderungen zu erkennen. Indem der Kunde dazu gebracht wird, über seine eigenen Erfahrungen nachzudenken, wird das Verständnis und die Akzeptanz der Angebote erleichtert.
> 3. **Neue Impulse setzen**
> Dank der Assoziationsmaschine des Gesprächspartners werden durch die Geschichte neue Denkansätze angeregt. Diese neuen Perspektiven ermöglichen es dem Kunden, kreative oder innovative Handlungsoptionen zu entdecken, die den Entscheidungsprozess unterstützen.
>
> Die gezielte Kombination aus relevanten Kundenbeispielen und einer klar strukturierten Erzählung eröffnet neue Perspektiven und inspiriert den Gesprächspartner, über konkrete nächste Schritte nachzudenken. Dieser Ansatz hat sich in der Praxis als äußerst wirksam erwiesen und zeigt, wie kundenorientierte Verkaufsstrategien nicht nur Vertrauen schaffen, sondern auch nachhaltige Entscheidungsprozesse anstoßen können.

Die Art und Weise, wie ein Vorhaben kommuniziert wird, spielt eine entscheidende Rolle für dessen Akzeptanz und Erfolg. Besonders wirkungsvoll ist es, wenn die Zielgruppe nicht nur die Fakten kennt, sondern auch die dahinterstehenden Überlegungen, die Ziele und die Bedeutung für ihre eigene Situation versteht.

Eine klare und transparente Kommunikation schafft Vertrauen und erleichtert es den Beteiligten, die Entscheidung oder Veränderung nachzuvollziehen und sich damit zu identifizieren. Insbesondere Geschichten oder Erzählungen, die die Hintergründe und Vorteile beleuchten, haben sich als effektive Methode erwiesen, um Verständnis und Engagement zu fördern.

Der Ansatz, die Perspektive der Zielgruppe einzunehmen und ihre möglichen Sorgen, Erwartungen und Wünsche in die Kommunikation einzubinden, sorgt dafür, dass die Botschaft nicht nur gehört, sondern auch emotional verankert wird. Dies schafft eine Grundlage für konstruktive Gespräche und fördert die Bereitschaft, gemeinsam an der erfolgreichen Umsetzung zu arbeiten.

Im Beispiel „Veränderung transparent gestalten: Die Bedeutung der „Strategie-Erzählung"" wird gezeigt, wie eine transparente und durchdachte Herangehensweise dazu beitrug, eine herausfordernde Veränderung anzustoßen.

Veränderung transparent gestalten: Die Bedeutung der „Strategie-Erzählung"

Neue Unternehmensstrategien können bei Mitarbeiterinnen und Mitarbeitern Unsicherheiten und Ängste hervorrufen. Diese entstehen häufig aus einem Mangel an Transparenz und dem Eindruck, dass Veränderungen plötzlich und ohne ausreichende Erklärung eingeführt werden. Solche Unsicherheiten führen nicht selten zu Widerständen, die den Erfolg der Strategie gefährden können.

Um diesen Herausforderungen wirksam zu begegnen, empfehle ich meinen Mandanten, die Mitarbeiter nicht abrupt mit einer neuen Unternehmensstrategie zu konfrontieren, sondern die Entstehungsgeschichte dieser Strategie in Form einer „Strategie-Erzählung" zu vermitteln.

Idris Mootee (2013), Strategieexperte, Unternehmer und Autor von *Design Thinking for Strategic Innovation*, betont, dass eine gute Erzählung eine Technik ist, mit der Führungskräfte die Vergangenheit, Gegenwart und Zukunft einer Organisation sowie ihre Herausforderungen, Bedürfnisse und Ziele in einer kohärenten Geschichte vermitteln. Diese Erzählweise erleichtert es den Menschen, sich mit dem Unternehmen, seinen Werten und seiner Mission zu identifizieren.

Die „Strategie-Erzählung" setzt beim Auslöser für die neue Ausrichtung an: Welche Herausforderungen oder Veränderungen machten diese erforderlich? Welche negativen Konsequenzen würden eintreten, wenn keine Maßnahmen ergriffen werden? Im Anschluss wird verdeutlicht, welche Ziele mit der neuen Strategie verfolgt werden und welche zentralen Überlegungen das verantwortliche Team bei der Entwicklung angestellt hat.

Besonders wichtig ist es, die Kriterien und Werte offenzulegen, die bei der Entscheidungsfindung eine Rolle gespielt haben. Die Darstellung verschiedener Alternativen und deren Bewertung zeigt den Mitarbeitern, dass die gewählte Lösung durchdacht ist. Abschließend wird hervorgehoben, warum die gewählte Strategie die beste Option ist und welche Vorteile sie nicht nur für das Unternehmen, sondern auch für die Mitarbeiter mit sich bringt.

In diesem Prozess nehmen Führungskräfte eine Schlüsselrolle ein. Sie fungieren als Bindeglied zwischen der Unternehmensleitung und den Mitarbeitern und tragen wesentlich dazu bei, die Strategie glaubwürdig und authentisch zu kommunizieren. Indem Führungskräfte die „Strategie-Erzählung" aktiv aufgreifen und um ihre persönliche Perspektive ergänzen, schaffen sie nicht nur Vertrauen, sondern fördern auch eine stärkere emotionale Bindung der Belegschaft an die neue Ausrichtung.

Ein zentraler Bestandteil dieser Erzählung ist die Darstellung der wichtigsten Maßnahmen, die zur Umsetzung der Strategie erforderlich sind. Führungskräfte erläutern dabei die spezifischen Herausforderungen, die mit diesen Maßnahmen verbunden sind, und heben hervor, warum diese Schritte entscheidend für den Erfolg der neuen Ausrichtung sind. Diese Transparenz schafft ein tieferes Verständnis und unterstützt die Mitarbeiter dabei, die Bedeutung ihrer eigenen Beiträge im Gesamtkontext zu erkennen. Sie können die Hintergründe und die Logik der Entscheidung besser nachvollziehen. Die Transparenz stärkt nicht nur das Verständnis, sondern auch die Identifikation mit der Strategie. Die Mitarbeiter fühlen sich motiviert und eingebunden, was ihre Bereitschaft erhöht, aktiv zur Umsetzung beizutragen.

> Ein entscheidender Schritt in diesem Prozess ist es, die Mitarbeiter aktiv in die Umsetzung der Strategie einzubeziehen, indem sie die Maßnahmen in ihrem jeweiligen Verantwortungsbereich mitgestalten. Diese Einbindung sorgt nicht nur dafür, dass die Maßnahmen praxisnah und auf die spezifischen Anforderungen der einzelnen Bereiche abgestimmt werden, sondern vermittelt den Mitarbeitern auch das Gefühl, Teil des Veränderungsprozesses zu sein. Sie erleben sich als Mitgestalter und nicht bloß als Ausführende, was ihr Engagement und ihre Identifikation mit der neuen Ausrichtung erheblich stärkt.
>
> Langfristig führt dieser transparente und einfühlsame Ansatz zu einer höheren Akzeptanz und einer besseren Unterstützung der neuen Strategie. Zudem stärkt er die Unternehmenskultur, indem er zeigt, dass Veränderungen nicht einfach „von oben herab" diktiert werden, sondern das Ergebnis durchdachter Überlegungen sind, die auch die Interessen der Belegschaft berücksichtigen. Dieser Prozess fördert das Vertrauen in die Führung und die neue strategische Ausrichtung des Unternehmens und legt die Basis für nachhaltigen Erfolg.

Ob es darum geht, Kunden durch gezielte Geschichten zu überzeugen oder Mitarbeiter in die Entwicklung und Umsetzung von Strategien einzubinden – in beiden Fällen zeigt sich, wie geeignet Geschichten sind, um Transparenz zu schaffen, Beteiligung zu fördern und sowohl die emotionalen als auch die rationalen Ebenen des Denkens anzusprechen. Geschichten tragen dazu bei, Vertrauen und Motivation aufzubauen, was die Bereitschaft erhöht, Veränderungen anzunehmen und aktiv mitzugestalten. Sie bieten ein effektives Mittel, um Vertrauen zu schaffen, Offenheit zu fördern und gleichzeitig Handlungsimpulse zu setzen. Indem sie Interesse wecken und zum Nachdenken anregen, tragen sie entscheidend dazu bei, eine nachhaltige und inspirierende Kommunikation zu gestalten.

6.19 Die Kunst, Türen zu öffnen

Menschen zu gewinnen, ist eine Kunst, die durch gezieltes Verständnis und den bewussten Einsatz psychologischer Prinzipien verfeinert wird. Jede in diesem Kapitel behandelte psychologische Taktik – sei es der Aufbau von Vertrauen, die Nutzung von Sympathie oder der gezielte Einsatz von Neugier – trägt dazu bei, Verbindungen zu schaffen, die tiefer gehen als oberflächliche Übereinstimmungen. Der wahre Erfolg zeigt sich darin, wie nachhaltig eine Beziehung oder eine Entscheidung ist, die auf diesen Prinzipien basiert.

Indem Sie diese Taktiken mit Bedacht einsetzen, öffnen Sie nicht nur Türen zu neuen Möglichkeiten, sondern schaffen auch Räume, in denen gegenseitiges Verständnis und Inspiration wachsen können. Mit dieser Vorbereitung sind Sie in der Lage, langfristige Verbindungen aufzubauen, die von gegenseitigem Respekt und Vertrauen getragen werden.

Zusammenfassend lässt sich sagen, dass die bewusste Anwendung psychologischer Prinzipien nicht nur kurzfristige Erfolge bringt, sondern vor allem die Grundlage für dauerhafte und bedeutsame Beziehungen legt. Die Kunst, Türen zu öffnen, besteht darin, diese Prinzipien zum richtigen Zeitpunkt, authentisch und gezielt einzusetzen, um eine tiefere, nachhaltigere Verbindung zu Ihrem Gegenüber herzustellen. So ebnen Sie den Weg für eine erfolgreiche und erfüllende Zusammenarbeit, die weit über oberflächliche Interaktionen hinausgeht.

Ich lade Sie herzlich ein, im nächsten Kapitel die Methode *Wirksam Inspirieren* eingehender zu erkunden und zu verstehen. Entdecken Sie, wie die gezielte Kombination der in diesem Buch vorgestellten kognitiven Verzerrungen und psychologischen Effekte im ganzheitlichen Ansatz von *Wirksam Inspirieren* die Wirkung Ihrer Kommunikation erheblich steigert. Erfahren Sie, wie Sie diese Prinzipien effektiv in Ihren eigenen Gesprächen und Entscheidungsprozessen einsetzen können, um sowohl intuitives als auch analytisches Denken zu unterstützen und dadurch Ihre Gesprächspartner zu fundierten, nachhaltigen Entscheidungen zu bewegen.

Literatur

Asch, E. (1946). Forming impressions of personality. *Journal of Abnormal and Social Psychology, 41*, 258–290.

Blount, J. (2010). *People buy you: The real secret to what matters most in business.* Wiley.

Blount, J. (2018). *The ultimate guide for mastering objections – The art and science of getting past no.* Wiley.

Brehm, S., & Brehm, J. (1981). *Psychological reactance: A theory of freedom and control.* Academic Press.

Bruner, J. (1990). *Acts of meaning: Four lectures on mind and culture, The Jerusalem-Harvard Lectures.* Harward Universita Press.

Calvert, D. (2012). *DISCOVER – Questions get you connected.* Morgan James Publishing.

Chabris, C., & Simons, D. (2023). *Nobody's fool: Why we get taken in and what we can do about it.* BASIC BOOKS.

Chartrand, T. L., & Bargh, J. A. (1999). The chameleon effect: The perception – behavior link and social interaction. *Journal of Personality and Social Psychology, 76*(6), 893–910.

Fisher, W. R. (1989). *Human communication as narration: Toward a philosophy of reason, value, and action.* University of South Carolina Press.

Gallese, V., Fadiga, L., Fogassi, L., & Rizzolatti, G. (1996). Action recognition in the premotor cortex. *Brain, 119*(2), 593–609.

Green, M. C., & Clark, J. L. (2012). Transportation into narrative worlds: Implications for entertainment media influences on tobacco use. *Addiction, 108*(3), 477–484.

Heath, C., & Heath, D. (2010). *Switch: How to change things when change is hard.* Random House.

Iannarino, A. (2017). *The lost art of closing – Winning the ten commitments that drive sales.* Penguin.

Iyengar, S. S., & Lepper, M. R. (2000). When choice is demotivating: Can one desire too much of a good thing? *Journal of Personality and Social Psychology, 79*(6), 995–1006.

Kahneman, D. (2012). *Schnelles Denken, langsames Denken.* Penguin.

Konrath, J. (2005). *Selling to big companies.* Kaplan.

Kotter, J. P. (1996). *Leading change.* Harvard Business Review Press.

LaFrance, M. (1979). Nonverbal synchrony and rapport: Analysis by the cross-lag panel technique. *Social Psychology Quarterly, 42*(1), 66–70.

Langer, E., Blank, A., & Chanowitz, B. (1978). The mindlessness of ostensibly thoughtful action: The role of 'placebic' information in interpersonal interaction. *Journal of Personality and Social Psychology, 36*(6), 635–642.

McCroskey, J. C., Richmond, V. P., & Daly, J. A. (1975). The development of a measure of perceived homophily in interpersonal communication. *Human Communication Research, 1*(4), 323–332.

McGuire, W. J., & Papageorgis, D. (1961). The relative efficacy of various types of prior belief-defense in producing immunity against persuasion. *The Journal of Abnormal and Social Psychology, 62*(2), 327–337.

Milgram, S. (1963). Behavioral study of obedience. *Journal of Abnormal and Social Psychology, 67*, 371–378.

Miller, D. T., & Taylor, B. R. (2012). Counterfactual thought, regret, and superstition: How to avoid kicking yourself. In T. Gilovich, D. W. Griffin, & D. Kahneman (Hrsg.), *Heuristics and biases – The psychology of intuitive judgement.* Cambridge University Press.

Mootee, I. (2013). *Design thinking for strategic innovation: What they can't teach you at business or design school.* Wiley.

Mortensen, K. (2004). *Maximum influence: The 12 universal laws of power persuasion.* AMACOM Division of American Management Association International.

Pfau, M., Roskos-Ewoldsen, D., Wood, M., Yin, S., Cho, J., Lu, K.-H., & Shen, L. (2003). Attitude accessibility as an alternative explanation for how inoculation confers resistance. *Communication Monographs, 70*(1), 39–51.

Reinhard, M. A., Scharmach, M., & Müller, P. (2013). It's not what you are, it's what you know: Experience, beliefs, and the detection of deception in employment interviews. *Journal of Applied Social Psychology, 43*(3), 467–479.

Speer, N. K., Reynolds, J. R., Swallow, K. M., & Zacks, J. M. (2009). Reading stories activates neural representations of visual and motor experiences. *Psychological Science, 20*(8), 989–999.

Tamir, L. D., & Mitchell, J. P. (2012). Disclosing information about the self is intrinsically rewarding. *Proceedings of the National Academy of Sciences of the United States of America, 109*(21), 8038–8043.

Ury, W. (1991). *Getting past no: Negotiating in difficult situations.* Bantam Books.

7

Leitfaden: Wie Sie wirksam inspirieren

„Der wahre Wert eines Gesprächs liegt in der Veränderung, die es bewirkt."

Gespräche, die durch Inspiration tiefgreifende Einsichten fördern und nachhaltige Veränderungen herbeiführen, gehen weit über den einfachen Gedankenaustausch oder die reine Informationsvermittlung hinaus. Einige Beispiele für solche Gespräche sind:

Vision und Zielsetzung Inspirieren kann dabei helfen, eine gemeinsame Vision zu entwickeln und wichtige Ziele zu definieren. Besonders bei strategischen Diskussionen oder Teambuilding-Aktivitäten ist es entscheidend, alle Beteiligten für eine Richtung zu begeistern.

Entscheidungsfindung Bei komplexen oder von Unsicherheiten geprägten Entscheidungen kann Inspiration Vertrauen aufbauen und den Fokus auf eine ausgewogene Analyse der Möglichkeiten, Chancen und Risiken lenken, anstatt nur die Unsicherheiten und Risiken zu betrachten.

Vertrieb und Kundenbeziehungspflege Im Vertrieb – insbesondere in gesättigten Märkten – kann Inspiration helfen, den individuellen Mehrwert eines Produkts oder einer Dienstleistung greifbar zu machen und Vertrauen aufzubauen, um langfristige Partnerschaften zu schaffen.

Innovation und Kreativität Wenn neue Ideen oder Ansätze benötigt werden, kann Inspiration den Raum schaffen, in dem Vertrauen wächst, Kreativität fließt und traditionelle Denkmuster aufgebrochen werden.

Veränderungsmanagement Gespräche über Veränderungsprozesse, wie die Einführung neuer Technologien, Unternehmensstrategien, Umstrukturierungen oder Kulturwandel, profitieren stark von inspirierenden Impulsen, die Unsicherheiten reduzieren, Ängste abbauen und die Bereitschaft zur Mitwirkung fördern.

Motivation und Engagement Um Einzelpersonen oder Teams dazu zu bewegen, die Verantwortung und Führungsrolle für die Erreichung eines schwierigen Ziels zu übernehmen, ist Inspiration unumgänglich.

Krisenbewältigung In schwierigen Situationen können inspirierende Gespräche Hoffnung vermitteln und die Aufmerksamkeit auf Lösungen und positive Schritte richten.

Persönliche Entwicklung Gespräche über individuelle Stärken, Ziele oder Entwicklungswege profitieren von einer inspirierenden Herangehensweise, die Selbstvertrauen stärkt und Mut zur konsequenten Weiterentwicklung macht.

Teamarbeit und Kooperation Inspiration unterstützt die Förderung von Zusammenarbeit, indem sie gemeinsame Werte und Ziele betont und individuelle Beiträge wertschätzt.

Konfliktvermeidung und Mediation Inspirierende Gesprächsführung kann dazu beitragen, verhärtete Fronten zu vermeiden und einen gemeinsamen Nenner zu finden, indem sie Wertschätzung, positive Perspektiven und Lösungen in den Vordergrund stellt.

Diese Beispiele verdeutlichen, wie vielfältig die Einsatzmöglichkeiten inspirierender Gesprächsführung sind und welche Wirkung sie in unterschiedlichsten Kontexten entfalten kann.

So universell und vielfältig die Einsatzmöglichkeiten des Leitfadens auch sind – wie die Beispiele zeigen –, so individuell ist sein effizienter Einsatz. Er hängt maßgeblich ab von den beteiligten Personen, ihrer Beziehung zueinander, der Gesprächsdynamik, der Komplexität des Themas sowie dem Kontext, in dem das Gespräch stattfindet.

Genau deshalb bietet *Wirksam Inspirieren* nicht nur eine strukturierte Vorgehensweise, sondern auch die nötige Flexibilität, um auf unterschiedliche Situationen, Persönlichkeiten und Ziele einzugehen – ohne dabei die ethische Klarheit und methodische Präzision zu verlieren.

Die Unterteilung in acht Phasen zielt dabei nicht auf starre Abläufe ab, sondern auf Orientierung und bewusste Struktur. Entscheidend ist nicht, jede Phase mit der gleichen Intensität und Tiefe zu durchlaufen, sondern die jeweiligen Elemente situationsgerecht zu gewichten.

Nicht alle Phasen müssen zwingend in einem einzigen Gespräch vollständig umgesetzt werden – oft verteilt sich ein inspirierender Prozess auf mehrere Begegnungen, in denen sich einzelne Impulse erst entfalten oder gezielt vertieft werden.

Je nach Kontext, Beziehungsebene, Thema und Ziel kann es sinnvoll sein, manche Phasen stärker zu betonen, andere kürzer zu halten oder in vorbereitenden Gesprächen vorzuziehen.

Die Methode Wirksam Inspirieren gibt dabei einen klaren Rahmen – aber innerhalb dieses Rahmens bleibt Raum für Flexibilität, Intuition, Empathie und Fingerspitzengefühl.

Die Methode *Wirksam Inspirieren* integriert die in den letzten Kapiteln behandelten Aspekte des Perspektivenwechsels, kognitiver Verzerrungen und psychologischer Effekte in eine strukturierte, systematische Herangehensweise. Sie bietet eine praktisch anwendbare Methode für Inspiration, die zugleich effektiv, ethisch reflektiert und wissenschaftlich fundiert ist.

Nachdem wir die oben erwähnten intuitiven Dimensionen des peripheren Denkens betrachtet haben, widmen wir uns nun der Frage, wie der zentrale Denkweg durch *Wirksam Inspirieren* begleitet und unterstützt wird, um zu einer fundierten und vor allem stabilen Entscheidung zu gelangen.

Diese Verbindung von intuitivem und analytischem Denken schafft eine solide Basis, auf der Entscheidungen sowohl emotional unterstützt als auch rational begründet sind. Dies gelingt durch die gezielte Verknüpfung emotional ansprechender Argumente mit klar strukturierten, logischen Analysen, die das Vertrauen und die Überzeugung des Gegenübers stärken. Ziel ist es, durch gezielte Fragetechniken, klare Argumentationsstrukturen und ein durchdachtes Vorgehen die Stärken des analytischen Denkens effektiv einzusetzen und langfristig belastbare Entscheidungen zu fördern. In den kommenden Abschnitten entdecken Sie, wie diese Herangehensweise in der Praxis angewendet wird und warum sie zu stabilen und nachhaltigen Ergebnissen führt.

Der Wendepunkt im Verkaufsgespräch: Zwischen Emotion und Analyse

Der Verkauf von Investitionsgütern und stark erklärungsbedürftigen Dienstleistungen ist oft mit einem langen Entscheidungsprozess auf der Kundenseite verbunden. In meiner Beratung zur Vertriebsoptimierung erlebe ich häufig, dass Vertriebsmitarbeiter genau in diesem kritischen Zeitfenster auf potenzielle Kunden treffen – Kunden, die bereits intensiv über eine alternative Lösung nachdenken und kurz davorstehen, einem Mitbewerber meines Mandanten den Zuschlag zu geben.

Diese Situation ist für die Mitarbeiter meines Mandanten besonders herausfordernd: Der potenzielle Kunde teilt mit, dass er seine Kaufentscheidung so gut wie getroffen hat. Falls es in diesem entscheidenden Moment nicht gelingt, ihn umzustimmen, wird sich seine Wahl durch den Commitment and Consistency Effect (Abschn. 5.13) noch tiefer verankern – und das Geschäft geht verloren.

Der erste Schritt für die Vertriebsmitarbeiter meiner Mandanten besteht darin, ruhig zu bleiben – denn sobald sie die Nerven verlieren, schaltet sich ihr bewusstes Denken ab, und ihr intuitives Denken wechselt in den Flucht- oder Kampfmodus. Genau das gilt es zu vermeiden.

Als Nächstes sollten sie herausfinden, welche Lösung für den Kunden tatsächlich die bessere ist. Ich empfehle ihnen, gezielte Fragen zu stellen, um zu verstehen, welche Entscheidungskriterien bisher im Spiel waren. Oft zeigt sich dabei, dass der Mitbewerber – zum Glück – stark auf den peripheren Denkweg gesetzt hat. Das bedeutet, dass der Kunde emotional bereits fast überzeugt ist, sein zentrales Denken jedoch noch nicht ausreichend in die Entscheidung einbezogen wurde.

Das erklärt übrigens, warum sich viele Vertriebsmitarbeiter über die lange Dauer von Kaufentscheidungen ihrer Kunden wundern. Sobald prüfende und kritische Fragen auftauchen, entstehen Unsicherheiten – der Kunde beginnt, seinen Entscheidungsprozess erneut zu hinterfragen.

An dieser Stelle rate ich den Mitarbeitern meiner Mandanten, den Kunden dort abzuholen, wo er sich in seiner Kosten-Nutzen-Analyse befindet, anstatt ihn mit neuen Argumenten zu überfrachten. Sie sollten den Kunden gezielt durch die in diesem Kapitel beschriebene strukturierte Vorgehensweise führen. Diese Methode eröffnet oft neuen Raum für Gespräche und eine tiefere Reflexion, sodass potenzielle Kunden ihre fast getroffene Entscheidung noch einmal überdenken und revidieren.

Dieses Vorgehen zeigt, warum es essenziell ist, beide Denkwege – den intuitiven und den analytischen – gleichermaßen zu berücksichtigen. Ich empfehle den Vertriebsmitarbeitern, sicherzustellen, dass eine Entscheidung nicht nur auf einem emotionalen Impuls basiert, sondern auch rational begründet ist. Nur wenn beide Denkprozesse in Einklang stehen, ist eine Entscheidung langfristig tragfähig und überzeugend.

7.1 Eine systematische Methode, um Entscheidungsprozesse auf dem zentralen Weg des Denkens zu begleiten

Menschen treffen viele Entscheidungen intuitiv und nutzen dabei den peripheren Denkweg, der auf Intuition, Emotionen, äußeren Reizen und Heuristiken basiert. Um jedoch eine reflektierte und stabile Entscheidung zu treffen, muss der zentrale Denkweg aktiviert werden, damit Argumente bewusst abgewogen werden.

Ein solcher Impuls kann durch einen intuitiven Reiz entstehen, der das bewusste, analytische Nachdenken anstößt. Überraschende Informationen, gezielte Fragen oder kognitive Dissonanz setzen diesen Prozess in Gang. Sobald ein Thema persönlich relevant oder spannend wird, beginnt der zentrale Denkweg aktiv zu arbeiten.

Die Methode *Wirksam Inspirieren* nutzt genau diese Dynamik: Intuitive Reize helfen, den zentralen Denkweg aktiv zu halten und verhindern, dass vorschnelle, oberflächliche Urteile getroffen werden. Durch gezielte Fragen, klare Argumente und strukturierte Entscheidungsprozesse wird der Gesprächspartner vom ersten Impuls zu einer durchdachten, stabilen Entscheidung geführt.

Die Methode *Wirksam Inspirieren* stützt sich somit auf zwei Säulen: Einerseits wird der periphere Denkweg aktiv angesprochen, indem kognitive Verzerrungen berücksichtigt und psychologische Taktiken gezielt eingesetzt werden. Der periphere Denkweg beschreibt intuitive, schnelle und oft unbewusste Entscheidungsprozesse, die stark durch Emotionen und einfache Hinweise beeinflusst werden. Diese erste Säule zielt darauf ab, den intuitiven Zugang zu erleichtern und Vertrauen aufzubauen.

Andererseits wird der zentrale Denkweg selbst klar strukturiert und begleitet, um fundierte und langfristig tragfähige Entscheidungen zu fördern. Der zentrale Denkweg steht für analytisches, bewusstes und reflektiertes Denken, das es ermöglicht, komplexe Informationen zu verarbeiten und fundierte

Entscheidungen zu treffen. Durch die Verbindung dieser beiden Säulen wird ein umfassender Ansatz geschaffen, der sowohl das intuitive als auch das analytische Denken unterstützt.

Die Erfüllung klar definierter **Anforderungen** (Abschn. 3.3) stellt sicher, dass die Methode *Wirksam Inspirieren* effektiv funktioniert. Ergänzend dazu wurden **Gestaltungsprinzipien** (Abschn. 3.1) entwickelt, die eine ethisch korrekte Gesprächsführung sicherstellen.

Um eine universell einsetzbare Inspirationsmethode zu entwickeln, die auf den beiden Säulen der Anforderungen und Gestaltungsprinzipien basiert, richten wir den Fokus auf die Gemeinsamkeiten der Gespräche, die zu Beginn dieses Kapitels erwähnt wurden. Was verbindet diese Situationen, und welcher gemeinsame Nenner liegt den Zielen zugrunde, die in diesen Gesprächen erreicht werden sollen?

Unabhängig davon, ob es um Unternehmensstrategien, Veränderungsprozesse, kreative Lösungsfindung, anspruchsvollen Verkauf oder persönliche Entwicklung geht – in all diesen Gesprächen gibt es einen gemeinsamen Nenner: Sie drehen sich um eine zentrale Fragestellung, ein Problem oder eine Chance, die den Ausgangspunkt für Veränderung oder Weiterentwicklung bildet. Selbst das Ergreifen von Chancen erfordert häufig, Hindernisse zu überwinden. Ob es darum geht, die eigene Komfortzone zu verlassen oder gewohnte Muster infrage zu stellen – ohne solche Schritte bleiben Verbesserungen meist aus.

Probleme sind dabei nicht nur Hindernisse, sondern auch Katalysatoren für Veränderung. Indem sie sichtbar gemacht werden, eröffnen sich neue Chancen. Fragestellungen fungieren dabei als Ankerpunkte, die Reflexion fördern und Engagement schaffen. Sie bieten den Rahmen, in dem Menschen ihre Perspektiven erweitern und aktiv an Lösungen mitwirken können.

Im komplexen Verkauf, bei dem es zum Beispiel um große Investitionen und tiefgreifende Prozessveränderungen geht, ist die Fähigkeit, Probleme und Chancen umfassend zu erkennen und zu bewerten, entscheidend. Während meiner Tätigkeit in der Akquise von Aufträgen und Finanzierungsquellen für Forschungs- und Entwicklungsprojekte – eine Kernaufgabe meiner beruflichen Laufbahn – wurde mir das besonders deutlich. Dabei stieß ich auf eine Methode, die sich als außerordentlich wirksam erwies: die Methode SPIN Selling von Neil Rackham (1995), einer prägenden Persönlichkeit in der Verkaufspsychologie. Rackham analysierte Tausende von Verkaufssituationen und identifizierte systematische Verhaltensmuster, die den Erfolg im Verkauf maßgeblich beeinflussen. Seine Methode stützt sich auf gezielte Fragetechniken, um Probleme zu erkennen, deren Folgen zu bewerten und die Vorteile der eigenen Lösung gezielt in den Vordergrund zu rücken. Ziel ist es, die eigene Lösung als die optimale Wahl zu präsentieren und den Kunden systematisch davon zu überzeugen. Diese strukturierte Vorgehensweise überzeugte mich so sehr, dass ich sie aufgriff und in die Methode *Wirksam Inspirieren* integrierte. Ziel war es, die Techniken nicht nur im Verkaufsprozess anzuwenden, sondern sie auch auf allgemeine Entscheidungssituationen zu übertragen.

Ich begann, Rackhams Prinzipien gezielt anzuwenden, um unternehmerische Entscheidungsprozesse zu unterstützen und effizienter zu gestalten. In einem iterativen Entwicklungsprozess verfeinerte und erweiterte ich diese Methodik kontinuierlich. Die Methode *Wirksam Inspirieren* baut auf den bewährten Prinzipien von Rackham auf, wurde jedoch gezielt angepasst, um eine breite Palette von Entscheidungssituationen abzudecken und flexibel auf unterschiedliche Kontexte einzugehen.

Die klar definierten Phasen der Methode *Wirksam Inspirieren* schaffen eine strukturierte und zielgerichtete Grundlage für die Gesprächsführung. Sie ermöglichen es, komplexe Herausforderungen systematisch zu analysieren, potenzielle Lösungsansätze sichtbar zu machen und die Entscheidungsfindung zu fördern. Diese Phasen ermöglichen es, Gespräche nicht nur effizient zu gestalten, sondern auch den individuellen Anforderungen der Beteiligten gerecht zu werden.

Die Methode zeichnet sich durch ihre Flexibilität aus: Sie erlaubt es, genau dort anzusetzen, wo der größte Nutzen für den Entscheidungsprozess entsteht – sei es in der frühen Phase des Problemverständnisses oder bei der Bewertung konkreter Lösungsoptionen. Auf diese Weise bleiben Gespräche stets relevant und produktiv, da sie den aktuellen Stand der Diskussion und die spezifischen Bedürfnisse der Gesprächsteilnehmer berücksichtigen.

Durch die Verbindung von Rackhams Fragetechniken mit den Prinzipien der Inspiration entstand eine Methodik, die über das bloße Verkaufen einer vorgegebenen Lösung hinausgeht. Während Rackhams Methode darauf abzielt, gezielt Fragen zu stellen, um das Interesse an einer spezifischen Lösung zu wecken und diese zu verkaufen, erweitert *Wirksam Inspirieren* diesen Ansatz grundlegend.

SPIN Selling lenkt den Kunden bewusst in Richtung einer Lösung, indem es ihn Schritt für Schritt durch ein strukturiertes Verkaufsgespräch führt. *Wirksam Inspirieren* hingegen nutzt Fragen nicht als Steuerungsinstrument, sondern als Werkzeug zur Reflexion. Statt eine vorgefertigte Lösung nahezulegen, hilft die Methode dem Gesprächspartner, sich aktiv mit seinen eigenen Zielen und Prioritäten auseinanderzusetzen. So entstehen Entscheidungen, die nicht nur auf rationaler Überzeugung beruhen, sondern auch innerlich verankert sind.

Wirksam Inspirieren fokussiert sich darauf, Fragetechniken einzusetzen, die nicht nur Probleme aufdecken, sondern auch die inneren Beweggründe und Ziele des Gegenübers berücksichtigen. Dabei steht die Ethik stets im Mittelpunkt: Die Methode achtet darauf, die Autonomie und Entscheidungsfreiheit des Gegenübers zu respektieren, ohne manipulative Techniken einzusetzen. Ziel ist es, den Entscheidungsprozess so zu gestalten, dass er nicht nur auf die Lösung hinarbeitet, sondern die Entscheidungsträger aktiv inspiriert und nachhaltig einbindet. Statt konkrete Lösungen vorzugeben, macht sie potenzielle Lösungswege sichtbar und respektiert die Entscheidungsfreiheit des Gesprächspartners. So können Herausforderungen aus neuen Perspektiven betrachtet und nachhaltige, tragfähige Entscheidungen getroffen werden.

Ein wesentlicher Unterschied besteht in der Art, wie Entscheidungsprozesse begleitet werden. Während SPIN Selling darauf ausgerichtet ist, den Kunden strukturiert zu einer gezielt angestrebten Kaufentscheidung zu führen, legt *Wirksam Inspirieren* den Fokus darauf, offene Denkprozesse anzustoßen und Raum für eigenständige Reflexion zu schaffen.

Ein zentraler Unterschied zwischen den beiden Ansätzen liegt in der Betonung von Transparenz und der Wahrung der Autonomie des Gesprächspartners. Während Rackhams Methode die Interessen des Verkäufers über denen des Kunden stellt und sich darauf fokussiert, eine vorgefertigte Lösung zu präsentieren und den Verkaufsprozess zu optimieren, legt *Wirksam Inspirieren* den Schwerpunkt auf die tiefgehende Auseinandersetzung mit dem Gegenüber.

Ein weiterer wesentlicher Unterschied besteht im gezielten Einsatz sowohl rationaler als auch emotionaler Aspekte mittels kognitiver Verzerrungen und psychologischer Effekte. Während Rackhams Ansatz vor allem auf rationale Argumentation und strukturierte Verkaufsprozesse setzt, bietet er keine systematische Methodik, um das intuitive Denken gezielt in den Entscheidungsprozess einzubinden. *Wirksam Inspirieren* integriert hingegen bewusst emotionale und intuitive Elemente in die Kommunikation, um nicht nur den Verstand, sondern auch das Herz des Gesprächspartners zu erreichen.

Diese Herangehensweise bildet bis heute einen zentralen Bestandteil meines Beratungsansatzes. Sie zeichnet sich durch ihre Vielseitigkeit und Anpassungsfähigkeit aus und trägt dazu bei, tiefgreifende Veränderungsprozesse zu ermöglichen und zu fördern.

Was können Sie für Ihre eigene Gesprächsführung daraus ableiten?
Die Verbindung aus strukturierter Gesprächsführung, ethischer Haltung und psychologischem Feingefühl bildet das Fundament der Methode *Wirksam Inspirieren*. Doch so klar der Rahmen ist – seine Anwendung verlangt Fingerspitzengefühl. Denn Gespräche sind keine Berechnungen. Sie leben von Beziehung, Kontext – und der Fähigkeit, sich aufmerksam und flexibel auf die Dynamik des Moments einzustellen.

Deshalb hängt der wirksame Einsatz der Methode immer auch vom Zusammenspiel vieler Faktoren ab: von der Komplexität des Themas, der Beziehung zwischen den Beteiligten, der Vorgeschichte des Gesprächs – und den daraus entstandenen Emotionen, Erwartungen, mentalen Widerständen und Vertrauensverhältnissen.

Jede Phase der Methode übernimmt – abhängig von der jeweiligen Situation – eine erfolgsentscheidende Rolle
Auf eine Phase zu verzichten, sei es aus Zeitdruck, Bequemlichkeit oder unzureichender Vorbereitung, kann den inspirierenden Prozess empfindlich stören oder seine Wirkung sogar ganz verhindern.

Gerade weil Wirksam Inspirieren auf Klarheit, Verantwortung und Respekt basiert, verlangt es Achtsamkeit: Es geht nicht darum, ein Gespräch schnell zu strukturieren – sondern darum, es durchdacht und wirkungsvoll zu gestalten.

Zugleich gilt
Die Methode Wirksam Inspirieren entfaltet ihre volle Wirkung dort, wo Struktur auf Einfühlungsvermögen trifft. Ihr Einsatz folgt keinem starren Schema, sondern passt sich der Realität des Gesprächs an – den Menschen, ihrer Beziehung zueinander, dem Thema und dem jeweiligen Ziel.

Deshalb ist nicht entscheidend, jede Phase im gleichen Umfang zu durchlaufen, sondern klug zu wählen, was in der jeweiligen Situation den größten Mehrwert bietet.

Nicht alle Phasen müssen in einem einzigen Gespräch vollständig und zusammenhängend durchlaufen werden. Oft entfaltet sich ein inspirierender Prozess über mehrere Begegnungen hinweg – manche Impulse brauchen Zeit, um zu reifen.

Wirksam Inspirieren bietet hierfür Struktur – aber auch Freiheit. Und genau in dieser Balance entsteht ihre größte Wirkung.

7.2 Die Phasen von *Wirksam Inspirieren*

Die folgenden Phasen bilden die Grundlage für eine Gesprächsführung, die nicht nur durch ihre Struktur gekennzeichnet ist, sondern auch durch das individuelle Eingehen auf die Bedürfnisse und Prioritäten des Gesprächspartners. Jede Phase baut dabei auf den vorherigen Schritten auf und fördert so einen nahtlosen Übergang im Entscheidungsprozess.

1. Einschwingen
In dieser Phase werden relevante Informationen gesammelt, mögliche Bedürfnisse des Gesprächspartners analysiert und potenzielle Herausforderungen antizipiert, um eine fundierte Grundlage für das Gespräch zu schaffen.

2. Interesse wecken und erste Impulse setzen
Durch initialen Austausch und erste Impulse wird eine offene und vertrauensvolle Atmosphäre geschaffen. Subtile Reize, die auf die Werte und Interessen des Gegenübers abgestimmt sind, fördern die Bereitschaft zum Gedankenaustausch.

3. Perspektive und Prioritäten verstehen

Die Wahrnehmungserkundung steht im Mittelpunkt, um Sichtweise, Fokus, Bedürfnisse und Emotionen des Gesprächspartners umfassend zu erfassen.

4. Chancen und Probleme erkunden

Herausforderungen und Potenziale werden durch gezielte Fragen identifiziert, um eine klare Orientierung im Gespräch zu schaffen. Zum Beispiel könnte ein Gesprächspartner darauf hingewiesen werden, wie bestimmte unbeachtete Faktoren die Effizienz seines Prozesses beeinträchtigen und welche Vorteile eine Analyse dieser Aspekte bringen könnte.

5. Auswirkungen des Problems beleuchten

Umfang und Konsequenzen des Problems werden ergründet, um die Dringlichkeit und Relevanz zu erkennen. Dies könnte bedeuten, die Folgeprobleme aufzuzeigen, die sich aus dem Hauptproblem ergeben, um den Gesamtumfang der Herausforderung greifbar zu machen. Zum Beispiel könnten Lieferverzögerungen nicht nur finanzielle Einbußen verursachen, sondern auch das Vertrauen von Geschäftspartnern beeinträchtigen, was langfristige Auswirkungen auf die Zusammenarbeit haben könnte.

6. Ursachen des Problems identifizieren

Ein tiefer gehendes Verständnis für die zugrunde liegenden Ursachen wird geschaffen, um das Fundament für nachhaltige Lösungen zu bilden.

7. Bedarf und Mehrwert quantifizieren

Der konkrete Nutzen einer möglichen Lösung wird anhand klarer Kennzahlen dargestellt, wobei Transparenz und Nachvollziehbarkeit im Mittelpunkt stehen.

8. Meinung festigen und Engagement fördern

Durch gezielte Reflexion und Bestärkung wird die Stabilität der Entscheidung gesichert. Abschließend wird das Engagement des Gesprächspartners gestärkt, indem klare und umsetzbare Vereinbarungen getroffen werden.

Die Methode *Wirksam Inspirieren* verfolgt damit einen systematischen Ansatz, um den Gesprächspartner entlang des zentralen Wegs des Denkens zu begleiten. Dabei liegt der Fokus darauf, durch gezielte Fragen nicht nur Reflexion zu fördern, sondern auch eine tiefer gehende Auseinandersetzung mit dem Thema anzuregen. Die klare Struktur der Methode, kombiniert mit ihrer Flexibilität und ethischen Orientierung, schafft eine praxisnahe Grundlage, die nachhaltige Ergebnisse ermöglicht.

Mit zunehmender Erfahrung und Verinnerlichung der Methode *Wirksam Inspirieren* entwickelt sich ein feines Gespür dafür, wo sich der Gesprächspartner in seinem Entscheidungsprozess befindet. In solchen Fällen kann es sinnvoll erscheinen, einzelne Phasen zu verkürzen oder sogar zu überspringen. Doch genau hier liegt eine Herausforderung: Wer zu schnell vorangeht, riskiert, dass der Gesprächspartner unterwegs den Anschluss verliert.

Jede Phase der Methode erfüllt eine spezifische Funktion, um Klarheit und Orientierung zu schaffen. Werden Schritte übersprungen, ohne dass die zugrunde liegenden Denkprozesse vollständig durchlaufen wurden, kann es passieren, dass der Gesprächspartner zwar scheinbar zustimmt, sich aber später doch nicht zur Entscheidung durchringen kann.

Die Kunst liegt darin, zwischen Struktur und Flexibilität die richtige Balance zu finden. Wer die Methode beherrscht, kann in Echtzeit einschätzen, welche Phasen stärker betont werden müssen und wo es möglich ist, den Prozess zu beschleunigen, ohne die innere Nachvollziehbarkeit zu gefährden. Wichtig ist, in welcher Phase sich der Gesprächspartner in seinem Entscheidungsprozess befindet. Der Fokus sollte immer darauf liegen, dass der Gesprächspartner nicht nur kognitiv, sondern auch emotional die nötige Sicherheit gewinnt, um eine tragfähige Entscheidung zu treffen.

So wenden Sie den Leitfaden an

Nehmen Sie sich Zeit und begleiten Sie mich Schritt für Schritt durch die 8 Phasen von *Wirksam Inspirieren*. Setzen Sie sich dabei nicht unter den Druck, die Methode sofort vollständig durchdringen und bereits morgen perfekt anwenden zu können. Haben Sie keine Angst vor der Komplexität – Kommunikation mit Menschen ist oft vielschichtig. Behalten Sie stets die gedankliche Struktur der Methode im Blick und achten Sie darauf, die logische Linie konsequent zu verfolgen. Sie vereinfachen zu wollen, führt selten zum erwünschten Ergebnis.

Wie bei jeder effektiven Methode braucht es Übung und kontinuierliches Training. Nutzen Sie Gelegenheiten aus Ihrem beruflichen und privaten Alltag, um einzelne Gesprächssituationen bewusst nach der Methode zu gestalten. Laden Sie Kollegen, Freunde oder Teammitglieder ein, als Sparringspartner mit Ihnen zu üben – gezielt und schrittweise. Konzentrieren Sie sich dabei auf einzelne Phasen, bis Sie diese sicher anwenden können.

Nehmen Sie sich nach jeder Anwendung ein paar Minuten Zeit zur Reflexion: Was hat gut funktioniert? Wo könnten Sie noch klarer, strukturierter oder empathischer vorgehen? Diese kurze, gezielte Nachbereitung hilft Ihnen, Ihre Stärken auszubauen und mögliche Lücken gezielt zu schließen.

Mit jeder Anwendung werden Sie spüren, wie Sie an Sicherheit gewinnen und die Inhalte der einzelnen Phasen zu verinnerlichen beginnen – bis *Wirksam Inspirieren* nicht mehr nur eine Methode ist, sondern Teil Ihrer eigenen Haltung wird. Es lohnt sich.

7.3 Phase 1 – Einschwingen

Bevor Inspiration Wirkung entfalten kann, braucht es ein feines Gespür für die Situation, die Menschen und ihre Beweggründe. Das Einschwingen ist der bewusste Auftakt der Vorbereitung auf ein inspirierendes Gespräch – eine Phase der inneren und inhaltlichen Einstimmung. Es geht darum, sich auf den Gesprächspartner einzulassen, seine Perspektive einzunehmen und die gedanklichen und emotionalen Voraussetzungen zu schaffen, damit ein inspirierender Dialog überhaupt möglich wird.

Gleichzeitig bedeutet Einschwingen auch, sich selbst zu sortieren: sich der eigenen Ziele bewusst zu werden und diese in Resonanz mit dem Gesprächsverlauf zu bringen. Wer klar sieht, wohin er will, kann andere besser begleiten.

Das Einschwingen umfasst vier wesentliche Aspekte, die jeweils einen spezifischen Fokus haben und in den nächsten Abschnitten behandelt werden:

Zielsetzung Was möchte ich im Gespräch wirklich erreichen?

Perspektivenwechsel Wie erlebt mein Gegenüber die Situation?

Kognitive Stolpersteine Welche Denkverzerrungen könnten uns im Weg stehen?

Psychologische Taktiken Wie kann ich inspirierend und gezielt einwirken?

Phase 1. Einschwingen – Anleitung zur systematischen Planung

Um Ihre Vorbereitung klar und übersichtlich zu strukturieren, empfehle ich die Verwendung von Kärtchen, die zur Visualisierung und Organisation wichtiger Aspekte der geplanten Gesprächsführung dienen. Diese Kärtchen bieten Ihnen eine praktische Möglichkeit, zentrale Inhalte zu strukturieren und im Blick zu behalten.

Zur besseren Differenzierung könnten die Kärtchen entweder in vier unterschiedlichen Farben, mit farbigen Rahmen oder durch vier verschiedene Symbole gekennzeichnet werden. Die empfohlene Größe ist A6 (10,5 x 14,8 cm), da diese kompakt und handlich ist, gleichzeitig aber ausreichend Platz für Notizen bietet.

Im Querformat beschriftet, sollte jedes Kärtchen eine klare Struktur aufweisen: Eine prägnante Überschrift fasst den jeweiligen Schwerpunkt zusammen, während darunter die wichtigsten Notizen oder Stichpunkte für die Gesprächsführung aufgeführt werden.

Um Ihre Vorbereitung noch effektiver zu gestalten, empfehle ich zusätzlich die Nutzung eines Notizblocks sowie eines Whiteboards, einer Pinnwand oder einer Tischfläche, auf der die fertig beschrifteten Kärtchen übersichtlich angeordnet werden können.

Der Notizblock dient dazu, Ihre Gedanken, Ideen und Stichpunkte festzuhalten, um daraus den Leitfaden für die Gesprächsführung zu erstellen. Dies ermöglicht eine flexible Ideensammlung und verhindert, dass wichtige Aspekte übersehen werden.

Das Whiteboard, die Pinnwand oder die Tischfläche bieten ausreichend Platz, um die Kärtchen übersichtlich nach Themen, Prioritäten oder Gesprächsphasen anzuordnen. Dies bietet Ihnen nicht nur einen besseren Überblick, sondern erlaubt es auch, die Inhalte visuell zu organisieren und verschiedene Szenarien durchzuspielen.

Diese Methode ermöglicht eine klare und visuelle Darstellung der wichtigsten Punkte, erleichtert Ihnen die Vorbereitung und sorgt dafür, dass kein zentraler Aspekt vergessen wird. Mit dieser strukturierten Herangehensweise sind Sie bestens darauf vorbereitet, Ihren Leitfaden für das Gespräch zu erstellen.

7.3.1 Zielsetzung

Inspirierende Gespräche haben das Ziel, Veränderungen herbeizuführen oder fundierte Entscheidungen zu fördern. Ohne eine klare Zielsetzung laufen solche Gespräche Gefahr, sich im Kreis zu drehen und am Ende keine Fortschritte zu erzielen. Ein definiertes Ziel dient als roter Faden und stellt sicher, dass alle relevanten Aspekte berücksichtigt werden, wodurch Missverständnisse vermieden werden. Besonders in solchen Situationen droht der „Wir-Sind-Uns-Eh-Einig-Effekt" (Abschn. 5.6), bei dem wir fälschlicherweise annehmen, unser Gesprächspartner teile bereits unsere Sichtweise oder sei von unseren Vorschlägen überzeugt. Dies kann dazu führen, dass keine konkreten nächsten Schritte vereinbart werden und die gewünschten Ergebnisse ausbleiben.

Um dem entgegenzuwirken, ist es essenziell, von Anfang an klare Ziele zu setzen und diese transparent und gleichzeitig einfühlsam und positiv zu kommunizieren. Dadurch wird sichergestellt, dass die Gesprächsteilnehmer dieselben Erwartungen haben und aktiv auf ein gemeinsames Ergebnis hinarbeiten. Eine klare Zielsetzung erleichtert nicht nur die Strukturierung des Gesprächs, sondern fördert auch die Effektivität der Kommunikation, indem sie den Fokus auf die wesentlichen Themen lenkt und die Wahrscheinlichkeit erhöht, dass die gewünschten Veränderungen oder Entscheidungen tatsächlich umgesetzt werden.

Doch wie sollen wir unseren Gesprächspartner über unsere Zielsetzung informieren, ohne dass es wie eine einseitige Agenda oder gar ein Manipulationsversuch wirkt? Der Schlüssel liegt in Transparenz und Offenheit. Wenn wir unser Ziel klar, aber einladend formulieren und begründen, schaffen wir eine Gesprächsatmosphäre, die auf Respekt und Zusammenarbeit basiert.

Die Zielsetzung gibt dem Gespräch eine klare Richtung und dient als Kompass, der Sie durch den Dialog führt. Sie hilft nicht nur dabei, den Fokus zu bewahren, sondern auch, das Gespräch empathisch und effektiv zu gestalten. Ein klares Ziel ermöglicht es, sich auf die Bedürfnisse des Gesprächspartners einzulassen und gleichzeitig sicherzustellen, dass die ethischen Prinzipien gewahrt bleiben. Beantworten Sie die folgenden Fragen:

Was möchte ich mit diesem Gespräch erreichen? Definieren Sie konkret, welche Ergebnisse oder Fortschritte Sie sich vom Gespräch erhoffen. Dies gibt Ihnen eine klare Orientierung und hilft, den Fokus zu bewahren.

Welche Werte und Prinzipien möchte ich dabei berücksichtigen? Überlegen Sie, wie Sie das Gespräch im Einklang mit Ihren ethischen Grundsätzen gestalten können. Dies schließt den respektvollen Umgang mit der Perspektive des Gesprächspartners und die Wahrung seiner Autonomie ein.

Welche Vereinbarung könnte ich mit meinem Gesprächspartner am Ende des Gesprächs treffen? Denken Sie darüber nach, welche konkreten nächsten Schritte oder Ergebnisse am Ende des Gesprächs stehen sollten, um sicherzustellen, dass es nicht bei einem bloßen Austausch bleibt, sondern dass das Thema vorankommt und weiterentwickelt wird. Es ist hilfreich, eine Bandbreite möglicher Vereinbarungen zu definieren, die von minimalen Fortschritten bis hin zu ambitionierteren Ergebnissen reicht.

Überlegen Sie sich Ziele für den Fall, dass das Gespräch sehr positiv verläuft und Ihr Gegenüber bereit ist, einen großen Schritt zu setzen. Welche weitreichenden Schritte könnten hier sinnvoll sein, um die positive Dynamik zu nutzen? Gleichzeitig sollten Sie auch ein eher minimalistisches Ziel festlegen, das zeigt, dass zumindest ein kleiner Fortschritt erzielt wurde – beispielsweise ein nächster Gesprächstermin, ein erster Ansatzpunkt für eine Lösung oder die Zusage, ein spezifisches Thema weiter zu prüfen.

Indem Sie diese Bandbreite der möglichen Vereinbarungen vorab definieren, schaffen Sie Flexibilität und sind auf verschiedene Gesprächsverläufe vorbereitet. Dies gibt Ihnen die Möglichkeit, einen konkreten Schritt nach vorne zu gehen. Denken Sie daran, dass selbst kleine Schritte vom Unterbewusstsein wahrgenommen werden und die Selbstwahrnehmung Ihres Gesprächspartners positiv beeinflussen können, was letztlich zu einem Durchbruch führt. Oftmals sind es die scheinbar unbedeutenden Veränderungen in unserem Verhalten oder Denken, die den ersten Anstoß zu größeren Entwicklungen geben.

Eine klar definierte Zielsetzung ist entscheidend für den Erfolg eines Gesprächs. Ebenso wichtig ist jedoch die Art und Weise, wie sie vermittelt wird. Formulieren Sie Ihr Gesprächsziel so, dass es nicht als starre Agenda erscheint, sondern als Einladung zu einem offenen und konstruktiven Dialog. Transparenz spielt dabei eine zentrale Rolle, da sie Vertrauen schafft und die Zusammenarbeit fördert. Ihr Gegenüber sollte Ihre Absichten nachvollziehen können und sich aktiv in das Gespräch einbezogen fühlen. Achten Sie jedoch darauf, dass eine zu direkte oder fordernde Formulierung Widerstände hervorrufen und den Gesprächsverlauf erschweren kann. Wenn die Zielsetzung hingegen gemeinsam erarbeitet und offen kommuniziert wird, entwickelt sich das Gespräch zu einer kooperativen Suche nach Lösungen, anstatt in eine einseitige Überzeugungsarbeit zu münden.

Indem Sie sich vorab mit diesen Themen befassen, schaffen Sie die Grundlage für ein Gespräch, das nicht nur effizient und zielgerichtet ist, sondern auch Wertschätzung und Transparenz vermittelt. So legen Sie den Grundstein für konstruktive Ergebnisse und eine nachhaltige Weiterentwicklung des Themas.

Phase 1.1. Zielsetzung – Anleitung zur systematischen Planung

1. Erstellen Sie das Kärtchen „1. Zielsetzung:"
Schreiben Sie „1. Zielsetzung:" gut sichtbar als Überschrift in die obere linke Ecke des Kärtchens. Formulieren Sie daneben Ihre spezifische Zielsetzung für das Gespräch. Diese sollte klar, prägnant und ergebnisorientiert sein.
   Stellen Sie sicher, dass Ihre Zielsetzung offen, kooperativ, klar, ergebnisorientiert und nachvollziehbar formuliert ist.

2. Ethische Aspekte
Unterhalb der Zielsetzung schreiben Sie „Ethische Aspekte:". Listen Sie daneben die ethischen Aspekte auf, die Sie im Gespräch berücksichtigen möchten.
   Typische Beispiele für ethische Überlegungen sind:

Transparenz: Absichten und Hintergründe ehrlich benennen
Respektvoller Umgang: Dem Gegenüber auf Augenhöhe begegnen, unabhängig von Meinung oder Position
Offenheit für neue Perspektiven: Nicht nur überzeugen wollen, sondern auch verstehen wollen
Autonomie wahren: Den Gesprächspartner nie zu etwas drängen oder manipulieren

   Stellen Sie sicher, dass Ihre Zielsetzung im Einklang mit dem Wohl Ihres Gegenübers steht und beachten Sie die ethischen Prinzipien von *Wirksam Inspirieren* (Abschn. 3.1).

3. Bandbreite der möglichen Vereinbarungen definieren
Schreiben Sie darunter „Bandbreite der möglichen Vereinbarungen:". Listen Sie drei Zielstufen auf:

- Pragmatisches Ziel: Legen Sie ein realistisches und gut erreichbares Ergebnis fest, das Sie im Gespräch anstreben wollen.
- Ambitioniertes Ziel: Beschreiben Sie das ideale Ergebnis, das Sie erreichen könnten.
- Minimalistisches Ziel: Formulieren Sie einen kleinen, aber dennoch wertvollen Fortschritt.

4. Visuelle Anordnung der Kärtchen
Teilen Sie eine freie Fläche – z. B. einen Tisch, eine Pinnwand oder ein Whiteboard – gedanklich in vier horizontale Bahnen.
   Platzieren Sie das Kärtchen „Zielsetzung:" links in der obersten Bahn.

7.3.2 Perspektivenwechsel

Durch das Einnehmen der Perspektive des anderen wird nicht nur das gegenseitige Verständnis vertieft, sondern auch die Grundlage für eine tiefere und empathischere Kommunikation gelegt. Dieser Schritt fördert die Fähigkeit, den Gesprächspartner wirklich zu verstehen und zu inspirieren.

Die Dimensionen des Perspektivenwechsels haben wir bereits ausführlich in Kap. 4 behandelt. Dort wurden sowohl die theoretischen Grundlagen als auch die praktischen Aspekte dieses Prozesses im Zusammenhang mit Inspiration vertieft, sodass Sie sich auf eine fundierte Basis stützen können, um den Perspektivenwechsel erfolgreich anzuwenden.

Um den Perspektivenwechsel effektiv zu gestalten, orientieren Sie sich an der folgenden Anleitung. Sie führt Sie durch die verschiedenen Dimensionen der Perspektive Ihres Gesprächspartners und unterstützen Sie dabei, relevante Aspekte systematisch zu reflektieren und gezielt in Ihre Gesprächsführung einzubinden.

Phase 1.2. Perspektivenwechsel – Anleitung zur systematischen Planung

1. Gehen Sie zunächst die verschiedenen Aspekte der Perspektive Ihres Gegenübers der Reihe nach durch. Lesen Sie bei Bedarf den entsprechenden Abschnitt in Kap. 4. Überlegen Sie, welche Bedeutung diese einzelnen Aspekte für Ihr geplantes Gespräch haben und wie sie das Verhalten sowie die Entscheidungen Ihres Gesprächspartners beeinflussen könnten:

   Selektive Wahrnehmung (Abschn. 4.1)
   Motivationsmuster (Abschn. 4.2)
   Feste Aktionsmuster (Abschn. 4.3)
   Persönliche Werte und Motivationsmuster (Abschn. 4.4)
   Wünsche und Ziele (Abschn. 4.5)
   Ängste und Sorgen (Abschn. 4.6)
   Glaubenssätze (Abschn. 4.7)
   Die emotionale Verfassung des Gesprächspartners (Abschn. 4.8)
   Die eigene emotionale Verfassung (Abschn. 4.8)

2. Verwenden Sie eine der drei noch vorhandenen Farben für die Kärtchen, die Sie für den Perspektivenwechsel erstellen. Das erleichtert die visuelle Organisation und Zuordnung.

3. Erstellen Sie für jeden Aspekt, der für Ihr Gespräch besonders wichtig oder relevant erscheint, ein eigenes Kärtchen.
   Notieren Sie den Aspekt (z. B. „Wünsche und Ziele") gut sichtbar als Überschrift. Halten Sie darunter fest, worauf Sie in Ihrer Gesprächsführung im Zusammenhang mit diesem Aspekt besonders achten sollten, um die Perspektive des Gesprächspartners in diesem Bereich zu verstehen und gezielt darauf einzugehen.

4. Platzieren Sie die Kärtchen – wie in Abb. 7.1 (Abb. 7.1) dargestellt – in einer Reihe auf der zweiten Bahn, also direkt unterhalb der Reihe „Zielsetzung". Diese übersichtliche Darstellung ermöglicht es Ihnen, die verschiedenen Aspekte des Perspektivenwechsels auf einen Blick zu erfassen und Ihre Gesprächsstrategie entsprechend zu planen.

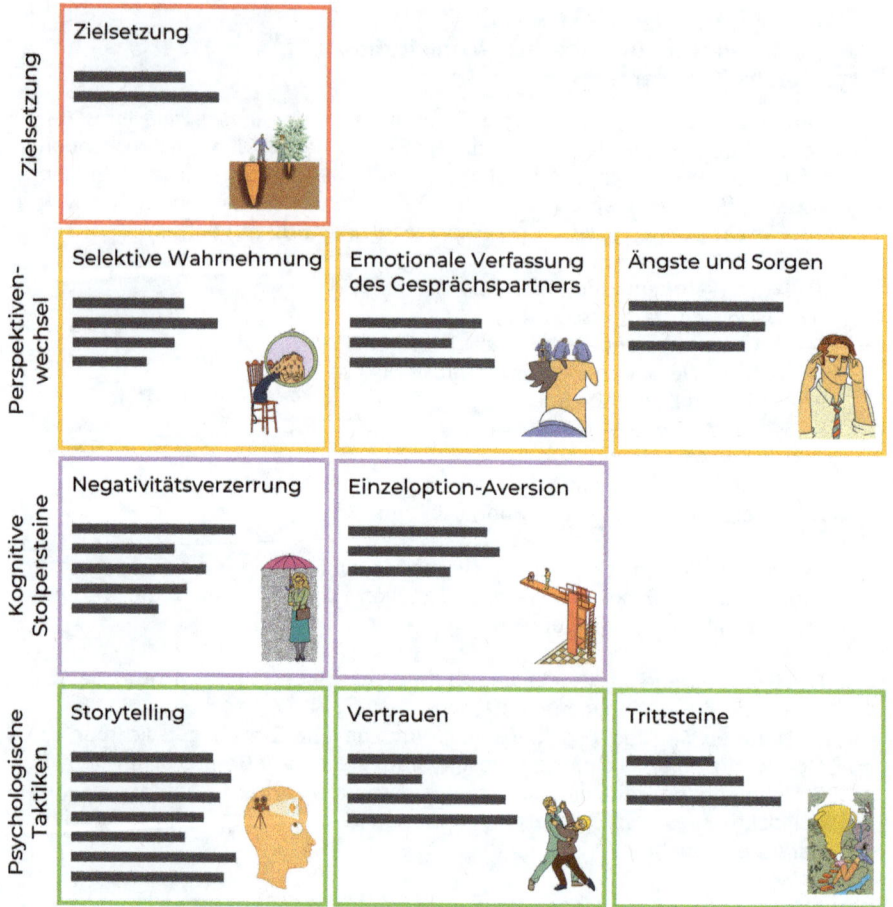

Abb. 7.1 Beispiel für die Platzierung der Karten

7.3.3 Kognitive Stolpersteine

Die bewusste, proaktive Auseinandersetzung mit den kognitiven Verzerrungen, die den Entscheidungsprozess beeinflussen können, ist ein wichtiger Schritt, um Menschen effizient, respektvoll und unterstützend auf ihrem Weg zu einer reflektierten Entscheidung oder Veränderung zu begleiten. Diese Verzerrungen wirken oft unbewusst und können den Blick auf wichtige Aspekte einschränken. Wenn wir uns jedoch ihrer bewusst werden, können wir den Entscheidungsprozess gezielt unterstützen und Menschen dabei helfen, zu differenzierteren und zu ausgewogeneren Entscheidungen zu gelangen.

Die im Rahmen der Methode *Wirksam Inspirieren* besonders wichtigen kognitiven Verzerrungen wurden im Kap. 5 ausführlich beschrieben. Wenn Sie sich dieser kognitiven Verzerrungen bewusstwerden und einen sorgsamen Umgang mit ihnen pflegen, legen Sie den Grundstein für einen Entscheidungsprozess, der Ihre Gesprächspartner aktiv unterstützt. Auf diese Weise können Sie helfen, den Blick zu erweitern, kognitive Hindernisse zu überwinden, Stolpersteine der Wahrnehmung zu umgehen und den Weg zu fundierteren und durchdachteren Entscheidungen zu ebnen.

Folgen Sie der nachstehenden Anleitung, um systematisch über mögliche kognitive Hindernisse und Stolpersteine nachzudenken und Ihre Vorgehensweisen gezielt in die Gesprächsführung zu integrieren.

Phase 1.3. Kognitive Stolpersteine – Anleitung zur systematischen Planung

1. Gehen Sie die im Kap. 5 beschriebenen Phänomene systematisch durch. Überlegen Sie sich, wie jeder einzelne dieser Stolpersteine den Entscheidungsprozess Ihres Gesprächspartners beeinflussen und inwiefern er Hindernisse auf dem Weg zur Veränderung darstellen könnte:

   Verlustaversion (Abschn. 5.1)
   Veränderungsresistenz (Abschn. 5.2)
   Negativitätsverzerrung (Abschn. 5.3)
   Selbstwahrnehmung und Verhalten (Abschn. 5.4)
   Optimismusverzerrung (Abschn. 5.5)
   False Consensus Effect (Abschn. 5.6)
   Bestätigungsverzerrung (Abschn. 5.7)
   Sunk Cost Fallacy (Abschn. 5.8)
   Mehrdeutigkeitsaversion (Abschn. 5.9)
   Kognitive Dissonanz (Abschn. 5.10)
   Einzeloption-Aversion (Abschn. 5.11)
   Asymmetrischer Dominanzeffekt (Abschn. 5.12)
   Commitment and Consistency (Abschn. 5.13)
   Gegenseitigkeit (Abschn. 5.14)
   Soziale Bestätigung (Abschn. 5.15)
   Priorisierung und Dringlichkeit (Abschn. 5.16)
   Unklarheitsaversion (Abschn. 5.17)

2. Verwenden Sie eine der zwei verbleibenden Farben für die Kärtchen, die Sie für kognitive Verzerrungen erstellen. Das erleichtert die visuelle Organisation und Zuordnung.

3. Erstellen Sie für jede der kognitiven Verzerrungen, die Ihnen im Kontext Ihres geplanten Gesprächs besonders relevant erscheint, ein eigenes Kärtchen. Notieren Sie die Verzerrung (z. B. „Verlustaversion") gut sichtbar als Überschrift.
   Schreiben Sie darunter, welche Punkte Sie in Ihrer Gesprächsführung im Zusammenhang mit dieser kognitiven Verzerrung besonders beachten wollen. Hinweise zum Umgang mit den kognitiven Verzerrungen finden Sie in den relevanten Abschnitten von Kap. 5.

4. Achten Sie auf den verantwortungsvollen Umgang mit Einfluss.
   Stellen Sie sicher, dass der gezielte Umgang mit kognitiven Verzerrungen mit den ethischen Prinzipien übereinstimmt, die Sie in der Zielsetzung (Phase 1) für Ihre Gesprächsführung definiert haben.
   Reflektieren Sie insbesondere:

   Unterstützt Ihre Gesprächsplanung die Selbstbestimmung und das Wohl Ihres Gesprächspartners?
   Handeln Sie im Sinne von Offenheit, Transparenz und Fairness?
   Bleiben Sie Ihrer eigenen ethischen Haltung treu – auch dann, wenn es taktisch herausfordernd wird?

5. Platzieren Sie die Kärtchen – wie in Abb. 7.1 (Abb. 7.1) dargestellt – in einer Reihe auf der dritten Bahn direkt unterhalb der Reihe „Perspektivenwechsel".

7.3.4 Psychologische Taktiken

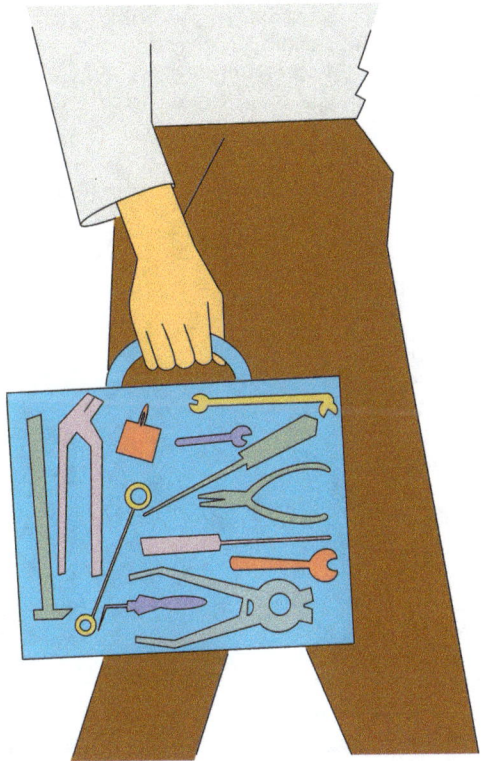

In der Kommunikation spielen psychologische Effekte eine entscheidende Rolle, wenn es darum geht, Vertrauen aufzubauen, Menschen zu inspirieren und nachhaltige Veränderungen zu fördern. Jeder von uns ist in seiner Wahrnehmung, Entscheidungsfindung und Handlungsweise von unbewussten Mechanismen beeinflusst, die oft unsere Gedanken und Absichten leiten.

Im Kap. 6 wurden psychologische Effekte, die in der Methode *Wirksam Inspirieren* eine maßgebliche Rolle spielen, detailliert erläutert. Indem Sie sich mit diesen Effekten vertraut machen und sie gezielt einsetzen, legen Sie eine weitere stabile Grundlage für Ihre Fähigkeit, Gesprächspartner aktiv zu fördern, zu unterstützen und zu inspirieren.

Folgen Sie der nachstehenden Anleitung, um systematisch über mögliche psychologische Taktiken nachzudenken und Ihre Vorgehensweisen gezielt in die Gesprächsführung zu integrieren.

Phase 1.4. Psychologische Taktiken – Anleitung zur systematischen Planung

1. Gehen Sie die im Kap. 6 beschriebenen psychologischen Taktiken der Reihe nach durch. Überlegen Sie sich im Kontext des spezifischen Gesprächs, wie jede dieser Taktiken den Entscheidungsprozess Ihres Gesprächspartners beeinflussen könnte und wie Sie diese gezielt in Ihre Gesprächsführung einfließen lassen können:

   Vertrauen (Abschn. 6.1)
   Sympathie (Abschn. 6.2)
   Autorität (Abschn. 6.3)
   Neugier (Abschn. 6.4)
   Begrenzte Gelegenheit (Abschn. 6.5)
   Labeling (Abschn. 6.6)
   Impfen (Abschn. 6.7)
   Voraktivierung (Abschn. 6.8)
   Ankereffekt (Abschn. 6.9)
   Chamäleon-Effekt (Abschn. 6.10)
   Aufmerksamkeit (Abschn. 6.11)
   Gleichgültigkeit (Abschn. 6.12)
   Mitwirkung und Ownership (Abschn. 6.13)
   Trittsteine (Abschn. 6.14)
   Auswahl gestalten (Abschn. 6.15)
   Begründung (Abschn. 6.16)
   Mit Fragen führen (Abschn. 6.17)
   Storytelling (Abschn. 6.18)

2. Verwenden Sie die letzte vorhandene Farbe für die Kärtchen, die Sie für psychologische Taktiken erstellen. Das erleichtert die visuelle Organisation und Zuordnung.

3. Erstellen Sie für jede der psychologischen Taktiken, die Ihnen im Kontext des spezifischen Gesprächs besonders relevant erscheint, ein eigenes Kärtchen.
   Notieren Sie die psychologische Taktik (z. B. „Sympathie") gut sichtbar als Überschrift. Schreiben Sie darunter, wie Sie in Ihrer Gesprächsführung diese psychologische Taktik anwenden wollen.

4. Achten Sie auf den verantwortungsvollen Umgang mit Einfluss.
   Stellen Sie sicher, dass der Einsatz der psychologischen Taktiken im Einklang mit den ethischen Prinzipien, die Sie in der Zielsetzung (Phase 1) für Ihre Gesprächsführung definiert haben, steht.
   Reflektieren Sie insbesondere:

   Unterstützt Ihre Gesprächsplanung die Selbstbestimmung und das Wohl Ihres Gesprächspartners?
   Handeln Sie im Sinne von Offenheit, Transparenz und Fairness?
   Bleiben Sie Ihrer eigenen ethischen Haltung treu – auch dann, wenn es taktisch herausfordernd wird?

5. Platzieren Sie die Kärtchen – wie in Abb. 7.1 (Abb. 7.1) dargestellt – in einer Reihe auf der vierten Bahn direkt unterhalb der Reihe „Kognitive Verzerrungen".

6. Gehen Sie jetzt die Kartenreihen für „Perspektivenwechsel", „Kognitive Verzerrungen" und „Psychologische Taktiken" einzeln durch. Ordnen Sie die Kärtchen in jeder Reihe von links nach rechts entsprechend ihrer Priorität, sodass das Kärtchen mit der höchsten Priorität jeweils ganz links in der jeweiligen Reihe angeordnet ist. Diese Priorisierung hilft Ihnen, sich bei der Gesprächsführung gezielt auf die wichtigsten Aspekte zu konzentrieren und Ihre Strategie entsprechend zu planen, ohne sich zu verzetteln.

7. Die Karten, nach absteigender Priorität auf den vier Bahnen angeordnet, repräsentieren das Ergebnis der der Phase „Einschwingen". Diese strukturierte Vorbereitung bildet die Grundlage für die kommenden Phasen von *Wirksam Inspirieren* und unterstützt Sie dabei, ein effektives Konzept für Ihre Gesprächsführung zu entwickeln.

In „Phase 1 – Einschwingen" haben Sie nun eine klare und durchdachte Struktur geschaffen, die sich in den Kärtchen auf vier horizontal angeordneten Bahnen widerspiegelt. Diese visuelle Übersicht gibt Ihnen einen klaren Überblick darüber, wie Sie den Fokus Ihres Gesprächspartners auf die Entscheidungsfindung lenken können. Durch die gezielte Ansprache seines intuitiven Denkens unterstützen Sie Ihren Gesprächspartner dabei, sein bewusstes Denken auf eine rationale Auseinandersetzung mit der Entscheidung zu fokussieren. Das Ziel ist es, den Gesprächspartner im Entscheidungsprozess zu begleiten, ihn zur gründlichen Reflexion anzuregen und ihm zu helfen, eine fundierte Entscheidung zu treffen.

Diese Einschwingphase bildet den Ausgangspunkt für die nachfolgende Analyse, bei der wir das analytische, zentrale Denken des Gesprächspartners weiter unterstützen. Die methodische Vorgehensweise, die in den folgenden Abschnitten detailliert beschrieben wird, hilft uns, das zentrale Denken direkt zu begleiten und die Entscheidungsfindung durch gezielte Impulse zu fördern. In den Phasen 2 bis 8 der Methode *Wirksam Inspirieren* werden wir uns intensiv damit beschäftigen, wie wir das zentrale Denken noch gezielter anregen und die Entscheidungsfindung effizient begleiten können.

Zusammen ergibt sich so eine systematische, aber zugleich flexible Herangehensweise, die es uns ermöglicht, sowohl das periphere als auch das zentrale Denken anzusprechen. Diese ganzheitliche Vorgehensweise stellt sicher, dass der gesamte Entscheidungsprozess unterstützt wird und letztlich eine gut durchdachte Entscheidung getroffen werden kann.

7.4 Phase 2 – Interesse wecken und erste Impulse setzen

Die Schaffung einer emotionalen Verbindung ist eine essenzielle Grundlage, um Vertrauen und Offenheit in einem Gespräch zu fördern. Diese Phase der Methode *Wirksam Inspirieren* konzentriert sich auf drei wesentliche Schwerpunkte:

1. Vereinbaren Sie das Ziel des Gesprächs
Das Ziel des Gesprächs wird klar und offen kommuniziert und mit dem Gesprächspartner vereinbart. Es können Bewertungskriterien für das Ergebnis des Gesprächs formuliert und vereinbart werden, um die Erwartungen beider Parteien zu klären und eine gemeinsame Ausrichtung zu gewährleisten.

Beispiel aus dem Verkauf Ein Verkaufsberater beginnt das Gespräch mit einem potenziellen Kunden folgendermaßen: „Vielen Dank, dass Sie sich heute Zeit für unser Gespräch nehmen. Mein Ziel für unser Gespräch ist es, gemeinsam herauszufinden, wie Ihr Unternehmen von unseren Lösungen profitieren könnte und inwieweit eine Zusammenarbeit im gegenseitigen Interesse stehen würde. Sind Sie damit einverstanden, dass wir unser Gespräch in diesem Sinne führen?"

Diese Herangehensweise schafft Transparenz, klärt die Erwartungen und legt den Fokus auf eine kooperative Gesprächsführung. Zusätzlich sollten Sie Ihren Gesprächspartner fragen, welche Aspekte ihm im Gespräch besonders wichtig sind, um seine individuellen Bedürfnisse und Prioritäten besser zu verstehen. Dies ermöglicht es Ihnen, das Gespräch gezielt auf die relevanten Themen auszurichten und eine noch effektivere Kommunikation zu gewährleisten.

2. Wecken Sie Interesse und bauen Sie Beziehung auf
Durch einen ersten Austausch über ein Thema, das für den Gesprächspartner eine hohe persönliche Relevanz hat, wird eine Atmosphäre geschaffen, die Neugier, Interesse und Offenheit fördert. Das ist ein entscheidender Schritt, um den Gesprächspartner auf einer persönlichen Ebene zu erreichen und ihn für die weitere Auseinandersetzung zu gewinnen.

Ein Beispiel aus dem Verkauf Ein Verkaufsberater möchte einem potenziellen Kunden vermitteln, wie sein Produkt oder Dienstleistung ein hartnäckiges Problem lösen kann – zum Beispiel Fehlerquoten in der Produktion. Er setzt auf Storytelling (Abschn. 6.18): „Ich möchte Ihnen kurz von einem unserer Kunden erzählen, der ein ganz ähnliches Problem hatte: Er kämpfte wochenlang mit einer ärgerlich hohen Fehlerquote im Produktionsablauf, was nicht nur viel Geld kostete, sondern auch längere Lieferzeiten verursachte. Nachdem wir gemeinsam analysierten, an welchen Stellen die Fehler passierten, konnten wir mithilfe unserer Produkte eine Lösung implementieren. Innerhalb weniger Wochen ging der Ausschuss um über 90 % zurück, und die Produktionslinie lief wesentlich reibungsloser. Das Beste daran: Die Produktionsmitarbeiter waren begeistert, weil sie sich endlich wieder auf ihre eigentlichen Aufgaben konzentrieren konnten, statt andauernd Probleme zu beheben."

Durch ein prägnantes Storytelling (Abschn. 6.18) über ein Thema, das für Ihren Gesprächspartner eine hohe Priorität darstellt, gewinnen Sie nicht nur sein Interesse, sondern holen ihn emotional ab.

3. Setzen Sie erste Impulse
Subtile Reize, die gezielt auf die Werte, Interessen und Ziele des Gesprächspartners abgestimmt sind, steigern dessen Neugier und Bereitschaft, sich mit neuen Ideen und Perspektiven auseinanderzusetzen. Diese ersten Impulse legen den Grundstein für die weitere Diskussion und eröffnen Möglichkeiten für die Entwicklung von Lösungen.

Ein weiteres Beispiel aus dem Verkauf Ein Verkaufsberater möchten dem potenziellen Kunden nahelegen, wie sein Produkt ein wiederkehrendes und frustrierendes Problem erfolgreich lösen kann. Anstatt direkt alle Vorteile aufzulisten, setzt er einen gezielten Impuls in Form einer kurzen Geschichte über ähnliche Kunden. Er sagt: „Viele Firmen aus Ihrer Branche setzen auf unser Produkt, wenn sie feststellen, welche vermeidbaren, ärgerlichen Kosten ihnen dadurch entstehen, dass ihre Mitarbeiter jeden Tag Stunden damit verbringen, nach Informationen zu suchen und Daten aus verschiedenen Quellen manuell zusammenzuführen. Nachdem sie unsere Software integrieren, stellen sie fest, dass das Team diese Aufgabe in weniger als 20 min erledigt. Unser Produkt bringt nicht nur enorme Entlastung, sondern die Mitarbeiter können sich endlich auf ihre eigentlichen Kernaufgaben konzentrieren, anstatt sich durch endlose manuelle Arbeit zu quälen." Nach einer bewussten kurzen Pause, fragt er: „Glauben Sie, dass ein solcher Ansatz auch in Ihrem Unternehmen zu einer deutlichen Zeitersparnis und mehr Motivation führen könnte?"

Der Verkaufsberater setzt einen ersten Impuls, indem er mithilfe einer Erzählung die Nutzen des Produkts kurz auf den Punkt bringt und anschließend die Frage stellt: „Wäre das auch für Sie interessant?" Dieser Denkanstoß macht den Kunden neugierig auf mehr Informationen und regt ihn an, weiter nachzudenken, anstatt sich vorschnell gegen das Angebot zu entscheiden.

Erzählungen sind ein wirkungsvolles Mittel, um die oben erwähnten Punkte 2 und 3 umzusetzen (Abschn. 6.18). Sie schaffen nicht nur eine emotionale Verbindung und wecken Interesse, sondern setzen auch erste Impulse. Indem Geschichten erzählt werden, die positive Möglichkeiten und Erfolgserlebnisse in vergleichbaren Situationen aufzeigen, wird eine Grundlage geschaffen, die den Gesprächspartner emotional anspricht und sein Interesse weckt.

> **Phase 2. Interesse Wecken und erste Impulse setzen – Anleitung zur Vorbereitung Ihrer Geschichte**
>
> 1. **Analysieren Sie anhand der Kärtchen die Situation**
>   Beginnen Sie damit, die Kärtchen Ihrer Vorbereitung gedanklich durchzugehen und die spezifische kommunikative Herausforderung in der vorliegenden Situation zu erfassen. Welche zentralen Aspekte oder Themen sind relevant, und wie können Sie diese mit einer Geschichte verknüpfen?
>
> 2. **Wählen Sie eine authentische Geschichte aus**
>   Wählen Sie sich eine passende, authentische Geschichte (Abschn. 6.18), die bereits zu Beginn des Gesprächs Interesse weckt und neue Perspektiven eröffnet. Achten Sie darauf, dass die Geschichte Ihre Botschaft emotional nachvollziehbar macht, ohne Widerstände hervorzurufen.

3. **Definieren Sie Botschaft und Impulse**
Reflektieren Sie, welche Impulse Sie mit Ihrer Geschichte setzen möchten. Wie kann die Erzählung die Assoziationsmaschine (Abschn. 2.6) Ihres Gesprächspartners aktivieren und einen Bezug zu seiner Situation herstellen?

4. **Notieren Sie Ihre Geschichte**
Notieren Sie auf einem separaten Blatt zunächst die Überschrift: „2. Interesse wecken und Impulse setzen". Ergänzen Sie darunter die zentralen Punkte Ihrer Geschichte, einschließlich:

Der Hauptbotschaft, die Sie vermitteln möchten.
Der relevanten Details, die Ihre Geschichte lebendig und einprägsam machen.
Der gewünschten Impulse und Verknüpfungen zur Situation des Gesprächspartners.

5. **Prüfen Sie die Geschichte und passen Sie sie an**
Überlegen Sie, ob die Geschichte in direktem Bezug zum Gesprächsthema steht und ob die gewünschte Wirkung erzielt werden kann. Falls nötig, passen Sie die Details so an, dass die Geschichte die Aufmerksamkeit Ihres Gegenübers auf relevante Themen lenkt und eine inspirierende Grundlage für das Gespräch schafft.
  Dieser strukturierte Ansatz hilft Ihnen, Ihre Botschaft präzise und wirkungsvoll zu kommunizieren und gleichzeitig die Verbindung zu Ihrem Gesprächspartner zu stärken.

7.5 Phase 3 – Prioritäten verstehen: Menschen dort abholen, wo ihre Gedanken sind

Um Menschen wirksam inspirieren zu können, ist es entscheidend, ihre aktuellen Prioritäten zu verstehen. An diesem Punkt der Methode *Wirksam Inspirieren* steht die Wahrnehmungserkundung im Mittelpunkt. Es geht darum, durch gezielte Situationsfragen herauszufinden, wie die andere Person ihre Situation wahrnimmt, welche Bedürfnisse und Ziele sie hat und welche Emotionen ihre Entscheidungen beeinflussen.

Situationsfragen sind ein unverzichtbares Werkzeug, um die Gedankenwelt des Gesprächspartners zu erkunden. Sie dienen dazu, wertvolle Hinweise auf die Umstände und Prioritäten zu gewinnen, die für die Person im Moment von Bedeutung sind. Besonders zu Beginn eines Gesprächs entfalten diese Fragen ihre volle Wirkung: Sie schaffen Klarheit, fördern ein besseres Verständnis der aktuellen Sichtweise des Gegenübers und signalisieren echtes Interesse an dessen individuelle Situation. Dadurch legen Sie nicht nur die Grundlage für Vertrauen und Offenheit, sondern identifizieren auch die Themen, die für Ihren Gesprächspartner gerade besonders relevant sind. Dieses Verständnis ist von immenser Bedeutung, um Ihre Ansprache an die emotionale Lage des Gegenübers anzupassen. Indem Sie gezielt an dessen aktuellen Prioritäten anknüpfen, gewinnen Sie nicht nur seine Aufmerksamkeit, sondern schaffen eine Verbindung, die den weiteren Gesprächsverlauf positiv beeinflusst.

Einfache Fragen wie etwa „Was sind denn Ihre aktuellen Themen?" oder „Was tut sich derzeit in Ihrer Branche?" können den Gesprächspartner dazu anregen, offen über die aktuellen Entwicklungen und Themen, die ihn beschäftigen, zu sprechen. Häufig führt dies dazu, dass er auch Einblicke in seine Situation und seine Gedanken gibt und darüber reflektiert, welchen Herausforderungen momentan seine besondere Aufmerksamkeit gilt. Solche Fragen eröffnen nicht nur ein Gespräch, sondern schaffen eine Basis für gegenseitiges Verständnis und ermöglichen es, sich intensiver mit den relevanten Themen des Gegenübers auseinanderzusetzen.

Situationsfragen nutzen die menschliche Tendenz, sich auf die eigene Erfahrung und Wahrnehmung zu fokussieren. Menschen sprechen im Allgemeinen gerne über sich selbst, da dies in ihnen positive Emotionen auslöst. Wenn dies freiwillig geschieht, aktiviert es das Belohnungssystem im Gehirn – einen neuronalen Mechanismus, der für angenehme Gefühle sorgt, sobald wir etwas tun, das als lohnend empfunden wird. Dieses System wird durch Botenstoffe und Gehirnströme angeregt, die eine zentrale Rolle dabei spielen, Freude und Zufriedenheit zu empfinden. Stellen Sie Fragen, wie „Wie gehen Sie mit … um?" oder „Welche Erfahrungen haben Sie mit … gemacht?", um Ihrem Gesprächspartner zu ermöglichen, seine Sichtweise darzulegen und so eine positive Gesprächsatmosphäre zu schaffen. Die Aktivierung des Belohnungssystems durch das Erzählen eigener Erfahrungen fördert dabei Offenheit und Vertrauen und lässt ein zielführendes Gespräch entstehen.

Während Situationsfragen eine wertvolle Ressource sind, erfordern sie sorgfältige Vorbereitung und gezielten Einsatz. Zu viele oder unnötige Fragen können nicht nur das Interesse des Gesprächspartners mindern, sondern auch den Eindruck vermitteln, dass Sie unvorbereitet sind. Informieren Sie sich umfassend über die grundlegenden Fakten und die aktuelle Situation Ihres Gesprächspartners. Diese Vorbereitung ermöglicht es Ihnen, redundante Fragen zu vermeiden und stattdessen gezielt solche Themen anzusprechen, die für Ihr Ziel und die Interessen des Gegenübers von Bedeutung sind. Auf diese Weise wird das Gespräch nicht nur relevanter, sondern auch wertschätzender und effizienter.

Indem Sie sich zuvor umfassend auf das Gespräch vorbereiten und gezielte Fragen stellen, vermitteln Sie Ihrem Gegenüber, dass Sie seine Zeit respektieren und sein Anliegen ernst nehmen. Diese Herangehensweise schafft nicht nur eine Atmosphäre der Wertschätzung, sondern weckt auch das Gefühl, dass das Gespräch für ihn einen konkreten Mehrwert bietet. Ein gut vorbereitetes Gespräch signalisiert Ihrem Gesprächspartner, dass Sie dessen Bedürfnisse im Blick haben und bereit sind, gemeinsam an relevanten Lösungen zu arbeiten.

Diese Herangehensweise trägt wesentlich dazu bei, als ein geschätzter und kompetenter Gesprächspartner wahrgenommen zu werden. Indem Sie die Zeit und die Perspektive Ihres Gegenübers respektieren, schaffen Sie nicht nur Vertrauen, sondern positionieren sich als jemand, der echten Mehrwert bietet und konstruktive Gespräche auf Augenhöhe fördert.

Gezielte Situationsfragen sind also kein Selbstzweck. Sie sind viel mehr ein sorgfältig eingesetztes Werkzeug, mit dem Sie den Gesprächspartner dort abholen, wo er sich aktuell gedanklich befindet, und ihn in Richtung einer gemeinsamen Lösung begleiten. Wenn sie mit einer klaren Zielsetzung und echtem Interesse eingesetzt werden, fördern Situationsfragen nicht nur das Verständnis, sondern legen auch den Grundstein für eine produktive und wertschätzende Kommunikation.

Was aber, wenn die Antworten Ihres Gesprächspartners nicht mit den Impulsen übereinstimmen, die Sie mit Ihrer Erzählung setzen wollten? In diesem Fall können Sie flexibel reagieren und das Thema, das Ihr Gesprächspartner auf Ihre Situationsfrage hin erwähnt hat, aufgreifen. Nutzen Sie diese neue Information als Ausgangspunkt, um eine weitere Erzählung zu teilen, die subtil auf das Thema hinführt, das Sie ansprechen möchten.

Durch diese neue Geschichte schaffen Sie eine Brücke zwischen den Interessen und Perspektiven Ihres Gesprächspartners und Ihrer ursprünglichen Botschaft. Diese sanfte Überleitung ermöglicht es, die Aufmerksamkeit neu zu fokussieren, ohne den Gesprächsfluss zu stören.

Nachdem Sie die neue Geschichte erzählt haben, stellen Sie eine weitere Situationsfrage, die sich auf die neue Erzählung bezieht. Diese Frage dient dazu, herauszufinden, ob es Ihnen gelungen ist, das Interesse Ihres

Gesprächspartners auf das gewünschte Thema zu lenken. Auf diese Weise bleiben Sie flexibel und können das Gespräch dynamisch und zielgerichtet steuern, ohne die Verbindung zu Ihrem Gesprächspartner zu verlieren.

Der nächste Schritt der Methode *Wirksam Inspirieren* führt Sie zur Problemerkundung. Aufbauend auf den Erkenntnissen aus der Wahrnehmungserkundung, zielt die Problemerkundung darauf ab, die Herausforderungen und zentralen Anliegen Ihres Gesprächspartners detaillierter zu verstehen.

Phase 3: Prioritäten verstehen – Anleitung zur Vorbereitung Ihrer Situationsfragen

1. **Analysieren Sie anhand der Kärtchen die Situation**
   Beginnen Sie damit, die Kärtchen Ihrer Vorbereitung durchzugehen, insbesondere jene zu „Perspektivenwechsel". Reflektieren Sie, welche zentralen Aspekte oder Themen für Ihren Gesprächspartner relevant sein könnten.

2. **Entwickeln Sie gezielte Situationsfragen**
   Überlegen Sie sich, welche Fragen Ihrem Gesprächspartner helfen könnten, die Impulse aus Ihrer Geschichte aufzugreifen. Formulieren Sie offene Fragen wie: „Welche Erfahrungen machen Sie derzeit in Bezug auf …?", „Was tut sich derzeit in Ihrer Branche" oder „Was ist Ihnen in diesem Zusammenhang besonders wichtig?", um eine Reflexion anzuregen und eine Verbindung zu den gesetzten Impulsen herzustellen.

3. **Antizipieren Sie mögliche Antworten und Szenarien**
   Stellen Sie sich vor, wie Ihr Gesprächspartner auf Ihre Fragen reagieren könnte. Überlegen Sie, welche Themen oder Aspekte möglicherweise stärker in den Vordergrund rücken könnten.

4. **Planen Sie Flexibilität ein**
   Planen Sie, wie Sie flexibel auf Antworten reagieren können, die nicht mit den gesetzten Impulsen übereinstimmen. Überlegen Sie, wie Sie neue Informationen geschickt nutzen können, um alternative Erzählungen oder Fragen zu entwickeln, die das Gespräch subtil in die gewünschte Richtung lenken.

5. **Notieren Sie Ihr Vorgehen**
   Notieren Sie auf einem separaten Blatt zunächst die Überschrift: „4. Perspektive und Prioritäten verstehen". Ergänzen Sie darunter die folgenden Punkte:

   Ihre vorbereiteten Fragen, die Sie im Gespräch einsetzen möchten.
   Die Szenarien, die Sie für die Antworten Ihres Gesprächspartners antizipieren.
   Strategien, wie Sie flexibel auf unerwartete Antworten reagieren und das Gespräch auf Kurs halten können.

6. **Überprüfen und verfeinern Sie Ihre Fragen**
   Stellen Sie sicher, dass Ihre Fragen respektvoll formuliert sind und eine positive, offene Atmosphäre schaffen. Achten Sie darauf, dass Sie die Perspektive Ihres Gesprächspartners berücksichtigen und Raum für seine individuellen Prioritäten und Überlegungen lassen.

   Dieser strukturierte Ansatz hilft Ihnen, ein tieferes Verständnis für die Perspektive Ihres Gesprächspartners zu entwickeln und das Gespräch gezielt und empathisch weiterzuführen.

7.6 Phase 4 – Chancen und Probleme erkunden: Herausforderungen greifbar machen

Die Identifikation von Problemen ist oft nicht nur der erste Schritt, um Herausforderungen zu verstehen, sondern auch eine Gelegenheit, verborgene Chancen zu entdecken. Viele Probleme enthalten das Potenzial, neue Perspektiven zu eröffnen, wenn sie gezielt hinterfragt und kreativ angegangen werden.

Gut überlegte Fragen schaffen Raum für eine differenzierte Betrachtung der Situation und geben dem Gesprächspartner die Möglichkeit, seine Sichtweise, Erfolge und Herausforderungen darzustellen. Dadurch entsteht nicht nur ein umfassenderes Bild seiner aktuellen Lage, sondern es werden auch potenzielle Chancen und Ansatzpunkte sichtbar, um Inspiration und Unterstützung zu bieten.

Beispiele für Fragen, die sowohl Herausforderungen als auch Chancen beleuchten, sind:

„Wie gehen Sie aktuell mit der Herausforderung um, neue Fachkräfte für Ihr Unternehmen zu gewinnen? Welche neuen Möglichkeiten sehen Sie dabei?"
„Welche Erfahrungen haben Sie bei der Umsetzung Ihrer Nachhaltigkeitsstrategie gemacht? Was könnte dadurch an Innovationspotenzial entstehen?"
„Wie bewerten Sie Ihre bisherigen Ansätze, um Ihre Marktposition in einem hart umkämpften Umfeld zu behaupten? Welche neuen Wege könnten Ihnen dabei helfen?"
„Welche Chancen könnten sich ergeben, wenn Sie Ihre derzeitigen Maßnahmen zur Steigerung der Kundenzufriedenheit weiterentwickeln?"

Neben den sachlichen Aspekten bieten persönliche Fragen ebenfalls wertvolle Einblicke in die Wahrnehmung und Prioritäten des Gesprächspartners.

Sie schaffen eine Verbindung zwischen den sachlichen und emotionalen Dimensionen eines Problems und eröffnen Raum für tiefer gehende Gespräche. Beispiele hierfür könnten sein:

„Wie beeinflusst diese Herausforderung Ihre persönliche Motivation?"
„Welche Möglichkeiten sehen Sie, diese Situation nicht nur zu bewältigen, sondern auch für sich persönlich zu nutzen?"
„Welche Türen können sich öffnen, wenn Sie diese Herausforderung erfolgreich meistern?"

Der Erfolg dieser Fragen hängt maßgeblich davon ab, wie sensibel und respektvoll sie eingesetzt werden. Respektvoll formulierte, offene Fragen signalisieren echtes Interesse und fördern Vertrauen – die essenzielle Grundlage für eine produktive und lösungsorientierte Kommunikation. Insbesondere intime oder tiefgehende Fragen erfordern ein hohes Maß an Feingefühl und sollten nur dann gestellt werden, wenn die Beziehung zum Gesprächspartner eine solche Tiefe erreicht hat, dass er sich wohl und sicher fühlt. Zu frühe oder unbedacht formulierte Fragen können abschreckend wirken und das Vertrauen beeinträchtigen.

Die Gegenseitigkeit im Austausch spielt eine wichtige Rolle: Persönliche Fragen fördern diese Gesprächsdynamik, schaffen Vertrauen und öffnen den Raum für tiefere Gespräche, die über bloße Problemanalysen hinausgehen. Wenn ein Gesprächspartner eine persönliche Frage beantwortet oder ein tiefer gehendes Problem offenbart, schenkt er uns damit sein Vertrauen. Wir verspüren dann in der Regel den Impuls, selbst etwas Persönliches preisgeben zu wollen. Diese Wechselwirkung vertieft nicht nur das Verständnis füreinander, sondern verstärkt auch die emotionale Bindung. Diese gegenseitige Offenheit macht das Gespräch bedeutsamer und schafft die Grundlage für eine nachhaltige und vertrauensvolle Zusammenarbeit.

Durch diese gestärkte Verbindung entsteht eine natürliche Basis, um weitere Themen anzusprechen und das Gespräch in neue Richtungen zu lenken. Wenn Probleme mit potenziellen Chancen verknüpft werden, erhalten Gespräche eine neue Dimension. Sie werden nicht nur tiefgehender und produktiver, sondern erzeugen auch eine positive Dynamik, die Offenheit fördert und die emotionale Verbindung weiter stärkt. Gleichzeitig lenken sie den Blick auf konstruktive Perspektiven und prägen damit den weiteren Gesprächsverlauf auf eine Weise, die Zusammenarbeit und Inspiration begünstigt.

Phase 4. Chancen und Probleme erkunden – Anleitung zur Vorbereitung Ihrer Problemfragen

Die Phase „Chancen und Probleme erkunden" dient dazu, sowohl Herausforderungen als auch Potenziale offen zu legen. Durch gezielte Problemfragen können Sie nicht nur bestehende Schwierigkeiten besser verstehen, sondern auch neue Möglichkeiten für positive Entwicklungen entdecken. Der Fokus liegt darauf, sachliche und emotionale Ebenen gleichermaßen anzusprechen, um ein umfassendes Bild der Situation Ihres Gesprächspartners zu erhalten.

1. **Formulieren Sie gezielte Problemfragen**
   Überlegen Sie, welche Fragen Ihnen helfen könnten, Probleme und Chancen gleichermaßen zu erkunden. Beispiele für Problemfragen sind:

   „Wie bewältigen Sie derzeit die steigenden Betriebskosten für Ihr Unternehmen und welche Möglichkeiten sehen Sie, durch Effizienzsteigerungen diese Kosten zu senken?"
   „Wie gehen Sie mit dem Thema Mitarbeiterfluktuation um und welche Auswirkungen hat dies auf Ihre Unternehmensziele? Welche Möglichkeiten sehen Sie, die Mitarbeiterbindung zu stärken und dadurch Ihre Unternehmensziele besser zu erreichen?"
   „Wie reagieren Sie auf die aktuellen Marktveränderungen und welche Herausforderungen ergeben sich daraus für Ihr Unternehmen?", „Welche neuen Geschäftsmöglichkeiten könnten sich durch die Anpassung Ihrer Strategien an diese Marktveränderungen ergeben?"

2. **Berücksichtigen Sie emotionale und sachliche Aspekte**
   Denken Sie über Fragen nach, die nicht nur die sachliche Ebene, sondern auch persönliche und emotionale Aspekte ansprechen. Eine Frage wie „Wie wirkt sich diese Herausforderung auf Ihre Motivation aus?" kann dazu beitragen, eine vertrauensvolle Atmosphäre zu schaffen und tiefere Einblicke in die Lage Ihres Gesprächspartners zu gewinnen.

3. **Notieren Sie Ihre Fragen**
   Notieren Sie auf einem separaten Blatt zunächst die Überschrift „4. Chancen und Probleme erkunden". Ergänzen Sie darunter Ihre wichtigsten Fragen, getrennt nach sachlichen und persönlichen Aspekten. So stellen Sie sicher, dass Sie im Gespräch beide Ebenen berücksichtigen können.

4. **Prüfen und verfeinern Sie Ihre Fragen**
   Reflektieren Sie, ob Ihre Fragen respektvoll und einladend formuliert sind. Gehen Sie die Kärtchen Ihrer Vorbereitung durch und überprüfen Sie die bisherigen Erkenntnisse. Achten Sie darauf, dass sie keine defensive Haltung hervorrufen, sondern dazu einladen, offen über Herausforderungen und Chancen zu sprechen.

Die strukturierte Vorbereitung hilft Ihnen, im Gespräch nicht nur Hindernisse zu identifizieren, sondern auch neue Perspektiven und Lösungsansätze zu eröffnen.

7.7 Phase 5 – Auswirkungen des Problems beleuchten: Verborgene Zusammenhänge aufdecken

Wie bei einem Eisberg ist auch bei Problemen oft nur ein kleines Stück an der Oberfläche sichtbar, während der größere Teil erst durch gezielte Fragen ans Licht kommt. Die Auseinandersetzung mit den Auswirkungen eines Problems ist entscheidend, um dessen volle Tragweite, Relevanz und Dringlichkeit greifbar zu machen. Dabei geht es nicht nur um die offensichtlichen Konsequenzen, sondern auch um die tieferliegenden Zusammenhänge sowie die potenziellen Chancen, die sich im Umgang mit dem Problem eröffnen können.

Fragen zu den Auswirkungen eines Problems sind ein äußerst wirkungsvolles Werkzeug, um sowohl die Dimension der Herausforderung zu erfassen als auch potenzielle Lösungsansätze und Chancen zu identifizieren. Sie helfen dabei, negative Konsequenzen wie zusätzlichen Arbeitsaufwand, finanzielle Belastungen oder Einbußen bei der Lebensqualität deutlich zu machen. Gleichzeitig ermöglichen sie es, zu erkennen, wie sich aus der Situation Potenziale schöpfen lassen. Ein Problem zu verstehen, heißt auch, Wege zu finden, es in eine Chance zu verwandeln.

Der Weg von Frustration zu positiver Veränderung: Die Kraft der Vision

Ein Unternehmensinhaber berichtete mir in einem Gespräch von seiner Unzufriedenheit mit der Stimmung in seiner Firma. Auf meine Frage, woran er dies festmache, antwortete er: „Ich kann für die Mitarbeiter tun, was ich will, sie sind trotzdem nicht dankbar." Seine Worte waren von einer sichtbaren emotionalen Belastung begleitet, die sich in seiner Körpersprache deutlich zeigte.

Um mehr über seine Gefühle zu erfahren, fragte ich: „Was macht diese Situation mit dir?" Diese Frage öffnete den Raum für ein offenes Gespräch, in dem er über seine Frustration und seinen Ärger sprach. Diese belasteten ihn nicht nur als Unternehmer, sondern auch persönlich. Während des Gesprächs wurde mir klar, dass das zugrunde liegende Problem nicht nur in seiner Wahrnehmung der Mitarbeiter lag, sondern auch im Umgang der Mitarbeiter mit den Kunden. Unzufriedene Mitarbeiter wirkten sich negativ auf die Qualität der Kundeninteraktionen aus, was letztlich das Unternehmensimage gefährdete.

Um eine positive Perspektive einzuleiten, fragte ich: „Wie würdest du dich fühlen, wenn es gelingt, dieses Problem zu lösen?" Diese Frage lenkte seinen Fokus auf eine mögliche Zukunft und regte ihn dazu an, über die positiven Auswirkungen einer Verbesserung nachzudenken – sowohl für sich selbst als auch für sein Unternehmen.

Im weiteren Verlauf stellte ich gezielt die Frage: „Was denkst du, wie wird sich die derzeitige Situation auf das Erreichen der Unternehmensziele auswirken, wenn sie nicht angegangen wird?" Diese Frage brachte eine entscheidende Erkenntnis zutage: Es gab keine klar formulierten, für die Mitarbeiter nachvollziehbaren übergeordneten Unternehmensziele.

Diese Einsicht war der Ausgangspunkt für ein Projekt, um eine klare Unternehmensvision zu formulieren. Darüber hinaus unterstützte ich den Unternehmer und seine Führungskräfte dabei, eine Unternehmensstrategie für die Umsetzung der Vision zu entwickeln sowie ein Zielvereinbarungssystem im Unternehmen einzuführen.

Die Ergebnisse dieses Projekts waren bemerkenswert: Die Stimmung im Unternehmen verbesserte sich spürbar, und die Mitarbeiter identifizierten sich stärker mit den neu definierten Unternehmenszielen. Dieses Projekt löste nicht nur das ursprüngliche Problem, sondern legte auch den Grundstein für weiteres Wachstum, eine intensivere Teamdynamik und eine deutliche Verbesserung der Kundeninteraktionen.

Die im Beispiel „Der Weg von Frustration zu positiver Veränderung: Die Kraft der Vision" geschilderte Erfahrung zeigt, wie der Einsatz gezielter Fragen den Fokus des Gesprächspartners neu ausrichten und zu einer positiven Veränderung sowohl in der Wahrnehmung als auch in der Handlungsbereitschaft führen kann.

Beispiele für Fragen zu direkten Konsequenzen eines Problems:

„Welchen zusätzlichen Arbeitsaufwand verursacht dieses Problem für Sie und Ihr Team?"
„Welche Auswirkungen hat diese Herausforderung auf Ihre Kundenzufriedenheit?"
„Wie beeinflusst dieses Problem Ihre Zielerreichung?"

Beispiele für Fragen zu indirekten Konsequenzen eines Problems:

„Welche Auswirkungen könnte dieses Problem auf andere Abteilungen oder Projekte haben?"
„Wie könnte diese Herausforderung Ihre zukünftigen Planungen beeinträchtigen?"

Das Ziel solcher Implikationsfragen ist es, dem Gesprächspartner die Ernsthaftigkeit und potenzielle Dringlichkeit des Problems bewusst zu machen. Dabei ist es wichtig, ein Gleichgewicht zu wahren: Zu viele negative Fragen können eine pessimistische Stimmung erzeugen und den Gesprächspartner entmutigen. Deshalb sollten diese Fragen gezielt und dosiert eingesetzt und mit chancenorientierten Fragen kombiniert werden, um einen konstruktiven Dialog zu fördern.

Beispiele für chancenorientierte Fragen:

„Welche neuen Möglichkeiten entstehen, wenn dieses Problem gelöst wird?"
„Wie könnte eine Lösung dazu beitragen, Ihre Prozesse zu optimieren oder Innovationen anzustoßen?"
„Welche langfristigen Vorteile sehen Sie, wenn diese Herausforderung gemeistert wird?"

Neben den sachlichen Aspekten ist es ebenso wertvoll, die emotionalen und persönlichen Dimensionen eines Problems zu beleuchten. Fragen aus dem persönlichen Bereich zeigen echtes Interesse an der Lebenssituation des Gesprächspartners und signalisieren, dass nicht nur die sachliche, sondern auch die menschliche Dimension seiner Herausforderungen verstanden wird.

Beispiele für Fragen aus dem persönlichen Bereich:

„Inwiefern spüren Sie die Auswirkungen dieser Herausforderung auch außerhalb der Arbeit?"
„Welche Ihrer persönlichen Ziele sehen Sie gefährdet, wenn dieses Problem nicht gelöst wird?"
„Wie könnte die Lösung dieser Herausforderung Ihre persönliche Motivation stärken?"
„Wie würden Sie sich fühlen, wenn es gelingt, dieses Problem zu lösen?"
„Welche Konsequenzen könnte diese Situation langfristig auf Ihre Zufriedenheit haben?"

Durch die Kombination sachlicher und persönlicher Fragen entsteht eine umfassende Perspektive, die sowohl emotionale als auch praktische Aspekte berücksichtigt. Diese Herangehensweise hilft nicht nur dabei, die Auswirkungen eines Problems zu verstehen, sondern auch, Potenziale zu erkennen und gemeinsam Schritte in eine positive Richtung zu entwickeln.

Nachdem wir die Auswirkungen und den Umfang der Herausforderungen und Chancen des Gesprächspartners identifiziert haben, führt uns der nächste Schritt tiefer: Wir widmen uns ihren Ursachen, um eine fundierte Basis für gezielte Lösungsansätze zu schaffen.

Phase 5: Auswirkungen des Problems erkennen – Anleitung zur Vorbereitung Ihrer Implikationsfragen

Das Verständnis der Auswirkungen eines Problems hilft, dessen wahre Dimension und Bedeutung zu erfassen und Ansatzpunkte für Lösungen zu identifizieren. Gezielte Fragen können die negativen Konsequenzen wie erhöhte Kosten, Produktivitätsverluste oder emotionale Belastungen, aber auch potenzielle Chancen verdeutlichen. Fragen wie „Welche langfristigen Risiken birgt diese Herausforderung?" oder „Welche positiven Veränderungen könnten sich ergeben, wenn das Problem gelöst wird?" bieten Einblicke in die Reichweite und Tragweite des Problems. Durch die Verknüpfung von sachlichen und persönlichen Aspekten entsteht eine ganzheitliche Perspektive, die sowohl das Problemverständnis als auch die Lösungsfindung unterstützt.

1. **Identifizieren Sie die potenziellen Auswirkungen des Problems**
   Überlegen Sie, welche zusätzlichen Schwierigkeiten das Problem verursachen könnte.
   Beispiel: Probleme im Kundenservice

   - Unzufriedene Kunden könnten negative Bewertungen hinterlassen.
   - Der Ruf des Unternehmens könnte Schaden nehmen.
   - Wiederkehrende Kunden könnten abwandern, was zu einem Umsatzverlust führt.

- Die Mitarbeiter könnten überlastet sein, da sie versuchen, Beschwerden zu bearbeiten.
- Eine sinkende Mitarbeitermotivation könnte langfristig zu einer höheren Fluktuation führen.

2. **Priorisieren Sie die Auswirkungen nach ihrer Bedeutung**
Ermitteln Sie, welche der identifizierten Auswirkungen die gravierendsten Folgen haben könnten.
Beispiel: Der Verlust von Stammkunden wird als besonders kritisch angesehen, da dies direkte Umsatzeinbußen und langfristige Schäden für das Unternehmen bedeutet.

3. **Entwickeln Sie Argumente, die die Bedeutung dieser Auswirkungen verdeutlichen**
Arbeiten Sie heraus, warum bestimmte Auswirkungen besonders kritisch sind und welche möglichen Konsequenzen damit verbunden sind.
Beispiel: Unzufriedene Stammkunden könnten nicht nur ihre eigenen Bestellungen reduzieren, sondern auch potenzielle Neukunden durch negative Mundpropaganda abschrecken.

4. **Formulieren Sie gezielte Fragen, um diese Argumente weiter zu konkretisieren**
Entwickeln Sie Fragestellungen, die die Dringlichkeit und Bedeutung des Problems verdeutlichen.
Beispiel: „Wie viele Ihrer Stammkunden haben in den letzten Monaten weniger Bestellungen aufgegeben, und welche Auswirkungen hat dies auf Ihre Umsätze?"

5. **Notieren Sie Ihre Fragen**
Notieren Sie auf einem separaten Blatt zunächst die Überschrift „5. Auswirkungen analysieren". Listen Sie darunter Ihre zentralen Fragen auf, die die Auswirkungen und den Umfang des Problems verdeutlichen sollen. Mit diesen Fragen sind Sie optimal darauf vorbereitet, die Relevanz des Problems im Gespräch klar darzustellen und zu thematisieren.

6. **Prüfen und verfeinern Sie Ihre Fragen**
Prüfen Sie, ob Ihre Fragen respektvoll formuliert sind und keine defensive Haltung hervorrufen. Gehen Sie die Kärtchen Ihrer Vorbereitung durch und überprüfen Sie die bisherigen Erkenntnisse. Falls nötig, passen Sie die Formulierungen so an, dass sie den Gesprächspartner einladen, offen über die Auswirkungen des Problems zu sprechen.

Dieser strukturierte Ansatz ermöglicht es, die Bedeutung des Problems klar herauszuarbeiten, gezielt Fragen zu stellen und den Fokus auf die Bereiche zu lenken, die für die Lösungsfindung am wichtigsten sind.

7.8 Phase 6 – Ursachen von Chancen und Herausforderungen identifizieren: Tiefergehendes Verständnis schaffen

Nachdem die Chancen und Herausforderungen des Gesprächspartners identifiziert wurden, besteht der nächste Schritt darin, die zugrunde liegenden Ursachen zu ergründen. Dieses tiefere Verständnis ist essenziell, um nicht nur oberflächliche Symptome zu behandeln, sondern nachhaltige und zielgerichtete Lösungen sowie Strategien zur Erschließung der Chancen zu entwickeln.

Ich habe die Erfahrung gemacht, dass es neben dem Verständnis der Ursachen eines Problems ebenso wertvoll sein kann, zu erkennen, in welchen speziellen Situationen sich Verbesserungen ergeben. Oftmals liegt eine einfache Problemlösung darin, solche positiven Situationen bewusst zu schaffen und zu fördern.

Die Ursachen für Herausforderungen und Chancen liegen oft nicht auf der Hand. Sie können in tieferliegenden Strukturen, Entscheidungen, zwischenmenschlichen Beziehungen oder Umständen verborgen sein. Um diese aufzudecken, kommen gezielte Ursprungsfragen zum Einsatz. Ursprungsfragen regen den Gesprächspartner dazu an, über Zusammenhänge, Hintergründe und mögliche Einflussfaktoren nachzudenken.

Beispiele könnten sein:

„Was glauben Sie, sind die Hauptgründe für diese Herausforderung?"
„Wie hat sich diese Situation entwickelt?"
„Welche Faktoren haben Ihrer Meinung nach zu diesem Problem beigetragen?"
„Was war Ihrer Meinung nach ausschlaggebend dafür, dass diese Chance sich ergeben hat?"
„Gibt es Situationen, in denen die zwei sich rivalisierenden Mitarbeiter gut zusammenarbeiten und was charakterisiert diese Situationen?"

Solche Fragen helfen, den Kontext und die Entstehung sowohl von Herausforderungen als auch von Chancen zu analysieren.

Ursprungsfragen sind besonders wirksam, da sie nicht nur analytisches Denken anregen, sondern auch emotionale Einsichten ermöglichen. Sie schaffen die Grundlage für Empathie und Verständnis, da sie die Perspektive des Gesprächspartners vertiefen. Gleichzeitig helfen sie uns, Zusammenhänge zwischen den identifizierten Herausforderungen oder Chancen und ihren tieferen Ursachen herzustellen, die möglicherweise nicht sofort sichtbar waren.

Ein weiteres Ziel dieser Phase ist es, Prioritäten und Einflussfaktoren zu klären. Was sind die entscheidenden Treiber hinter einer Herausforderung oder einer Chance? Welche äußeren oder inneren Faktoren haben sie verstärkt oder begrenzt? Durch eine klare Analyse können wir die Perspektive des Gesprächspartners besser verstehen und gezielt darauf eingehen. Dabei ist es entscheidend, die Balance zwischen Analyse und Einfühlungsvermögen zu wahren, damit der Gesprächspartner sich nicht kritisiert oder unter Druck gesetzt fühlt, sondern unterstützt und wertgeschätzt.

Die Fähigkeit, die Ursachen von Herausforderungen oder Chancen präzise zu erkennen, bildet die Grundlage für eine zielgerichtete und nachhaltige Gesprächsführung. Dieses Verständnis ermöglicht es, den Dialog gezielt auf Lösungsansätze und die Realisierung von Potenzialen auszurichten. Wenn wir die Wurzel eines Problems analysieren oder die Bedingungen für eine Chance klar definieren, schaffen wir die Voraussetzung, gemeinsam mit dem Gesprächspartner Strategien zu entwickeln, die nicht nur kurzfristige Symptome adressieren, sondern langfristige Erfolge und Perspektiven eröffnen.

Phase 6: Ursachen von Chancen und Herausforderungen identifizieren – Anleitung zur Vorbereitung Ihrer Ursprungsfragen

Das Erkennen der Ursachen von Chancen und Herausforderungen ist entscheidend für ein tiefgehendes Verständnis und die Entwicklung nachhaltiger Lösungen. Um die Ursachen von Herausforderungen und Chancen effektiv zu identifizieren, ist eine sorgfältige Vorbereitung der Ursprungsfragen unerlässlich.

1. **Identifizieren Sie die potenziellen Ursachen der Herausforderung oder Chance**
   Überlegen Sie, welche Faktoren direkt oder indirekt zur aktuellen Situation beigetragen haben.
   Beispiele:

   - Mögliche Schwierigkeiten bei der Personalbeschaffung.
   - Ein Mangel an Fachkräften in der Region spielt eine Rolle.
   - Die Unternehmenskultur oder das Employer Branding wirken weniger attraktiv.
   - Konkurrenten werben gezielt Talente ab.
   - Interne Prozesse zur Einstellung sind zu langwierig oder unflexibel.

2. **Formulieren Sie gezielte Fragen, die die Ursachen analysieren**
   Überlegen Sie, welche Fragestellungen dabei helfen, die Hintergründe und Zusammenhänge besser zu verstehen.
   Beispiele:

   „Wie bewerten Sie die Wahrnehmung Ihres Unternehmens auf dem Arbeitsmarkt?"
   „Welche internen Prozesse könnten den Rekrutierungsprozess verzögern?"
   „Welche Maßnahmen könnten Ihre Position als Arbeitgeber gegenüber Wettbewerbern stärken?"

3. **Notieren Sie Ihre Fragen**
   Notieren Sie auf einem separaten Blatt zunächst die Überschrift „6. Ursachen analysieren". Listen Sie darunter Ihre wichtigsten Fragen auf, geordnet nach sachlichen und persönlichen Aspekten. So sind Sie im Gespräch bestens vorbereitet, um beide Ebenen gezielt anzusprechen.

4. **Prüfen und verfeinern Sie Ihre Fragen**
   Prüfen Sie, ob Ihre Fragen respektvoll formuliert sind und keine defensive Haltung hervorrufen. Gehen Sie die Kärtchen Ihrer Vorbereitung durch und überprüfen Sie die bisherigen Erkenntnisse. Falls nötig, passen Sie die Formulierungen so an, dass sie den Gesprächspartner einladen, offen über die Ursachen zu sprechen.

Dieser strukturierte Ansatz ermöglicht es Ihnen, die Ursprünge von Chancen und Herausforderungen gezielt zu analysieren, den Gesprächspartner aktiv einzubinden und den Fokus auf eine lösungsorientierte Zusammenarbeit zu legen.

7.9 Phase 7 – Bedarf ermitteln und Mehrwert quantifizieren: Die Basis für überzeugende Lösungen schaffen

In dieser Phase von *Wirksam Inspirieren* geht es darum, den expliziten Bedarf des Gesprächspartners präzise herauszuarbeiten und den möglichen Mehrwert einer Lösung mit klaren Kennzahlen zu belegen. Eine nachvollziehbare Kosten-Nutzen-Betrachtung unterstützt den Gesprächspartner dabei, die Relevanz einer Veränderung faktengestützt zu erkennen und auf einer soliden, logisch nachvollziehbaren Basis Entscheidungen zu treffen.

Expliziter Bedarf: Vom impliziten zum klar formulierten Bedürfnis
Der erste Schritt besteht darin, aus vagen Wahrnehmungen konkrete Anforderungen abzuleiten. Bedarfsfragen helfen dabei, den Bedarf explizit auszusprechen – ein wesentlicher Baustein, um zielgerichtete Lösungsansätze zu entwickeln. Beispiele für die Umwandlung von vagen Empfindungen in klare Zielsetzungen sind:

- „Wir brauchen ein System zur Prozessautomatisierung, um die Durchlaufzeiten zu verkürzen." Statt: „Unsere Abläufe sind viel zu langsam."
- „Wir benötigen eine neue Marketingstrategie, um unseren Web-Traffic und die Conversion-Rate zu erhöhen." Statt: „Unsere Online-Präsenz ist nicht überzeugend."
- „Wir müssen ein klares Rollen- und Aufgabenprofil erstellen, um Zuständigkeiten eindeutig festzulegen." Statt: „Es herrscht ständig Unklarheit in den Verantwortlichkeiten."

Solche klar formulierten Zielsetzungen machen deutlich, worin die tatsächlichen Bedürfnisse liegen. Sie bilden die Grundlage, um im nächsten Schritt gezielt Lösungsansätze zu priorisieren, zu bewerten und letztlich umzusetzen.

Damit Bedarfsfragen ihren Zweck erfüllen, ist es entscheidend, dass sie so formuliert werden, dass der Gesprächspartner seinen Bedarf aus seiner eigenen Perspektive heraus erkennt und konkretisiert. Offene, neutrale Fragen nach konkreten Veränderungen oder gewünschten Ergebnissen fördern diesen Prozess. Sie vermeiden es, vorgefertigte Lösungen anzubieten, und ermöglichen es dem Gesprächspartner, seinen Bedarf selbst zu formulieren und zu präzisieren. Beispiele dafür sind:

- „Was genau muss passieren, um dieses Problem zu lösen?" Diese Frage lässt Raum für eine eigenständige Beschreibung des Zielzustandes und führt zu mehr Klarheit über den genauen Bedarf.
- „Welche konkrete Veränderung würde Ihre Situation verbessern?" Mit dieser Frage wird der Gesprächspartner aufgefordert, den angestrebten Endzustand zu definieren. Der Fokus liegt darauf, aus einer unbestimmten Beschwerde eine eindeutige Maßnahme zu formulieren.
- „Wie könnte eine ideale Lösung für Sie aussehen?" Diese Frage lenkt den Blick in die Zukunft und ermutigt dazu, ein positives Zukunftsbild zu zeichnen. Das hilft, mögliche Lösungswege klarer zu erkennen und zu vergleichen.

Die richtigen Fragen sind dabei stets offen, neutral und lösungsorientiert. Sie stellen nicht die eigenen Ideen in den Vordergrund, sondern lenken die Aufmerksamkeit auf die Perspektive des Gesprächspartners. Auf diese Weise lassen sich implizite Bedürfnisse explizit machen, blinde Flecken aufdecken und ein gemeinsames Verständnis für den eigentlichen Handlungsbedarf schaffen. Sobald der Bedarf eindeutig benannt wurde, ist der Weg frei, den Mehrwert einer Lösung auszuarbeiten und die nächsten Schritte zielgerichtet einzuleiten.

Mehrwert quantifizieren: Den Nutzen greifbar machen
Nachdem der Bedarf klar formuliert wurde, liegt der Fokus darauf, den Mehrwert einer Lösung nachvollziehbar zu machen. Fragen nach dem Mehrwert helfen, eine klare Verbindung zwischen der Lösung und den Zielen des Gesprächspartners herzustellen, wobei quantitative Aspekte wie Einsparungen, Effizienzgewinne oder Zeitvorteile im Mittelpunkt stehen. Hier geht es um harte Fakten, Zahlen und messbare Größen.

Typische Fragestellungen sind:

„Wie wirkst sich das Problem auf Zeitaufwand, Ressourcenverbrauch oder Effizienz aus? Können Sie beispielsweise abschätzen, wie viele Stunden pro Woche dadurch verloren gehen?"
„Welche zusätzlichen Kosten entstehen monatlich oder jährlich?"
„Gibt es bestimmte Projekte oder Aufgaben, die durch diese Ineffizienz verzögert werden? Welcher zusätzliche Umsatz entgeht Ihnen dadurch?"
„Welche Auswirkungen hat das auf die Produktivität Ihrer Teams und welche Folgen ergeben sich dadurch für den Verdienst?"
„Wie beeinträchtigt das Problem Ihre langfristigen Ziele oder die strategische Ausrichtung? Gibt es Bereiche, in denen Sie ohne dieses Problem schneller wachsen oder effizienter arbeiten könnten? Welche Opportunitätskosten entstehen dadurch?"
„Welche Chancen oder Wettbewerbsvorteile könnten Sie nutzen, wenn dieses Hindernis wegfiele, und welchen monetären Wert repräsentieren diese Chancen?"

Diese Fragen lenken die Aufmerksamkeit auf den konkreten Nutzen und schaffen eine motivierende Basis für die weitere Diskussion. Zusätzlich gelangt man durch solche quantifizierenden Fragen zu klaren Kennzahlen, die das rationale Denken des Gesprächspartners ansprechen. Statt abstrakter Behauptungen stehen handfeste Argumente im Vordergrund, die auf dem zentralen Weg des Denkens verarbeitet werden.

Dringlichkeit sichtbar machen
Menschen neigen dazu, Kosten und Risiken stärker zu bewerten als potenzielle Gewinne. Negative Konsequenzen haben eine intensivere emotionale Wirkung, während potenzielle Gewinne oft als weniger greifbar erscheinen. Indem Sie die Auswirkungen des Status quo im Detail aufzeigen – von verlorener Zeit über entgangene Einnahmen bis zu verpassten Wachstumschancen – wird deutlich, dass Nichtstun ebenfalls einen hohen Preis hat. Diese Gegenüberstellung schärft die Wahrnehmung dafür, warum ein Umdenken notwendig ist und warum es sich lohnt, zeitnah zu handeln. Auch dieser Aspekt spricht die rationale Beurteilung an, indem er die Konsequenzen einer unterlassenen Entscheidung in konkreten Zahlen sichtbar macht.

Bei schwierigen Entscheidungen werden sich dem Gesprächspartner vor allem zwei Fragen stellen:

Warum ist ein Umdenken bzw. Handeln notwendig? Die oben genannten Fragen und Quantifizierungen decken das volle Ausmaß des Problems auf und zeigen klar, dass das Festhalten am Status quo mit Nachteilen behaftet bzw. kostspielig ist.

Warum sollte die Entscheidung möglichst bald getroffen werden? Sobald ersichtlich ist, wie stark sich Zögern auf Zeitaufwand, Ressourcenverbrauch, Kosten und Ertragsmöglichkeiten auswirkt, steigt die Bereitschaft, rasch aktiv zu werden. Je länger gewartet wird, desto höher sind die Kosten und desto mehr Chancen bleiben ungenutzt.

> **ROI als unschlagbares Verkaufsargument**
>
> Bei der Beratung von Mandanten, die in gesättigten, umkämpften Märkten agieren, setze ich mit den Vertriebsteams konsequent auf eine return-on-investment-zentrierte Verkaufsmethode. Was bedeutet das?
>
> Insbesondere bei größeren Investitionen, tiefgreifenden Veränderungen der Geschäftsprozesse oder Einschränkungen der Handlungsfreiheit – etwa durch eine langfristige Bindung an einen Lieferanten – spielt der Return on Investment (ROI), also die Investitionsrendite, eine entscheidende Rolle bei Kaufentscheidungen. Durch die präzise Quantifizierung von Einsparungen, Effizienzverbesserungen oder potenziellen Umsatzsteigerungen wird die Investition für den potenziellen Kunden greifbar und messbar. Der ROI beantwortet nicht nur die Frage, ob eine Investition sinnvoll ist, sondern auch, wann sich diese amortisiert und welchen langfristigen Wert sie bietet. Dadurch entsteht eine belastbare Grundlage für rationale Entscheidungen.
>
> Mandanten, die ich im Bereich Vertriebsoptimierung begleite, ermutige ich daher, jedes Angebot mit einer fundierten ROI-Analyse zu untermauern. Diese Vorgehensweise schafft Vertrauen und erhöht die Überzeugungskraft gegenüber Entscheidern. Sie hilft nicht nur, Einwände zu entkräften, sondern steigert auch die Sicherheit bei der Entscheidungsfindung – was wiederum die Abschlusswahrscheinlichkeit deutlich erhöht.
>
> Natürlich erfordert diese Methode Vorbereitung: Eine effektive ROI-Betrachtung kann nur erstellt werden, wenn das Vertriebsteam die Kundenprobleme umfassend analysiert und quantifiziert hat. Dazu gehören nicht nur offensichtliche Kosten, sondern auch versteckte Faktoren wie Zeitverluste, zusätzlicher Arbeitsaufwand und entgangene Gewinne. Besonders erfolgreich ist dieser Ansatz, wenn es gelingt, den potenziellen Kunden aktiv in die Ermittlung der Zahlen einzubeziehen. So wird nicht nur sichergestellt, dass die Schätzungen nachvollziehbar sind, sondern auch, dass der Kunde die Relevanz der Investition besser erkennt und mitträgt.
>
> Ein gut ausgebildetes Verkaufsteam, das die ROI-Argumentation nicht nur versteht, sondern auch souverän anwendet, wird für Unternehmen in hart umkämpften Märkten zum entscheidenden Erfolgsfaktor. Mit der richtigen Einstellung und Vorbereitung gelingt es, rationale Überzeugungskraft mit Empathie und Kundenorientierung zu verbinden – und so nicht nur Lösungen zu verkaufen, sondern auch Vertrauen zu vermitteln und großen Nutzen zu stiften.

Wenn sich der Nutzen einer Veränderung nicht in harten Zahlen ausdrücken lässt, lohnt es sich, die Perspektive zu erweitern. Statt ausschließlich nach konkreten Kennzahlen zu fragen, können qualitative Verbesserungen und Vereinfachungen in den Fokus rücken. Eine einfache, aber wirkungsvolle Frage könnte lauten: „Wie würde sich Ihre Arbeit anfühlen, wenn dieses Problem gelöst wäre, und was würde sich dadurch sonst noch verbessern oder einfacher werden?" Indem Ihr Gesprächspartner dazu angeregt wird, sich ein positives Zukunftsszenario vorzustellen, entsteht nicht nur ein klareres Ziel, sondern auch ein Bewusstsein für die begleitenden Vorteile. Diese können weniger greifbar sein, aber dennoch signifikant zur Entscheidung beitragen, beispielsweise ein entspannteres Arbeitsklima, reduzierte Konflikte oder effizientere Abläufe. Diese Herangehensweise hilft, selbst emotionale oder qualitativ geprägte Nutzenaspekte greifbarer zu machen, indem sie ihre Bedeutung im Gesamtkontext hervorhebt. Darüber hinaus eröffnen solche Überlegungen oft neue Ansätze, wie sich diese Vorteile indirekt oder langfristig quantifizieren lassen – und unterstützen so das Denken in ROI-Kategorien. Durch diese Verbindung von emotionaler und rationaler Betrachtung entsteht eine ganzheitliche Grundlage für durchdachte Entscheidungen.

Für eine erfolgreiche Umsetzung ist es wichtig, den Gesprächspartner nicht mit zu vielen Fragen oder übermäßig vielen Details zu überlasten. Stattdessen sollten Bedarfs- und Mehrwertfragen gezielt, klar und in einer positiven Gesprächsatmosphäre gestellt werden. Der Fokus auf den individuellen Nutzen sowie die klaren, quantifizierten Vorteile einer Lösung sorgen dafür, dass der Gesprächspartner eine fundierte Entscheidung auf Basis rationaler Überlegungen treffen kann.

Die Kombination aus Bedarfsklärung, Nutzenquantifizierung und der Vermittlung von Dringlichkeit schafft ein ganzheitliches Bild:

1. **Bedarf** – Was muss getan werden?
2. **Mehrwert** – Wie lohnenswert ist es?
3. **Dringlichkeit** – Warum ist jetzt der richtige Zeitpunkt?

Diese sachlich nachvollziehbare Grundlage spricht den zentralen Denkweg an und erleichtert es, rationale und gut begründete Entscheidungen zu treffen. Gleichzeitig legt sie den Grundstein für Inspiration, indem sie nicht nur Fakten vermittelt, sondern auch eine klare Vision für den nächsten Schritt aufzeigt.

Indem die Dringlichkeit sowohl rational verständlich als auch emotional spürbar gemacht wird und der Mehrwert motivierend wirkt, entsteht eine kraftvolle Kombination aus Überzeugungskraft und nachhaltigem inneren Antrieb. Dieser Antrieb ermöglicht es, die erforderlichen Schritte entschlossen und zielgerichtet umzusetzen. Auf diese Weise wird Inspiration nicht nur zum Begleiter, sondern zu einem entscheidenden Treiber für erfolgreiches Handeln.

Mit der Klarheit über das „Was", „Warum" und „Wann" wird der Weg frei, um zukunftsorientierte Entscheidungen zu treffen. Nun gilt es jedoch, die beschlossenen Maßnahmen nicht nur anzustoßen, sondern langfristig zu verankern. Im nächsten Schritt beschäftigen wir uns daher damit, wie sich durch gezielte Reflexion, Bestärkung und konkrete Vereinbarungen das Engagement des Gesprächspartners stärken und mögliche Zweifel ausräumen lassen – damit der eingeschlagene Weg konsequent und nachhaltig verfolgt wird.

Phase 7. Bedarf ableiten und Mehrwert quantifizieren – Anleitung zur Vorbereitung Ihrer Kosten-Nutzen-Analyse

Präzise Bedarfsfragen verwandeln vage Empfindungen in einen klar formulierten Handlungsbedarf – die Grundlage für gezielte und relevante Lösungen. Anschließend wird der mögliche Mehrwert der Lösung greifbar gemacht, indem Nutzen und Einsparungen durch klare Zahlen und Fakten untermauert werden. Diese faktenbasierte Betrachtung unterstützt den Gesprächspartner dabei, die Dringlichkeit und Relevanz einer Veränderung rational zu erfassen und auf einer stabilen Grundlage Entscheidungen zu treffen.

1. **Formulieren Sie gezielte Bedarfsfragen**
   Entwickeln Sie Fragen, die helfen, aus allgemeinen Problemwahrnehmungen klare Bedürfnisse abzuleiten:

   „Welche konkreten Veränderungen könnten Ihnen helfen, dieses Problem zu lösen?"
   „Was müsste passieren, damit Sie Ihre Ziele in diesem Bereich schneller erreichen?"

2. **Entwickeln Sie Mehrwertfragen**
   Überlegen Sie, wie Sie den Nutzen einer möglichen Lösung verdeutlichen können, entweder durch greifbare Zahlen oder qualitative Vorteile:

   „Wie viel Zeit könnten Sie durch diese Änderung wöchentlich einsparen?"
   „Welche zusätzlichen Umsätze könnten durch die Effizienzsteigerung generiert werden?"

3. **Machen Sie die Dringlichkeit mithilfe von Fragen sichtbar**
   Formulieren Sie Fragen, die die Folgen des Status quo und die Wichtigkeit zeitnaher Maßnahmen beleuchten:

   „Welche Folgen könnte es haben, wenn sich die Situation nicht ändert?"
   „Was könnten Sie gewinnen, wenn Sie sofort handeln?"

4. **Prüfen und verfeinern Sie Ihre Fragen**
   Überprüfen Sie die Formulierungen, um sicherzustellen, dass die Fragen respektvoll und lösungsorientiert sind. Gehen Sie die Kärtchen Ihrer Vorbereitung durch und überprüfen Sie die bisherigen Erkenntnisse. Passen Sie Ihre Fragen bei Bedarf an, um eine konstruktive Gesprächsatmosphäre zu fördern.

5. **Notieren Sie Ihre Fragen**
   Notieren Sie auf einem separaten Blatt zunächst die Überschrift „7. Bedarf, Mehrwert und Dringlichkeit". Listen Sie darunter Ihre wichtigsten Fragen nach Priorität: zuerst Bedarfsfragen, dann Mehrwertfragen und schließlich Fragen zur Dringlichkeit.

Mit dieser strukturierten Vorbereitung schaffen Sie eine solide Grundlage, um den Bedarf klar herauszuarbeiten, den Nutzen greifbar zu machen und die Motivation des Gesprächspartners für eine zügige Umsetzung zu stärken.

7.10 Phase 8 – Meinung festigen und Engagement fördern: Wie Sie Entscheidungen gezielt stabilisieren und Verbindlichkeit erhöhen

Um eine Entscheidung langfristig zu stabilisieren und das Engagement des Gesprächspartners zu fördern, ist es wichtig, gezielte Reflexion und Bestärkung einzusetzen. Zunächst sollte der Gesprächspartner dazu animiert werden, die eigenen Beweggründe und Überlegungen, die zur Entscheidung geführt haben, zu reflektieren. Dieser Reflexionsprozess hilft, etwaige Zweifel auszuräumen und das Vertrauen in die Entscheidung zu stärken. Indem man die wesentlichen Motivationen des Gesprächspartners anspricht und diese mit den Vorteilen und Nutzen der getroffenen Entscheidung verknüpft, wird die Wahl weiter gefestigt und die Verbindung zur Entscheidung verstärkt.

Stellen Sie sich vor, ein Mitarbeiter hat sich kürzlich entschieden, ein berufsbegleitendes Weiterbildungsprogramm zu absolvieren, um seine fachlichen Kompetenzen zu erweitern. Um ihn dazu zu animieren, seine Beweggründe zu reflektieren, könnten Sie ihn fragen:

„Was hat Sie dazu motiviert, diesen nächsten Schritt in Ihrer beruflichen Entwicklung zu gehen?"
„Welche Fähigkeiten möchten Sie mit dieser Weiterbildung gezielt ausbauen, und wie können diese Ihre Arbeit bereichern?"

Um die **Technik des „Impfens"** (Abschn. 6.7) anzuwenden, könnten Sie den Mitarbeiter darauf vorbereiten, dass es auch Momente geben wird, in denen die Motivation nachlassen könnte.

Beispiel „Es ist großartig, dass Sie sich entschieden haben, diesen Schritt zu gehen. Manchmal, wenn es anstrengend wird oder Sie feststellen, dass es schwieriger ist als erwartet, könnten Zweifel aufkommen. Aber genau in diesen Momenten können Sie sich an die ursprünglichen Gründe erinnern, warum Sie diese Weiterbildung begonnen haben. Was denken Sie, wird Ihnen helfen, auch in solchen Momenten an Ihrer Entscheidung festzuhalten und weiterzumachen?"

Diese Fragen regen den Mitarbeiter dazu an, bewusst über die positiven Aspekte seiner Entscheidung nachzudenken und sie für sich selbst zu bekräftigen. Ergänzend könnten Sie seine Überlegungen validieren und ihn bestärken.

Beispiel „Das ist ein großartiger Schritt. Sie haben gezeigt, dass Sie bereit sind, Verantwortung für Ihre persönliche und berufliche Entwicklung zu übernehmen. Mit diesem Programm können Sie Ihre Kompetenzen genau in den Bereichen erweitern, die für Ihre Rolle entscheidend sind."

In diesem Fall haben Sie das **Labeling-Prinzip** (Abschn. 6.6) angewendet, indem Sie dem Mitarbeiter eine positive Eigenschaft (Verantwortung übernehmen) zugeschrieben haben. Dadurch, dass Sie seine Entscheidung und seine Motivation anerkennen, stärken Sie nicht nur sein Vertrauen in die getroffene Wahl, sondern fördern auch seine weitere Motivation und das Engagement für die bevorstehenden Herausforderungen.

Ein weiterer Schritt besteht darin, den Gesprächspartner an die zentralen **Motivatoren** (Abschn. 4.2) zu erinnern, die ihn ursprünglich zu dieser Entscheidung bewegt haben. Diese Motivatoren – sei es ein berufliches Ziel, ein persönliches Bedürfnis oder ein langfristiger Wunsch – sind die Grundlage, auf der die Entscheidung aufbaut. Wenn man diese direkt anspricht und mit der getroffenen Wahl in Verbindung bringt, wird das Gefühl verstärkt, dass die Entscheidung die richtigen Bedürfnisse erfüllt.

Indem Sie seine Motivatoren ins Gespräch bringen, können Sie seine **Wahl weiter festigen**.

Beispiel „Sie haben erwähnt, dass Sie sich stärker auf Führungsaufgaben vorbereiten möchten. Diese Weiterbildung ist genau darauf ausgerichtet, Ihnen die betriebswirtschaftlichen und kommunikativen Werkzeuge zu vermitteln, die Sie dafür benötigen."

Gleichzeitig könnten Sie den **Bezug zu seinen langfristigen Zielen** herstellen.

Beispiel „Mit diesem Schritt zeigen Sie nicht nur Ihr Engagement, sondern schaffen auch die Grundlage für Ihre angestrebte Entwicklung zur Teamleitung. Das Programm wird Ihnen helfen, diese nächste Karrierestufe selbstbewusst und erfolgreich anzugehen.

Ein erster praktischer Schritt könnte sein, dass Sie die Module des Programms prüfen und überlegen, welches Modul Sie in Ihren aktuellen Projekten am besten einsetzen können. Wir könnten uns dann in zwei Wochen zusammensetzen und besprechen, welche Inhalte sich direkt auf Ihre Arbeit übertragen lassen."

Dieser Ansatz nutzt das **Prinzip der Trittsteine** (Abschn. 6.14), bei dem große Ziele in kleinere, erreichbare Schritte unterteilt werden. Durch die Festlegung eines klaren, praktischen nächsten Schrittes wird der Mitarbeiter motiviert und hat ein konkretes Ziel vor Augen, das er in naher Zukunft erreichen kann. Diese Strategie stärkt sein Engagement und gibt ihm das Gefühl von Fortschritt, während er gleichzeitig Verantwortung übernimmt und die Entscheidung aktiv in die Praxis umsetzt. Durch die Integration dieser Trittsteine in den Prozess wird nicht nur die Aufmerksamkeit des Mitarbeiters auf das langfristige Ziel ausgerichtet, sondern er wird auch motiviert, schrittweise und kontinuierlich voranzukommen.

Zusätzlich könnten Sie den Mitarbeiter bitten, erste Ideen für die Umsetzung der erlernten Inhalte zu sammeln.

Beispiel „Ich fände es spannend, wenn Sie nach dem ersten Modul eine kurze Präsentation vorbereiten, mit der Sie unserem Team vorstellen, welche Ansätze Sie für Ihre Arbeit als besonders nützlich empfinden. So können wir gemeinsam überlegen, wie Sie das Gelernte optimal in unseren Prozessen einbinden."

Durch solche Aufgaben übernimmt der Mitarbeiter nicht nur Verantwortung, sondern erkennt auch frühzeitig den praktischen Nutzen seiner Weiterbildung. Gleichzeitig wird sein Engagement gestärkt, da er sich aktiv in den Prozess einbringt und seine Fortschritte sichtbar macht. Das fördert die Verbindlichkeit und die Motivation, die Weiterbildung erfolgreich abzuschließen und das Gelernte nachhaltig anzuwenden.

Ein weiterer wichtiger Aspekt ist der **Ein-Mann-Ein-Wort-Effekt** (Abschn. 5.13): Indem der Mitarbeiter sich öffentlich zu einer Aufgabe verpflichtet oder zu einem Ziel bekennt, erhöht sich seine Bereitschaft, sie auch tatsächlich umzusetzen. Solche Zusagen, insbesondere wenn sie vor Kollegen ausgesprochen werden, schaffen eine positive soziale Dynamik, die das Engagement und die Erfolgswahrscheinlichkeit zusätzlich steigert.

Diese Herangehensweise, die aus den folgenden drei Schritten besteht, stellt sicher, dass Entscheidungen nicht nur gefestigt werden, sondern auch nachhaltig mit Überzeugung und Engagement umgesetzt werden:

1. **Reflexion**
2. **Bestärkung der Motivatoren**
3. **Vereinbarung konkreter Schritte**

Wir sehen uns ein weiteres Beispiel aus der strategischen Unternehmensführung an:

Reflektieren, bestärken, vereinbaren – die Psychologie erfolgreicher Entscheidungen

Ein Unternehmer hat entschieden, eine neue Produktlinie einzuführen, um ein wachsendes Marktsegment zu erschließen. Diese strategische Entscheidung birgt große Chancen, aber auch Herausforderungen, da sie eine klare Umsetzung und das Engagement des gesamten Teams erfordert.

Schritt 1: Reflexion
Um die Entscheidung zu festigen, sollte der Unternehmer dazu animiert werden, über die Beweggründe nachzudenken, die ihn zu diesem Schritt bewogen haben. Durch gezielte Fragen wird er dazu angeregt, die positiven Aspekte seiner Wahl zu reflektieren:

„Was war für Sie der wichtigste Grund, diese neue Produktlinie einzuführen?"
„Welche Veränderungen erwarten Sie dadurch für Ihr Unternehmen?"

Der Unternehmer könnte antworten: „Ich habe erkannt, dass dieses Marktsegment stark wächst und wir mit unseren bisherigen Produkten nicht präsent sind. Wenn wir jetzt einsteigen, können wir uns eine starke Position sichern."
Daraufhin könnten Sie seine Überlegungen bestärken:

„Das ist eine strategisch sehr kluge Entscheidung. Sie haben, meiner Ansicht nach, die Dynamik des Marktes erkannt und setzen damit frühzeitig einen wichtigen Impuls, um langfristig erfolgreich zu sein."

Schritt 2: Bestärkung der Motivatoren
Im nächsten Schritt wird der Fokus auf die ursprünglichen Motivatoren gelegt, die diese Entscheidung untermauern. Dazu gehört beispielsweise der Wunsch, neue Wachstumsfelder zu erschließen oder die Wettbewerbsfähigkeit des Unternehmens zu stärken.

„Diese Entscheidung ist im Einklang mit Ihrem Ziel, in einem zukunftsorientierten Marktsegment aktiv zu werden. Damit stellen Sie sicher, dass Ihr Unternehmen auch in einem sich wandelnden Markt langfristig erfolgreich bleibt."

Die Verknüpfung der Entscheidung mit seinen zentralen Motivatoren, wie dem Wunsch nach Innovation oder der Sicherung der Marktposition, stärkt das Vertrauen des Unternehmers in die getroffene Wahl.

Schritt 3: Vereinbarung konkreter Schritte
Abschließend wird das Engagement des Unternehmers gestärkt, indem er gezielt zur Umsetzung der Entscheidung motiviert wird. Dies gelingt durch klare und verbindliche Vereinbarungen zu den nächsten Schritten. Dabei ist es wichtig, diese Schritte präzise zu formulieren, zeitlich zu definieren und ihre Relevanz im Gesamtkontext zu verdeutlichen:

„Ein wichtiger nächster Schritt könnte sein, gemeinsam mit Ihrem Vertriebsteam die Zielkunden für die neue Produktlinie zu identifizieren. Sie könnten uns bis Ende der Woche Ihre ersten Überlegungen dazu zusenden, damit wir die Kommunikationsstrategie entwickeln können."

Eine weitere Aufgabe könnte sein, die Markteinführung vorzubereiten:

„Um die Markteinführung des Produkts erfolgreich zu gestalten, könnten Sie mit Ihrem Marketingteam darüber sprechen, welche besonderen Kundennutzen wir in der Kommunikation hervorheben sollten. Diese Klarheit wird die Positionierung im Markt deutlich stärken."

Das zuvor dargestellte Beispiel hat verdeutlicht, wie die drei Schritte – Reflexion, Bestärkung der Motivatoren und Vereinbarung konkreter Schritte – eingesetzt werden können, um Entscheidungen zu festigen und Engagement zu fördern. Wenn wir gezielt kognitive Verzerrungen und psychologische Taktiken integrieren, lassen sich die Wirkung und Nachhaltigkeit des Prozesses deutlich steigern.

Proaktives Abwehren von Konkurrenzangeboten

In meiner Arbeit mit Vertriebsteams, insbesondere in hart umkämpften Märkten, stoße ich häufig auf Situationen, in denen potenzielle Kunden von mehreren Angeboten überflutet werden. In solchen Fällen ist es entscheidend, nicht nur die Nutzen eines Produkts oder einer Lösung zu kommunizieren, sondern auch die Entscheidung des Kunden nachhaltig zu stärken, um langfristiges Vertrauen und Engagement zu gewährleisten.

In einem Vertriebsoptimierungsprojekt, das durch ein eigens entwickeltes Szenario-Training unterstützt wurde, übten die Teilnehmer, wie sie Entscheidungen von potenziellen Kunden nicht nur fördern, sondern auch langfristig stabilisieren können. Diese Trainingssituation bot eine ideale Gelegenheit, die Methode *Wirksam Inspirieren* praxisnah anzuwenden und ihre Effektivität zu veranschaulichen.

Die Herausforderung:
Ein potenzieller Kunde hatte großes Interesse an der Softwarelösung des Unternehmens eines meiner Mandanten gezeigt, erwähnte jedoch, dass auch ein Mit-

bewerber bald ein Angebot unterbreiten könnte. Ziel des Trainings war es, den Teilnehmern zu zeigen, wie sie in solchen Situationen die Entscheidung des Kunden gezielt festigen können, bevor sie durch externe Einflüsse gefährdet wird. Dabei kombinierten wir die drei Schritte der Methode – Reflexion, Bestärkung der Motivatoren und Vereinbarung konkreter Schritte – mit relevanten psychologischen Taktiken.

Schritt 1: Reflexion – Die Entscheidung bewusst reflektieren
Im Training wurde gezeigt, wie wichtig es ist, den potenziellen Kunden aktiv dazu zu bringen, die Vorteile einer Lösung zu reflektieren. Diese Reflexion stärkt die Entscheidung und nutzt den **Ein-Mann-Ein-Wort-Effekt** (Abschn. 5.13): Menschen neigen dazu, an geäußerten Überzeugungen festzuhalten, da sie diese mit ihrem Selbstbild verknüpfen.

Die Verkaufsmitarbeiter lernten, den Kunden mit gezielten Fragen zur Reflexion anzuregen:

„Welche potenziellen Nutzen für Ihr Unternehmen sehen Sie in unserer Lösung?"
„Welche Herausforderungen würde unsere Software in Ihren Prozessen lösen?"

Die Antworten des Kunden, wie beispielsweise „Ihre Lösung spart uns Zeit und ist benutzerfreundlich", wurden durch soziale Bestätigung verstärkt:

„Das sind zentrale Vorteile. Viele unserer Kunden berichten, dass genau diese Effizienzgewinne den Unterschied machen. Es freut mich, dass Sie diesen Nutzen unserer Softwarelösung für Ihr Unternehmen bestätigen."

Schritt 2: Bestärkung der Motivatoren – Die zugrunde liegenden Bedürfnisse ansprechen
Die Teilnehmer wurden geschult, die ursprünglichen Motivatoren des Kunden gezielt zu stärken und diese mit den Vorteilen der Lösung zu verknüpfen. Gleichzeitig lernten sie, die Verlustaversion zu nutzen, um die Entscheidung emotional zu untermauern.
Beispiel aus dem Szenario-Training:
Ist der Kunde besonders auf Effizienz und Kostenersparnis fokussiert, könnten die langfristigen Vorteile der Software hervorgehoben werden:

„Unsere Lösung spart Ihnen nicht nur erhebliche direkte Kosten, sondern vermeidet auch teure Produktionsausfälle. Ohne diese Optimierung riskieren Sie, dass ineffiziente Prozesse langfristig Ressourcen binden und Wettbewerber an Ihnen vorbeiziehen."

Die Flexibilität der Lösung wurde ebenfalls betont, um einen etwaigen **Reaktanz-Effekt** (Abschn. 5.11) proaktiv zu entkräften:

„Ein weiterer Vorteil ist, dass Sie mit unserer Software jederzeit flexibel auf neue Anforderungen reagieren können. Das zeigt, dass Ihre Entscheidung nicht nur Ihre aktuellen Bedürfnisse erfüllt, sondern auch eine zukunftsorientierte Lösung darstellt."

Die Teilnehmer übten, wie sie solche Aussagen individuell anpassen und gezielt einsetzen können, um die Motivatoren des Kunden zu stärken.

Schritt 3: Vereinbarung konkreter Schritte – Verantwortung übernehmen
Im letzten Teil des Trainings lag der Fokus darauf, den potenziellen Kunden aktiv in die Umsetzung einzubinden. Klare Aufgaben und Handlungsanweisungen wurden als wirksames Mittel trainiert, um Verbindlichkeit zu schaffen und das Verantwortungsgefühl zu fördern.

Beispiel aus dem Szenario-Training:

„Ein wichtiger nächster Schritt könnte sein, dass Sie gemeinsam mit Ihrem Team drei konkrete Ziele definieren, die Sie mit unserer Software erreichen möchten. Wenn Sie uns bis Ende der Woche Ihre Ideen senden, können wir Ihnen bei unserem nächsten Gespräch präsentieren, wie diese realisiert werden können."

Der Effekt des Impfens wurde ebenfalls integriert, um den Kunden auf externe Einflüsse vorzubereiten:

„Es könnte sein, dass Mitbewerber Ihnen ein Angebot machen, das auf den ersten Blick günstiger wirkt. Unsere Erfahrung zeigt jedoch, dass diese Angebote oft Einschränkungen bei Support oder Flexibilität haben, wodurch die langfristigen Kosten steigen. Mit unserer Lösung erhalten Sie eine nachhaltige und transparente Lösung ohne versteckte Kosten, die genau auf Ihre Bedürfnisse abgestimmt ist. Wie wichtig ist dieser Aspekt für Sie?"

Die abschließende Frage ist ein wesentlicher Bestandteil der **Impf-Taktik** (Abschn. 6.7). Sie lenkt die Aufmerksamkeit des Kunden auf die langfristigen Vorteile der angebotenen Lösung und fordert ihn gleichzeitig dazu auf, sich aktiv mit den Nachteilen alternativer Angebote auseinanderzusetzen. Dadurch wird nicht nur die Entscheidung für die präsentierte Lösung gestärkt, sondern auch die Wahrscheinlichkeit reduziert, dass der Kunde durch konkurrierende Angebote beeinflusst wird.

Die Teilnehmer des Szenario-Spiels hatten die Möglichkeit, alle Aspekte dieses Ansatzes in einer sicheren Umgebung zu üben – von der Reflexion der Kundenbedürfnisse über die gezielte Bestärkung der Entscheidungsgründe bis hin zur Vereinbarung des nächsten Schrittes und der Anwendung der Impf-Taktik. Dieses intensive Training ermöglichte es ihnen, die Techniken nicht nur theoretisch zu verstehen, sondern sie auch praktisch anzuwenden. Sie stärken ihre Fähigkeit, Kunden inspirierend und überzeugend durch den Entscheidungsprozess zu begleiten.

Durch die gezielte Kombination der drei Schritte – Reflexion, Bestärkung der Motivatoren und Vereinbarung konkreter Schritte – mit kognitiven Verzerrungen und psychologischen Taktiken wie zum Beispiel Ein-Mann-Ein-Wort-Effekt (Abschn. 5.13), Impfen (Abschn. 6.7), sozialer Bestätigung (Abschn. 5.15) und Verlustaversion (Abschn. 5.1) schaffen Sie eine solide

Phase 8. Meinungen festigen und Engagement fördern – Anleitung zur Vorbereitung auf stabile Entscheidungen und motivierte Umsetzung

Durch gezielte Reflexion, die Bestärkung zentraler Motivatoren und die Vereinbarung konkreter Schritte können Entscheidungen langfristig gefestigt und das Engagement der Beteiligten nachhaltig gestärkt werden.

1. **Bereiten Sie die Reflexion vor**
   Überlegen Sie, wie Sie den Gesprächspartner dazu bringen können, die Beweggründe für seine Entscheidung zu reflektieren. Bereiten Sie gezielte Fragen vor, die ihn dazu animieren, über die positiven Aspekte seiner Wahl nachzudenken.
   Beispiele:

   „Was hat Sie dazu bewogen, diese Entscheidung zu treffen?"
   „Welche Vorteile erwarten Sie durch diesen Schritt?"

2. **Bestärken Sie die Motivationsfaktoren**
   Ermitteln Sie, welche Motivatoren den Gesprächspartner zur Entscheidung geführt haben, und bereiten Sie Aussagen vor, die diese gezielt ansprechen. Überlegen Sie, wie Sie seine Wahl durch den Verweis auf langfristige Vorteile weiter stärken können.
   Beispiele:

   „Diese Entscheidung zeigt Ihr Engagement für Wachstum und Innovation."
   „Mit diesem Schritt sichern Sie sich wichtige Wettbewerbsvorteile."

   Zusätzlich können Sie potenzielle Verluste ansprechen, die entstehen könnten, wenn keine Handlung erfolgt. Formulieren Sie Fragen wie:

   „Welche Risiken sehen Sie, wenn Sie diesen Weg nicht weiterverfolgen?"

3. **Planen Sie konkrete nächste Schritte**
   Entwickeln Sie konkrete Aufgaben, die der Gesprächspartner übernehmen oder, noch besser, gemeinsam mit Ihnen durchführen kann, um die Entscheidung weiter umzusetzen. Diese Aufgaben sollten einfach realisierbar sein und ein Gefühl von Fortschritt und Verantwortung vermitteln.

4. **Planen Sie den Bezug zu der Perspektive, den kognitive Verzerrungen und psychologischen Taktiken ein**
   Gehen Sie die vorbereiteten Kärtchen Ihrer Gesprächsplanung durch und überprüfen Sie, ob die Perspektive des Gegenübers sowie die relevanten kognitiven Verzerrungen und psychologische Effekte in Ihre Ansätze integriert wurden. Stellen Sie sicher, dass Ihre Botschaften nicht nur sachlich klar, sondern auch emotional überzeugend formuliert sind, um die Perspektive des Gesprächspartners gezielt anzusprechen.

5. **Prüfen und verfeinern Sie Ihre Vorbereitung**
   Gehen Sie Ihre Notizen noch einmal durch und stellen Sie sicher, dass Ihre Fragen und Aussagen auf die Bedürfnisse und Ziele des Gesprächspartners abgestimmt sind. Achten Sie darauf, dass Ihre Formulierungen empathisch und motivierend wirken.

6. **Notieren Sie Ihre Fragen**
Notieren Sie auf einem separaten Blatt zunächst die Überschrift „8. Meinungen festigen und Engagement fördern". Listen Sie darunter alle Fragen und Anleitungen aus den drei Schritten übersichtlich auf. So stellen Sie sicher, dass Sie im Gespräch gezielt und strukturiert auf die Reflexion, die Bestärkung der Motivatoren und die Vereinbarung konkreter Schritte eingehen können.

Durch diesen systematischen Ansatz schaffen Sie eine solide Grundlage, um Entscheidungen nicht nur zu stabilisieren, sondern auch das Engagement des Gesprächspartners nachhaltig zu fördern. Die gezielte Kombination von Reflexion, Motivatoren und konkreten Aufgaben stärkt die emotionale Bindung und sorgt für eine überzeugende Umsetzung der getroffenen Wahl.

Grundlage, um Entscheidungen zu stabilisieren und das Engagement Ihres Gegenübers zu fördern. Diese Herangehensweise stellt sicher, dass die Entscheidung nicht nur rational überzeugt, sondern auch emotional verankert wird, was die Zusammenarbeit nachhaltig stärkt.

7.11 Wirksam Inspirieren als Leitfaden für effektive Gespräche

Die acht Phasen von *Wirksam Inspirieren* bieten einen klaren und gleichzeitig flexiblen Leitfaden, um Gespräche strukturiert und zielführend zu gestalten. Jede Phase hat eine spezifische Rolle: Sie baut auf den vorherigen auf und bereitet den Weg für die nächste, wodurch ein durchdachter und ineinandergreifender Prozess entsteht. Dieser Ansatz berücksichtigt sowohl die rationalen als auch die emotionalen Aspekte des Entscheidungsfindungsprozesses.

Die Methode ermöglicht es, Gespräche schrittweise und zielorientiert zu führen. Dabei ist sie nicht auf eine einzige Sitzung beschränkt. Die Ergebnisse abgeschlossener Phasen können in das nächste Gespräch mit dem Gegenüber mitgenommen und als Ausgangspunkt für einen weiteren Gedankenaustausch verwendet werden. Dies schafft Raum, um den Gesprächsverlauf an die individuellen Bedürfnisse und den aktuellen Fortschritt des Gesprächs anzupassen.

Von der Vorbereitung, über das Wecken von Interesse bis hin zur Analyse von Perspektiven, Chancen und Problemen liegt der Fokus zunächst darauf, die Situation und die Bedürfnisse des Gesprächspartners tiefgehend zu verstehen. Darauf aufbauend beleuchten die weiteren Phasen die Ursachen, Auswirkungen und potenziellen Mehrwerte, die als Grundlage für fundierte Entscheidungen dienen. Schließlich werden durch Reflexion, die Bestärkung der getroffenen Entscheidung und die Vereinbarung konkreter Schritte das Engagement gefestigt und die Umsetzung gezielt angestoßen.

Die Methode integriert viele psychologische Effekte und Taktiken, die situativ eingesetzt werden, um das intuitive Denken zu adressieren und Emotionen gezielt anzusprechen. Dabei bleibt die Autonomie des Gesprächspartners gewahrt, und die Prinzipien der Ethik stehen stets im Mittelpunkt. Dieses Gleichgewicht zwischen analytischem und intuitivem Denken macht *Wirksam Inspirieren* so wirkungsvoll – sowohl für die Entwicklung überzeugender Lösungen als auch für den Aufbau nachhaltiger Beziehungen.

Dank ihrer klaren Struktur bietet die Methode Orientierung und erleichtert es, Gespräche dynamisch und individuell zu gestalten. Sie unterstützt eine offene und produktive Atmosphäre, in der der Gesprächspartner sowohl geführt als auch zu eigenständigem Nachdenken und Handeln ermutigt wird.

Im nächsten Abschnitt erfahren Sie, wie Peter Müller, Geschäftsführer der „Müller & Sohn Fertigungsmaschinen GmbH", diese Methode erfolgreich einsetzt, um die Einführung einer umweltfreundlichen Technologie in sein Unternehmen zu realisieren. Dabei wird deutlich, wie *Wirksam Inspirieren* nicht nur den geschäftlichen Erfolg unterstützt, sondern auch das Team zusammenschweißt und die Mitarbeitermotivation steigert.

Wirksam Inspirieren: So nutzen Sie Ihre Notizen

Wirksam Inspirieren bietet nicht nur eine theoretische Grundlage, sondern die praktischen Werkzeuge, um Gespräche zielgerichtet und effektiv zu gestalten. Damit Ihre Vorbereitung nicht nur im Konzept, sondern auch in der Praxis überzeugt, ist es entscheidend, die erarbeiteten Notizen strukturiert und gezielt einzusetzen.

1. **Reflektieren Sie Ihre Notizen**
   Gehen Sie die Notizen zu den einzelnen Phasen 2 bis 8 systematisch durch. Überprüfen Sie, ob alle wichtigen Aspekte – von der Zielsetzung über die Perspektiven bis hin zur Mehrwertanalyse – klar erfasst sind. Ergänzen Sie fehlende Punkte.

2. **Strukturieren Sie die Notizen**
   Ordnen Sie die Inhalte den entsprechenden Phasen des Gesprächs zu. Nutzen Sie dazu die vorbereiteten Kärtchen oder erstellen Sie eine visuelle Übersicht, die den Gesprächsfluss und die inhaltlichen Schwerpunkte widerspiegelt.

3. **Planen Sie die Umsetzung**
   Überlegen Sie, wie Sie die jeweils mithilfe Ihrer Fragen gewonnenen Erkenntnisse in der nächsten Gesprächsphase einsetzen. Welche Fragen, Argumente oder Erzählungen können Sie gezielt nutzen, um das Gespräch weiterzuführen und den Gesprächspartner zu inspirieren?

4. **Bereiten Sie Fallback-Szenarien vor**
   Planen Sie Alternativen für unterschiedliche Gesprächsverläufe: Bei der Vorbereitung Ihrer Zielsetzung haben Sie bereits eine Bandbreite für Ihr Ziel definiert und unter „Bandbreite der möglichen Vereinbarungen" auf der Karte „Zielsetzung" notiert. Überlegen Sie, wie Sie in diesen unterschiedlichen Situationen eine Vereinbarung mit Ihrem Gesprächspartner treffen könnten, die einen Fortschritt ermöglicht.

5. **Verknüpfen Sie die Erkenntnisse**
   Stellen Sie sicher, dass die Fragen aufeinander aufbauen und ineinandergreifen. Überlegen Sie, wie Sie zwischen den Phasen fließend überleiten können, um das Gespräch natürlich und strukturiert zu gestalten.

6. **Überprüfen Sie die ethischen Aspekte**
   Stellen Sie sicher, dass Ihre Gesprächsstrategie sowohl den ethischen Prinzipien von *Wirksam Inspirieren* (Abschn. 3.1) als auch den ethischen Überlegungen entspricht, die Sie bereits bei der Festlegung Ihrer Zielsetzung (Abschn. 7.3.1) definiert haben, entspricht. Prüfen Sie insbesondere:

   Dient Ihre Inspiration dem Wohl Ihres Gegenübers?
   Begegnen Sie Ihr Gegenüber mit Offenheit für neue Perspektiven?
   Respektieren Sie dessen Entscheidungsfreiheit?
   Bleiben Sie transparent in Ihrer Absicht und fair im Umgang mit Einfluss?
   Achten Sie auf einen respektvollen Umgang – auch in herausfordernden Gesprächssituationen?

> Indem Sie Ihre Notizen reflektieren, strukturieren und in konkrete Handlungsoptionen übersetzen, schaffen Sie die Basis für eine authentische, inspirierende Gesprächsführung. Die Anweisungen helfen Ihnen, die Methode *Wirksam Inspirieren* effektiv anzuwenden und Gespräche nicht nur erfolgreich zu gestalten, sondern auch nachhaltige Ergebnisse zu erzielen.

Literatur

Rackham, N. (1995). *SPIN-Selling*. Gower Publishing.

8

Aufbruch in die Zukunft

"Am Anfang jeder echten Veränderung steht ein Moment der Klarheit – ein Impuls, der nicht drängt, sondern inspiriert."

Erinnern wir uns an Peter Müller, dem wir am Anfang dieses Buches begegnet sind. Der Geschäftsführer der „Müller & Sohn Fertigungsmaschinen GmbH" sah sich mit einer komplexen Herausforderung konfrontiert: Er plante, eine innovative und umweltfreundliche Technologie in seinem Unternehmen einzuführen, um die Weichen für eine nachhaltige Zukunft zu stellen. Doch der Weg dorthin war alles andere als einfach. Die anfänglichen Gespräche mit seinem Führungsteam waren von Unsicherheiten und Widerständen geprägt. Besonders Herr Wagner, der Produktionsleiter, und Herr Richter, der Entwicklungsleiter, brachten ihre Bedenken offen zum Ausdruck.

Herr Wagner fürchtete, dass die neuen Produktionsprozesse die Effizienz und Stabilität der bestehenden Abläufe gefährden würden. Herr Richter hingegen sah die externe Technologie als Bedrohung für die interne Entwicklungskompetenz des Unternehmens. Beide fühlten sich in ihren Rollen und Verantwortlichkeiten herausgefordert – ein typisches Beispiel für die psychologischen Barrieren, die bei Veränderungsprozessen auftreten.

Peter beschloss, auf die Methode *Wirksam Inspirieren* zu setzen, um diesen Widerständen zu begegnen. Gemeinsam mit Anna, seiner Tochter und Vertrauten in Fragen der Mitarbeiterführung, plante er eine Reihe gezielter Gespräche und Workshops. Statt Einwände beiseitezuschieben, hörte Peter genau hin und stellte gezielte Fragen, um die Perspektiven seines Teams zu verstehen.

Den Wendepunkt brachte ein Workshop, bei dem Herr Wagner und sein Team die neuen Produktionsprozesse gemeinsam mit den Entwicklern des Technologieanbieters analysierten. Die offene Diskussion brachte nicht nur Risiken ans Licht, sondern führte auch zu praktischen Lösungen, um diese zu minimieren. Nach anfänglicher Skepsis erkannte Herr Wagner, dass die neue Technologie nicht nur sicher integriert werden konnte, sondern auch erhebliche Effizienzsteigerungen versprach.

Auch Herr Richter wurde behutsam eingebunden. Peter machte deutlich, dass die externe Technologie die interne Expertise nicht ersetzen, sondern erweitern würde. Zusammen erarbeiteten sie eine Strategie, bei der das interne Entwicklungsteam die Integration und Weiterentwicklung der Technologie maßgeblich mitgestaltete. Diese Einbindung stärkte Richters Vertrauen und entfachte eine neue Dynamik in seiner Abteilung.

Dank der intensiven Vorbereitung mit Hilfe von Anna und seiner methodischen Vorgehensweise konnte Peter die gesamte Belegschaft für den Wandel gewinnen. In Mitarbeiterversammlungen sprach er nicht nur über die technischen Vorteile der neuen Maschinen, sondern entwarf eine inspirierende Vision der Zukunft. „Stellen Sie sich vor, wir sind in drei Jahren Branchenführer – mit Maschinen, die nicht nur effizient, sondern auch umweltfreundlich sind. Was würde das für uns und unsere Kunden bedeuten?" Mit diesen Worten weckte Peter positive Erwartungen bei seinen Mitarbeitern und entfachte einen regelrechten Energieschub in allen Abteilungen.

Mit Annas Unterstützung etablierte Peter eine Feedback-Kultur, die den Mitarbeitern Raum für ihre Sorgen und Ideen bot. Diese Offenheit brachte nicht nur wertvolle Anregungen, sondern stärkte auch das Gemeinschaftsgefühl.

Rückblickend erkannte Peter, dass der Erfolg des Projekts nicht allein auf technischer Umsetzung basierte. Der wahre Wendepunkt lag darin, dass es ihm gelungen war, seine Mitarbeiter zu inspirieren. Sie fühlten sich nicht länger als bloße Empfänger von Entscheidungen, sondern als aktive Mitgestalter eines gemeinsamen Ziels.

Anna wurde zu Peters unverzichtbarer Partnerin im Unternehmen. Ihre Fähigkeit, zwischenmenschliche Dynamiken zu verstehen, ergänzte Peters strategisches Geschick ideal. Gemeinsam schufen sie nicht nur die Basis für den wirtschaftlichen Erfolg, sondern auch für eine neue Art der Zusammenarbeit im Unternehmen. Die Beschäftigten hatten gelernt, dass Veränderung nicht Bedrohung, sondern Chance bedeuten kann. Sie erlebten, wie wichtig es ist, gemeinsam Herausforderungen zu meistern und innovative Wege zu gehen.

Dies alles ging Peter durch den Kopf, als er wieder einmal zu seinem gewohnten Waldspaziergang aufgebrochen war. Bei jedem Schritt spürte er eine tiefe Zufriedenheit. Nein, sie waren noch längst nicht am Ziel. Doch mit Anna an seiner Seite und der neuen Haltung im Unternehmen wusste er: Die Zukunft war voller Möglichkeiten – und mit Inspiration als treibender Kraft konnten sie alles erreichen.

Und jetzt? Machen Sie den ersten Schritt

Die Geschichte von Peter Müller und der „Müller & Sohn Fertigungsmaschinen GmbH" zeigt, dass Inspiration keine magische Fähigkeit ist, über die nur wenige verfügen. Sie ist eine Methode, die wir alle erlernen und bewusst einsetzen können – im Geschäftsleben, im Beruf, in der Familie oder in anderen Lebensbereichen.

Eine ähnliche Situation wie die von Peter habe ich selbst erlebt, als ich vor vielen Jahren ein Geschäftsführungsmandat für ein Unternehmen übernahm, das sich in einer schwierigen Lage befand und eine Neuausrichtung brauchte. Die Ausgangslage war denkbar schwierig: Viele der besten Mitarbeiter hatten die Firma bereits verlassen, die verbleibenden Kolleginnen und Kollegen waren entmutigt und demotiviert, die Auftragslage katastrophal. Hinzu kam, dass es weder eine klare Vision für die Zukunft noch einen Plan gab, wie das Unternehmen wieder auf Kurs gebracht werden könnte. Doch genau in dieser scheinbar aussichtslosen Lage wurde mir bewusst, wie entscheidend es ist, Menschen zu inspirieren, um gemeinsam den Blick nach vorne zu richten.

Durch aktives Zuhören, ehrliche Gespräche und das gemeinsame Entwickeln einer neuen Perspektive gelang es, das Vertrauen und die Energie der Mitarbeiter zurückgewinnen. Es faszinierte mich, wie sie begannen, sich nicht nur mit der neuen Vision zu identifizieren, sondern aktiv und voller Engagement an ihrer Verwirklichung mitzuwirken. Dieser Weg verlief nicht ohne Hindernisse, aber er zeigte mir, wie stark Inspiration wirken kann, wenn sie mit Klarheit, Empathie, Konsequenz und Zielstrebigkeit verbunden wird.

Doch Inspiration bewährt sich nicht nur in Krisenzeiten. Auch als die Firma nach etwa drei Jahren wieder in einer soliden Position war, blieb sie ein entscheidender Erfolgsfaktor. Sie half uns, eine Kultur der Eigenverantwortung und Motivation zu etablieren. Die Mitarbeiter agierten lösungs- und ergebnisorientierter, Entscheidungen wurden auf breitere Schultern verteilt, und die Freude an der gemeinsamen Arbeit wuchs. Diese Entwicklung hatte auch für mich persönlich positive Folgen: Meine Arbeitsbelastung nahm spürbar ab und die Verantwortung wurde im Team gemeinschaftlich getragen. Dadurch wurde nicht nur die Effizienz gesteigert, sondern auch die Qualität der Ergebnisse nachhaltig gesichert.

Diese Erfahrung hat mir einmal mehr gezeigt, dass Inspiration nicht nur Wandel ermöglicht, sondern auch Stabilität und Wachstum fördert. Sie schafft eine Atmosphäre, in der Menschen ihre besten Leistungen erbringen und gleichzeitig Freude daran haben, gemeinsam etwas zu bewegen.

Ich lade Sie ein, die Prinzipien von *Wirksam Inspirieren* in Ihrem eigenen Umfeld zu erproben. Ob Sie ein Team leiten, eine Organisation führen oder einfach Menschen in Ihrem Leben unterstützen möchten: Inspiration ist der Schlüssel, um Potenziale freizusetzen, Hindernisse zu überwinden und gemeinsame Ziele zu erreichen.

Denken Sie daran: Veränderung beginnt oft nicht mit perfekten Plänen, sondern mit einem mutigen ersten Schritt. Wagen Sie diesen Schritt, gehen Sie auf andere zu, hören Sie zu und inspirieren Sie. Ihre Fähigkeit, Menschen zu bewegen, wird wachsen – und mit ihr der positive Einfluss, den Sie ausüben können.

Ich wünsche Ihnen viel Erfolg und Freude, wenn Sie Inspiration in Ihrem Leben und in Ihrer Arbeit wirksam werden lassen.

Epilog

In einer Welt, die zunehmend von Schnelligkeit und kurzfristigen Erfolgen dominiert wird, erscheint Geduld oft als Schwäche, Besonnenheit als Zögern. Doch wer inspirieren will, braucht beides – maßvoll und im richtigen Moment. Schnelligkeit hat ihren Wert, doch wenn es darum geht, Menschen zu bewegen, kann zu viel Tempo alles zerstören. Druck erzeugt Gegendruck. Ungeduld blockiert Einsicht. Wer sofortige Veränderung erwartet, wird oft mit Ablehnung konfrontiert.

Wahre Inspiration braucht Zeit – Zeit für Vertrauen, Reflexion und Wachstum. Neben Geduld erfordert Sie die Fähigkeit, das eigene Denken und Handeln bewusst zu hinterfragen, sowie ein feines Gespür für Timing, Umstände und die Dynamik zwischen Menschen.

Inspiration ist nicht nur ein Werkzeug der zwischenmenschlichen Kommunikation – sie ist eine strategische Fähigkeit, die in Führung, Vertrieb und Veränderungsprozessen den Unterschied zwischen bloßer Überzeugungskraft und echtem, innerem Antrieb ausmacht.

Nicht jede Situation ist für Inspiration geeignet. Die Bereitschaft und Offenheit des Gegenübers spielen eine wesentliche Rolle. Manchmal sind tief verwurzelte Glaubenssätze oder Ängste so stark, dass Inspiration nicht von heute auf morgen wirken kann. Dann braucht es Geduld, Vertrauen und den richtigen Zeitpunkt.

Auch die eigene Haltung entscheidet über den Erfolg: Inspiration ist kein Schnellschuss. Sie entfaltet ihre Wirkung nicht durch Druck, sondern durch echtes Interesse am Gegenüber, durch Zuhören, Reflexion und die Fähigkeit, die richtigen Fragen zu stellen.

Inspiration hat ethische Grenzen. Sie sollte kein Mittel zur Durchsetzung eigener Interessen sein. Die entscheidende Frage lautet nicht nur: Wie kann ich jemanden inspirieren? sondern auch: Ist meine Inspiration im besten Sinne für mein Gegenüber? Wer versucht, andere in eine bestimmte Richtung zu lenken, ohne ihr eigenes Wohlergehen im Blick zu haben, verlässt den Bereich der Inspiration und bewegt sich in Richtung Manipulation.

Auch die eigenen Ressourcen und Prioritäten spielen eine Rolle. Inspiration erfordert neben Zeit auch Energie. Nicht jede Gelegenheit erfordert eine inspirierende Intervention – manchmal ist Zurückhaltung der klügere Weg. Es gibt Momente, in denen es besser ist, zu schweigen, und Zeiten, in denen ein Impuls den entscheidenden Unterschied macht. Die Kunst liegt darin, diesen Unterschied zu erkennen.

Zudem gibt es äußere Faktoren wie Zeitdruck, Abhängigkeiten oder konkurrierende Interessen, die Inspiration erschweren können. Wer inspirieren will, muss strategisch denken. Inspiration lässt sich nicht erzwingen. Selbst mit den besten Argumenten bleibt sie ein freiwilliger Prozess. Sie entsteht durch Offenheit, nicht durch Druck. Wer inspiriert, gibt Raum – wer drängt, stößt auf Widerstand.

Inspiration als Erfolgsfaktor in Führung und Vertrieb
In Führung und Vertrieb entscheidet Inspiration über langfristigen Erfolg. Sie macht den Unterschied zwischen bloßer Überzeugungsarbeit und echter Begeisterung.

In Führung bedeutet Inspiration, nicht Anweisungen zu geben oder Entscheidungen zu treffen, sondern eine Umgebung zu schaffen, in der Menschen eigenständig Verantwortung übernehmen und ihr volles Potenzial entfalten. Inspirierende Führungskräfte vermitteln nicht nur Ziele – sie wecken Begeisterung für eine gemeinsame Vision. Sie fördern Eigeninitiative, stärken das Vertrauen in die eigenen Fähigkeiten und ermöglichen es ihrem Team, mit Überzeugung und Motivation zu handeln.

Wer die Prinzipien von *Wirksam Inspirieren* in der Führung anwendet, wird feststellen, dass sich Engagement, Kreativität und Leistungsbereitschaft im Team nachhaltig steigern. Inspirierte Mitarbeiter identifizieren sich stärker mit ihrem Unternehmen und tragen aktiv dazu bei, langfristige Erfolge zu sichern. Gerade in Zeiten des Wandels ist Inspiration eine entscheidende Kraft, um Unsicherheiten zu überwinden und Menschen auf neue Wege mitzunehmen.

Im Vertrieb bedeutet Inspiration nicht nur, einen Abschluss zu erzielen, sondern eine langfristige Beziehung aufzubauen, die auf Vertrauen basiert. Wer die Prinzipien von *Wirksam Inspirieren* im Vertrieb anwendet, wird feststellen, dass er nicht nur erfolgreicher verkauft, sondern häufiger, besser und nachhaltiger. In gesättigten Märkten ist Inspiration oft der entscheidende Faktor, um sich von Mitbewerbern abzuheben.

Technologie als Unterstützung – nicht als Ersatz
Die Idee einer Software zur gezielten Gesprächsvorbereitung entstand bereits, bevor das Manuskript zu diesem Buch geschrieben wurde. Zeitgleich mit dem Erscheinen dieses Buches wird eine erste Beta-Version der Software für eine begrenzte Nutzergruppe zugänglich sein. Sie wird die Umsetzung der Methode *Wirksam Inspirieren* unterstützen und wesentlich erleichtern. In späteren Versionen werden schrittweise künstliche Intelligenz (LLM) und Analysealgorithmen integriert, um die Vorbereitung inspirierender Gespräche weiter zu optimieren.

Die Herausforderung bestand nicht nur darin, eine Methode zu entwickeln, die „softwaretauglich" ist, sondern in der zeitgleich sorgfältigen Beachtung ethischer Prinzipien.

Eines bleibt unverändert: Inspiration ist und bleibt ein zutiefst menschlicher Prozess. Technologie kann helfen, Strukturen zu schaffen und Inspirationsstrategien vorzubereiten, aber die Verantwortung bleibt beim Menschen.

Weitere Informationen zur Methode, aktuelle Entwicklungen der Software sowie zusätzliche Praxisbeispiele und nützliche Hilfsmittel finden Sie auf **www.win-spiration.com**.

Fazit: Die Verantwortung der Inspiration
Inspiration ist eine Einladung, keine Überredung. Wer sie gezielt einsetzt, trägt Verantwortung. Es geht nicht darum, Menschen in eine bestimmte Richtung zu lenken, sondern ihnen zu helfen, ihre eigene Entscheidung bewusst zu treffen.

Die Kraft der Inspiration liegt nicht in schneller, algorithmisch optimierter Kommunikation, sondern in einem bewussten, verantwortungsvollen Umgang mit Einfluss und Führung.

Mein Wunsch ist, dass dieses Buch nicht nur eine theoretische Grundlage bietet, sondern Ihnen hilft, Inspiration gezielt, reflektiert und ethisch einzusetzen. Wenn Sie diese Prinzipien mit Geduld, Respekt und Klarheit anwenden, kann *Wirksam Inspirieren* das bewirken, wofür sie gedacht ist: Menschen dazu zu befähigen, ihr Potenzial zu entfalten – selbstbestimmt und voller Vertrauen.

Denn ich glaube an die Kraft guter Gespräche – nicht, weil sie unterhaltsam sind oder dem Wunsch dienen, sich selbst zum Ausdruck zu bringen. Auch nicht, weil sie nur Informationen weitergeben. Vielmehr, weil sie Klarheit und Vertrauen schaffen, Orientierung geben und etwas in Bewegung setzen können. Mehr noch: Manchmal gelingt es ihnen, Menschen auf eine Weise zu verbinden, die kein anderes Mittel erreicht.

Viele großartige Entwicklungen beginnen mit einem Gedankenimpuls – ausgelöst durch ein inspirierendes Gespräch. Ich würde mich freuen, wenn dieser Impuls von Ihnen ausgeht.

GPSR Compliance

The European Union's (EU) General Product Safety Regulation (GPSR) is a set of rules that requires consumer products to be safe and our obligations to ensure this.

If you have any concerns about our products, you can contact us on

ProductSafety@springernature.com

In case Publisher is established outside the EU, the EU authorized representative is:

Springer Nature Customer Service Center GmbH
Europaplatz 3
69115 Heidelberg, Germany

www.ingramcontent.com/pod-product-compliance
Lightning Source LLC
LaVergne TN
LVHW011008250326
834688LV00004B/133